75th Anniversary

庆祝中华人民共和国成立75周年书系

第二条战线的形成

从西南联大到北大的学生与社会

刘洁 著

国史研究文丛

当代中国出版社
Contemporary China Publishing House

图书在版编目(CIP)数据

第二条战线的形成：从西南联大到北大的学生与社会 / 刘洁著 . -- 北京：当代中国出版社，2024.5

ISBN 978-7-5154-1378-5

Ⅰ . ①第… Ⅱ . ①刘… Ⅲ . ①学生运动—史料—中国—近代 Ⅳ . ① D432.9

中国国家版本馆 CIP 数据核字（2024）第 092901 号

出 版 人　王　茵
责任编辑　张　白
责任校对　康　莹
印刷监制　刘艳平
封面设计　鲁　娟
出版发行　当代中国出版社
地　　址　北京市地安门西大街旌勇里 8 号
网　　址　http://www.ddzg.net
邮政编码　100009
编 辑 部　（010）66572180
市 场 部　（010）66572281　66572157
印　　刷　中国电影出版社印刷厂
开　　本　710 毫米 × 1000 毫米　1/16
印　　张　15.25 印张　1 插页　230 千字
版　　次　2024 年 5 月第 1 版
印　　次　2024 年 5 月第 1 次印刷
定　　价　62.00 元

国史研究文丛

总　序

在新中国成立75周年之际，当代中国研究所组织编辑出版的国史研究文丛第一批成果终于与读者见面了。

当代中国研究所是中共中央批准成立的专门从事中华人民共和国史研究、编撰与宣传工作的科研机构，自1990年成立以来，编写出版了《中华人民共和国史稿》《中华人民共和国简史》《新中国70年》《中华人民共和国史编年》《中国式现代化简史》等权威国史著作。为迎接新中国成立75周年，当代中国研究所还在组织编写《中华人民共和国史》（多卷本）、《新中国史事编年》等学术著作，不断推进新中国史研究事业繁荣发展。国史研究文丛，既是当代中国研究所肩负“修史、资政、育人、护国”职责使命，为庆祝新中国成立75周年献上的一份厚礼，也是对当代中国研究所成立三十余年来科研成果的又一次检阅。

习近平总书记在致国史学会成立三十周年贺信中强调，要坚持正确政治方向，坚持历史唯物主义，以马克思主义中国化时代化最新成果为指导，进一步团结全国广大国史研究工作者，牢牢把握国史的主题主线、主流本质，不断提高研究水平，创新宣传方式，加强教育引导，激励人们坚定历史自信、增强历史主动，更好凝聚团结奋斗的精神力量，为全面建设社会主义现代化国家、全面推进中华民族伟大复兴作出新贡献。这不仅为当代中国研究所、国史学会的发展指明了方向，也为我们在新时代新征程全面推动新中国史研究事业高质量发展提供了根本遵循。

赓续历史文脉，谱写当代华章。习近平总书记指出："重视历史、研究历史、借鉴历史是中华民族5000多年文明史的一个优良传统。当代中国是历史中国的延续和发展。"深入研究新中国史，一方面是继承发扬中国源远流长的史学传统，另一方面可以从中深刻体悟中华文明具有突出的连续性、创新性、统一性、包容性和和平性。在新的起点上深化和拓展中国式现代化，建设中华民族现代文明，更好担负起新的文化使命，就需要立足中华民族伟大历史实践和当代实践，用中国道理总结好中国经验。这是编辑出版国史研究文丛的重要使命。

激励人们坚定历史自信，增强历史主动。历史是最好的教科书，也是最好的营养剂。新中国史是中华民族发展史上的时代画卷，是世界社会主义发展史、人类文明发展史上的辉煌篇章。只有坚持以习近平新时代中国特色社会主义思想为指导，不断深化新中国史研究，拿出高质量的研究成果，并加强研究成果的宣传、推广，才能真正把历史智慧和历史经验进一步转化为干部群众团结奋斗的精神力量，充分发挥新中国史资政、育人、护国的作用。这是编辑出版国史研究文丛的重要目的。

推动新中国史"三大体系"建设，建构中国自主知识体系。加快构建中国特色哲学社会科学学科体系、学术体系、话语体系是习近平总书记在哲学社会科学工作座谈会上提出的新时代战略任务。新中国史伴随着新中国的发展而发展，是一个兼具政治性与学术性的新兴学科。经过几十年特别是新时代十余年以来的努力，新中国史"三大体系"建设已经取得了一定的成绩。但毋庸讳言，与其他成熟学科相比，新中国史还有很大进步空间。编辑出版国史研究文丛，是加快构建新中国史"三大体系"、建构中国自主知识体系的一个重要举措。

展示真实、立体、全面的当代中国，促进文明交流互鉴。习近平总书记多次强调，要"着力加强国际传播能力建设、促进文明交流互鉴"。新中国史研究在这方面具有独特作用和特殊优势。新中国成立75年来，取得了令世界刮目相看的伟大成就。如何记录好、总结好新中国的辉煌成就和宝贵经验，是时代赋予的重大课题。新中国史研究工作者要积极参与国际性的对话和交流，在世界舞台讲好当代中国故事，传播好当代中国声音，展示一个真实、立体、全面的当代中国，不断增强中华文明传播力和影响力。

编辑出版国史研究文丛，希望有助于发挥新中国史研究在讲好中国故事中的独特作用。

培育新中国史研究力量，壮大人才队伍。“千秋基业，人才为本。”近几十年来，新中国史研究逐步形成了一支政治素养高、专业能力强、学科门类齐的人才队伍。还建立了中华人民共和国国史系，编撰出版教材，注意培养新中国史新生力量。但同时也要看到，新中国史研究还面临着成果发表平台不足、学术阵地不强等现实问题，很大程度制约了人才的成长与发展，不利于构建系统完备的新中国史研究事业人才体系。编辑出版国史研究文丛，有助于“出人、出书、走正路”，不断壮大新中国史人才队伍。

编辑出版国史研究文丛是个长期项目，未来还会不断丰富发展，既不限于单位，也不限于时间节点，而是成熟一本，出版一本。期望学界同仁的关心和支持，大家一起通过此项目，为新中国史研究事业这座巍峨大厦添砖增瓦，为推动新中国史事业不断繁荣发展贡献力量。

李正华

2024 年 5 月

目　录

引 言

1947 年 5 月 30 日，毛泽东在《蒋介石政府已处在全民的包围中》一文中写道："中国境内已有了两条战线。蒋介石进犯军和人民解放军的战争，这是第一条战线。现在又出现了第二条战线，这就是伟大的正义的学生运动和蒋介石反动政府之间的尖锐斗争。"[①]第二条战线学生运动的形成过程，包括两个方面，一是中国共产党对学生的领导发动作用，二是青年学生逐渐向党靠近的思想变化过程，前者的相关研究已较丰富，后者迄未得到学界的充分注意。本书侧重对后者展开研究，即青年学生为何在抗战胜利前后集体左转，从而汇聚成一条配合军事战场、加速解放战争胜利进程的国统区人民战线。

在这个问题上，北京大学具有高度的典型性和代表性。其一，北京大学是五四新文化运动发源地，抗战期间与清华大学、南开大学合组成的国立西南联合大学亦有"民主堡垒"之称，向来具有关心国事的传统；其二，第二条战线形成的标志是抗议美军暴行运动（简称抗暴运动），而抗暴运动又肇始于北京大学，该校因而成为第二条战线的重要阵地。因此，本书选择以北京大学为例来研究第二条战线，或不至于以偏概全。

然而，要考察青年学生的人心之变，有必要追溯到更早时期。毛泽东在 1947 年 12 月的中共中央扩大会议上说："进入抗战时期，蒋介石逐渐失掉人心，我们逐渐得到人心，但问题仍没有根本解决。直到抗战胜利以

---

① 毛泽东：《蒋介石政府已处在全民的包围中》，载《毛泽东选集》第 4 卷，人民出版社 1991 年版，第 1224—1225 页。

后这一两年来，才解决了这个问题。”[①]《中国共产党的七十年》一书进一步论述知识群体的人心之变：“抗日战争也引起中国国内各派政治势力的大变化”，尤其是“民族资产阶级和上层小资产阶级中许多人，通过抗日战争，明显改变了对中国共产党的看法，同党建立起友谊”[②]。可见，知识群体的思想变化酝酿于全民族抗战时期，形成于解放战争时期。有鉴于此，本书将抗战中后期至解放战争时期作为一个整体来考察，以 1942—1949 年为研究时段，从抗战期间西南联合大学学生反对国民党当局的“倒孔运动”始，以新中国成立初期北京大学学生各自去国家最需要的岗位从事建设事业终，以更好地呈现这段历史的内在延续性。

目前，学界对 20 世纪 40 年代青年学生思想向党的发展过程尚未充分关注，原因之一是学生的面目长期被“学生运动”的叙述格式所遮蔽。因此，一方面是对学生本身的研究比较欠缺[③]；另一方面，关于学生运动史的研究却十分丰硕。大致说来，先行研究有以下几类（每类仅举其要，不代表全部重要成果）：第一类是传统的政治史研究，即政党领导下的学生运动史研究，其中既有中国共产党领导的学运史[④]，也有国民党视角下的学运史[⑤]，还有一些是对政党学运政策的研究[⑥]。第二类研究相对第一类研究更为

---

① 毛泽东：《在杨家沟中共中央扩大会议上的讲话》，载《毛泽东文集》第 4 卷，人民出版社 1996 年版，第 328 页。

② 胡绳主编，中共中央党史研究室著：《中国共产党的七十年》，中共党史出版社 1991 年版，第 180 页。

③ 一些较新的研究成果关注到学生，但进一步研究的空间还很大，例如金冲及：《第二条战线：论解放战争时期的学生运动》，生活·读书·新知三联书店 2016 年版；刘一皋：《历史纪念中的包容与紧张：1948 年之平津五四纪念》，《社会科学辑刊》2020 年第 3 期。

④ 主要成果有：施惠群：《中国学生运动史：1945—1949》，上海人民出版社 1992 年版；北京大学历史学系《北京大学学生运动史》编写组：《北京大学学生运动史（1919—1949）》，北京出版社 1979 年版；沙健孙：《论全国解放战争时期的学生运动》，《近代史研究》1987 年第 3 期。

⑤ 主要成果有：廖风德：《学潮与战后中国政治：1945—1949》，东大图书股份有限公司 1994 年版；吕芳上：《从学生运动到运动学生：民国八年至十八年》，台北：“中央研究院”近代史研究所 1994 年版。

⑥ 主要成果有：黄坚立：《难展的双翼：中国国民党面对学生运动的困境与决策（1927—1949 年）》，商务印书馆 2010 年版；陈颖：《中国共产党的政策变迁与学生运动研究（1921—1949）》，硕士学位论文，中国政法大学，2010 年；贺江枫：《“五·二〇”学潮与蒋介石的因应决策》，《江海学刊》2017 年第 6 期。

微观，往往借应对特定学潮来阐述国共之间、国民党中央与地方之间，或不同派系之间的政治矛盾。[①]这两类研究虽都涉及学生，但学生均作为政党动员的对象而面目模糊，学生的主体性未受到充分关注。第三类研究是从校园社会文化角度开展的大学史研究。[②]这三类研究各有侧重地提供了关于青年学生的一种分析视角，但前两类研究是一种学生缺席的学生政治史，后一类研究则过分强调社会文化因素而淡化政治因素，仅能解释学运的部分逻辑而非全部。要推进相关研究，既要加强对学生群体和个体的社会学关注，也不能脱离相关的政治历史背景而孤立地看待学生和学校。

有鉴于此，本书在吸收先行研究成果的基础上，对该问题进行一项政治社会史的研究尝试。一方面，本书将研究重点放在学生身上，侧重呈现学生的自主性及诉求，以弥补既有研究对学生关注的不够；另一方面，同样不忽视中国共产党的领导作用和时代大势的影响。毕竟，任何个体都无法自外于社会历史大势而孤立存在。在兼顾以上两个方面的基础上，本书力求充分展示这一时期学生思想转变的复杂动因，呈现20世纪40年代从西南联大到北大这代学生的“心史”，从而在中微观层面推进第二条战线史研究，丰富关于“新中国是怎么建立起来的”的历史叙述。

本书是在笔者的博士学位论文基础上修改而成。资料来源包括档案、报刊、日记、书信、回忆录、领导人传记年谱和文集、已出版的各类资料汇编等。因本书侧重研究学生而非学生运动，故资料收集亦以个人著述资料为主，使用了多种时人日记和回忆录。在结构上，本书以“第二条战线”的酝酿、准备、转移、形成、余波及其对新中国的影响等脉络分为六章，另加引言。第一章写抗战中期的西南联大校园与学生生活；第二章写抗战

---

① 相关研究成果很多，仅举代表性成果，如杨奎松：《国民党人在处置昆明学潮问题上的分歧》，《近代史研究》2004年第5期；左双文：《1946年沈崇事件：南京政府的对策》，《近代史研究》2005年第1期；严海建：《1946—1948年北平学潮：国民政府中央与地方处置的歧义》，《民国档案》2008年第1期；贺江枫：《从学潮走向政潮：1948年北平“七五”惨案研究》，《南京大学学报》（哲学·人文科学·社会科学）2012年第1期；王春林：《国共内战中的国民政府、地方当局与流亡学生：以1948年北平七五事件为中心》，《南京大学学报》（哲学·人文科学·社会科学）2012年第1期。

② 易社强：《战争与革命中的西南联大》，饶佳荣译，九州出版社2012年版；倪蛟：《抗战时期国立中央大学的学生生活》，南京大学出版社2017年版；叶文心：《民国时期大学校园文化（1919—1937）》，冯夏根等译，中国人民大学出版社2012年版；闻黎明：《西南联大与现代中国：1937—1946》（全二册），社会科学文献出版社2022年版。

后期的西南联大学生与政治；第三章写抗战胜利后西南联大的结束和北京大学的复员，以及期间学生政治热情的继续增长；第四章写 1946 年秋至 1948 年夏北京大学校园革命；第五章写 1948 年秋冬北平和平解放前夕北大学生的思想生活状况；第六章写北平解放后学生纷纷到国家最需要的岗位从事建设事业，并对第二条战线进行若干思考与评价。

第一章　酝酿：抗战中期的西南联大

抗日战争是一场影响至远的历史事件。对以西南联大师生为代表的中国知识群体来说，战争使他们开始了漫长的流亡。这一方面意味着在这一特殊历史时期，人与人之间可以为了抗战胜利的共同目标而风雨同舟；同时也意味着为了战争胜利，个体必然付出巨大的牺牲——暂时搁置战前的左右之分，同时忍受颠沛流离的贫穷生活。凡此，均提示着这场战争重写了个体与国家的关系。个体为国家作出了牺牲，反过来也将加倍关心国事。在战争尚未胜利时，学生对国家的关心主要体现为爱国情感，仅在“倒孔运动”中微露异调，直至抗战后期，时移势变，学生的爱国情感才逐渐发展为反对国民党当局的学生运动。本章对第二条战线的最初酝酿，即战时学生与国家之间深度纠连关系的形成过程进行描述。

第一节　乍起乍落的“倒孔运动”

1942 年 1 月 6 日正午，国立西南联合大学一年级学生六七百人齐集图书馆前，高呼“打倒孔祥熙”，“爱国的站拢来”，列队准备游行。这一行动一呼百应，联大的高年级学生及昆明其他各校学生先后加入游行行列，堪称抗战中期沉闷的大后方校园的一道闪电，是为“倒孔运动”。事前没有任何准备，事后又无声地消失。

事情发生的远因是 1941 年 12 月 8 日日军进攻香港后，重庆国民政府派飞机到香港抢救各界要人，如陈寅恪、宋庆龄、何香凝等。正当重庆接机的人们翘首以待时，下飞机的非但无一“要人”，反接到国民政府行政院副院长孔祥熙的夫人、仆人及洋狗数条。事情发生的次日，《新民报》首先对此事进行含糊地披露：

日来伫候于飞机场遥望飞机自天外飞来者大有人在，昨日王云五先生亦三次前迎，三次失望。昨日陪都洋狗又增多七八头，系为真正喝牛奶之外国种。[1]

12月22日，重庆《大公报》发表一篇社评对此事进行批评：

譬如最近太平洋战争爆发，逃难的飞机竟装来了箱笼老妈与洋狗，而多少应该内渡的人尚危悬海外。[2]

“飞机运狗”首先在重庆传开了，引起国民党内部许多人士的不满。时任经济部部长的翁文灏在12月22日的日记中记道，在当天召开的国民党五届九中全会第十次会议上，有人质询交通部：“香港有事，何以不救颜惠庆等而有运狗？”[3] 作为负责“抢运”事务的机关，重庆国民政府交通部不得不对此进行回应，遂于12月29日以部长张嘉璈个人的名义在《大公报》上发表一则声明：

是日香港与九龙间交通断绝，电话亦因轰炸不通，其未来公司接洽之乘客，无法通知。在起飞前，时已拂晓，因敌机来侦之故，不能再待，唯飞机尚有余位，故本公司留港人员因此亦有搭机回渝，并将在站之中央银行公物尽量装载填空，随即起飞，决无私人携带大量箱笼、老妈之事，亦无到站不能搭机之乘客。至美机师两人，因有空位，

---

① 《伫候天外飞机来——喝牛奶的洋狗又增多七八头》，《新民报》1941年12月11日。

② 《拥护修明政治案》，《大公报》（重庆）1941年12月22日，第2版。

③ 翁文灏著，李学通等整理：《翁文灏日记》下册，中华书局2014年版，第749页。

顺便将洋狗 4 只，计 30 公斤，携带到渝，确有其事等情。[①]

据此，交通部意在说明“要人”之所以未被接回系因通信断绝，来不及通知各人，以及由于日军的轰炸，飞机必须立即起飞之故。至于箱笼，系属中央银行公物，洋狗则为美国机师所有，非孔祥熙夫人所有。这则更正启事乍看颇合情理，似能自圆其说，可是社会舆论往往重情而不循理。那么，社会反应是如何呢？

傅斯年在 1942 年 2 月 6 日给胡适的信中说：“后来交通部之 official version 是一切要接的人临时赶不上（何以某家赶得上？）”[②]，即指张嘉璈的声明是“官方版本”，他根本不相信。

关于这个更正函内容的真实性，翁文灏在 1941 年 12 月 30 日的日记里说，张嘉璈曾当面告诉他，更正函“系受蒋面嘱而照办者”。[③]

“飞机运狗”到底有无其事，学界观点颇不一致。有认为系谣传者，也有认为确有其事者。就连事后受命前往昆明镇压倒孔运动的三民主义青年团（以下简称三青团）中央团部组织处处长康泽也明确表示“蒋介石虽对我说没有那回事，我却不敢相信”，于是在镇压过程中，康泽只得撇开“飞机运狗”有无其事的问题，转而引导学生思考“大后方学潮与对抗战的影响”[④]，以转移视听。

在《大公报》的社评于 12 月 22 日发表后，12 月 24 日，昆明《朝报》转载了这篇社评。[⑤] 于是，“飞机运狗”的消息由重庆而迅速传播到素有“民主堡垒”之称的西南联大所在的昆明，在昆明学生中产生了远甚于重庆的爆炸效应。昆明这些因抗战而流离失所、靠着微薄贷金生活的大学生，听说大官僚孔祥熙竟用“飞机运狗”，顿时感到怒不可遏。所有的愤怒和不平

---

① 《交通部来函》，《大公报》（重庆）1941 年 12 月 30 日，第 3 版。

② 《傅斯年致胡适》（1942 年 2 月 6 日），载王汎森、潘光哲、吴政上主编：《傅斯年遗札》第 3 卷，社会科学文献出版社 2014 年版，第 918 页。

③ 翁文灏著，李学通等整理：《翁文灏日记》下册，中华书局 2014 年版，第 752 页。

④ 康泽：《狱中自白》（节录），载全国政协文史资料委员会编：《文史资料存稿选编·第 14 辑》（特工组织）下册，中国文史出版社 2002 年版，第 678 页。

⑤ 杨天石：《“飞机抢运洋狗事件”与打倒孔祥熙运动——一份不实报道引起的学潮》，《江淮文史》2012 年第 2 期。

都急待发泄。在“倒孔”这一点上，就连素来壁垒分明的左右两大阵营都达成了一致。1942 年 1 月 4 日，三青团西南联大分团部决定不顾该团负责人陈雪屏的反对而“群起谋作倒孔运动”。陈雪屏见制止无效，与联大总务长郑天挺商议对策，郑认为“此事势难抑制”，但求倒孔不由联大，尤其不由联大三青团首先发动。[①]

1942 年 1 月 5 日，联大出现一张名为“喊”的壁报[②]，详述“飞机运狗”之事，很快得到大部分学生的响应，许多人在“喊”的旁边写上声援文字。几小时内，联大新校舍就贴满了打倒孔祥熙的标语，许多即出自三青团员之手。郑天挺劝联大训导长查良钊把这些壁报撕掉，可是数量实在太多，“愈撕愈多也”。[③]此时，无论是联大三青团负责人陈雪屏还是联大总务长郑天挺，或者训导长查良钊，对于学生突然爆发的倒孔情绪，均感无可奈何。一天前，他们尚盼望倒孔运动“不由昆明首动，不由联大首动，不由青年团首动”，此时却发现根本压不下去。

校内沸腾的情绪在 1 月 6 日上午历史系教授吴晗的《中国通史》课上达到了爆发的临界点。吴晗在课上借古喻今地讲了南宋宰相贾似道误国的故事，认为孔祥熙误国，堪比南宋宰相贾似道。上这门课的都是一年级学生，本就容易冲动，既得到了老师的鼓励，就更加义愤填膺。下课后，这些一年级学生便牵头在图书馆前集合，高呼打倒孔祥熙，许多高年级学生也加入进来，并临时捐出各自的白被单，上书“打倒孔祥熙”“打倒贪行”“拥护蒋委员长”“拥护龙主席”“拥护修明政治”等标语口号。[④]当时正在宿舍

---

① 郑天挺：《郑天挺西南联大日记》上册，中华书局 2018 年版，第 502 页。

② 关于《喊》的作者，众说纷纭。据 1946 年初版的由联大左翼学生编写的《联大八年》一书：“有国民党党籍的两位同学在校门口贴出‘喊’壁报”（参见《联大八年》，西南联大学生出版社 1946 年版，第 18 页）；而据国民党云南省党部给国民党中央组织部的报告：“有共党嫌疑分子叙永学生数人于一月五日刊出名《喊》之壁报”〔参见《国民党云南省执委会关于查禁昆明西南联大等校学生倒孔运动经过情形呈》（1942 年 1 月 16 日），载中国第二历史档案馆编：《中华民国史档案资料汇编》第五辑第二编政治（五），江苏古籍出版社 1998 年版，第 281 页〕。两说恰好相反，即中共说《喊》是国民党员贴出来的，国民党却说是中共党员贴出的。笔者推测，如《喊》的作者来自中共方面，中共断无推到国民党身上的必要。如《喊》的作者是国民党员或三青团员，其参加倒孔运动属于失职，有可能为了诿过而推到中共身上。因此，《喊》出自国民党员之手似更合情理。

③ 郑天挺：《郑天挺西南联大日记》上册，中华书局 2018 年版，第 502 页。

④ 马识途：《马识途文集》9《风雨人生》（下），四川文艺出版社 2005 年版，第 358 页。

和同学聊天的中间派学生何兆武“听见有人在校园里喊：‘上街去打倒孔祥熙！’我们就都出来看，呵，果然聚积了很多人。大家马上拿纸写字，然后找个棍子绑上，举着就上街了”①。于是，联大学生率先上街了，游行过程中又有云南大学、中法大学、同济附中等校学生加入，他们迅速汇成一支千余人的队伍。

中共地下党员马识途与齐亮也在这支游行队伍里，他们既兴奋——兴奋这平地惊雷的行动，又担心——担心游行队伍遭到国民党军警的拦阻。但他们的担心没有变成现实，游行没有遇到任何阻碍。之所以如此顺利，原因之一是云南省主席龙云对此采取旁观态度，而学生也颇能利用国民党中央与地方之间的矛盾，故游行时边呼“打倒孔祥熙”，边呼“拥护龙主席”，双方可谓极有默契。另一原因是西南联大常委蒋梦麟从中斡旋，劝龙云不要派军警干涉，以免酿成事端。龙云处事老练，虽未直接干涉学生游行，却也给自己留了余地——下令封锁邮电，不让学生发电报和寄传单出去，以免扩散影响，从而避免给重庆政府造成过于放任学潮的观感。②

游行结束之后，学生们都感到出了一口怨气，一位同学对何兆武说：“啊呀，今天真痛快！”③参加者特别兴奋，纷纷议论下一步的行动。马识途、齐亮和吴国珩（均为西南联大大一学生）等几个中共地下党员更是干劲十足，马上动笔写文章，连夜编了一张名为“四十年代”的壁报。当晚，西南联大、云南大学、中法大学、同济附中等几个学校的学生聚在一起开会，准备组织讨孔运动大会。之所以要成立这个机构，是因为联大当时没有学生自治会。皖南事变后，联大的左派学生大多疏散离校，学生自治会的骨干成员——包括自治会干事会主席邢福津等人也已离校，所以在 1941 年至 1942 年间，自治会无形中相当于解散了。倒孔运动本系自发，但一旦发生，便需要一个组织来领导这个运动，既然没有自治会，学生们便商议成立倒孔运动大会，由各宿舍选出代表组成。1 月 7 日上午，马识途和齐亮

---

① 何兆武口述，文靖撰写：《上学记》（修订版），生活·读书·新知三联书店 2008 年版，第 193 页。

② 郑天挺：《郑天挺西南联大日记》上册，中华书局 2018 年版，第 503 页。

③ 何兆武口述，文靖撰写：《上学记》（修订版），生活·读书·新知三联书店 2008 年版，第 193 页。

均作为宿舍代表被选进倒孔运动大会，与此同时，也有许多三青团员被选进该会，担任领导职务。[①]

那么，联大三青团在倒孔运动中发挥了何种作用，是破坏、赞成还是消极旁观？事情发生之初，联大三青团员邹文靖、钟正不顾陈雪屏的反对而起草《讨孔宣言》。[②]在游行过程中，也有很多三青团员自发参加游行，就连国民党云南省党部也承认，参加者以“中立分子居多，三青团团员参加者亦多”[③]。1942 年 1 月中旬，专程来昆明调查学潮的康泽亦从联大分团书记李其泰口中得知：“三青团内主张不一……现在仍有一部分人企图扩大这个运动。”[④]由此可知，倒孔运动不仅得到了左派学生的支持，也得到了相当一部分三青团员的支持。这自然令陈雪屏大为光火。

陈雪屏虽很早就加入了国民党，但介入联大三青团事务则在皖南事变后。1941 年 3 月，皖南事变发生不久，康泽来到昆明，试图对皖南事变进行洗白。此时，对于三青团联大分团主任姚从吾的热心团务，“三数好友如锡予（汤用彤）、莘田（罗常培）、寅恪（陈寅恪）均不谓然”。姚从吾打算辞职，乃向康泽推荐陈雪屏为继任人选。起初，陈雪屏犹豫不决，于 1941 年 3 月 9 日和 10 日连续两天就商于郑天挺。3 月 10 日，两人更是做登山长谈。陈雪屏告诉郑天挺，他打算提两点要求：一是可以随时辞职；二是全权不受干涉。郑天挺却提醒他慎重选择：“如作，即将生活完全改变，终身以之，不必提条件；如不作，则早辞之。”“意未决”的陈雪屏决定先婉拒，“而后再定”。[⑤]尽管陈此时对从政一事仍感踌躇，随后却很快参与到了西南联大学生管理事务中。1941 年春季，西南联大训导长查良钊赴重庆出差，

---

① 马识途：《马识途文集》9《风雨人生》（下），四川文艺出版社 2005 年版，第 358—359 页。

② 西南联大党史编写组：《中共西南联大地下组织和群众革命活动简史》，云南人民出版社 1994 年版，第 40 页。

③《国民党云南省执委会关于查禁昆明西南联大等校学生倒孔运动经过情形呈》（1942 年 1 月 16 日），载中国第二历史档案馆编：《中华民国史档案资料汇编》第五辑第二编政治（五），江苏古籍出版社 1998 年版，第 281 页。

④ 康泽：《狱中自白》（节录），载全国政协文史资料委员会编：《文史资料存稿选编·第 14 辑》（特工组织）（下册），中国文史出版社 2002 年版，第 676 页。

⑤ 郑天挺：《郑天挺西南联大日记》上册，中华书局 2018 年版，第 391—392 页。

行前即将训导处工作交陈雪屏代理。[1]1942 年，陈雪屏正式接任三青团西南联大分团主任。[2]

倒孔运动发生后，陈雪屏急忙于游行当晚召集联大三青团员开会，要团员认清自己的立场及应付方法。他认为，三青团员最初就不该参加倒孔运动，现在事情既然已经发生，就要设法掌握运动的“领导权”，并趁机辨别左派分子。[3]三青团员经此斥责，在最初的支持倒孔运动后，转而阻碍事情的进行，上门找马识途、齐亮等被选为倒孔运动大会代表的人“商量问题”。[4]

1942 年 1 月 9 日，联大校方召集学生训话，常委梅贻琦劝学生适可而止，蒋梦麟的训话更是强硬，以学校停办作为威胁。在场的学生表示，从未见蒋校长如此生气。[5]运动中的左派学生更是意识到情况不妙，“在这种政治形势下，不是少数人一次冲锋就能改变局面的，便纷纷退出了”。倒孔运动迅速退潮后，学生仍气愤未平，集体去报社质问何以不刊登讨孔运动的消息。对于蒋梦麟的训话，学生亦认为是为孔祥熙张目。[6]直至两个月后，宋美龄来到西南联大举行演讲，尚有学生询问飞机运狗有无其事。宋美龄答说，我的姐姐自幼怕狗，何能带狗？[7]

飞机运狗一事的真假或难定论，孔祥熙的贪腐行径却是事实俱在，最终于 1945 年被参政员傅斯年等 9 人联名以美金公债案弹劾下台。倒孔运动发生后，军统骨干唐纵说：“孔之为人莫不痛恨。”[8]孔在行政院的下属亦指

---

① 郑天挺：《郑天挺西南联大日记》上册，中华书局 2018 年版，第 397 页。

② 康泽：《狱中自白（节录）》，载全国政协文史资料委员会编：《文史资料存稿选编·第 14 辑》（特工组织）下册，中国文史出版社 2002 年版，第 674—678 页。

③ 公唐：《倒孔运动》，载西南联大《除夕副刊》主编：《联大八年》，西南联大学生出版社 1946 年版，第 18 页。

④ 马识途：《马识途文集》9《风雨人生》（下），四川文艺出版社 2005 年版，第 359 页。

⑤ 郑天挺：《郑天挺西南联大日记》上册，中华书局 2018 年版，第 504 页。

⑥ 《中统局关于昆明各大学学生倒孔运动实况函》（1942 年 1 月 15 日），载中国第二历史档案馆编：《中华民国史档案资料汇编》第五辑第二编政治（五），江苏古籍出版社 1998 年版，第 280 页。

⑦ 郑天挺：《郑天挺西南联大日记》上册，中华书局 2018 年版，第 525 页。

⑧ 唐纵：《在蒋介石身边八年——侍从室高级幕僚唐纵日记》，群众出版社 1991 年版，第 253 页。

责孔“既庸且不做事”[①]，武汉大学经济学教授杨端六对着女儿杨静远大骂孔祥熙，认为物价高涨“罪过完全在孔祥熙一人身上，都是他一人把中国财政弄糟的”[②]。凡此，很能说明当时社会上，包括国民党党内党外许多人士对孔的不良观感。

那么，1942 年 1 月 12 日奉命来到昆明平息学潮的三青团骨干康泽，在人们普遍对国民党的腐败不满、对孔祥熙本人更是痛恨的情况下，在联大三青团内部对于飞机运狗事件亦存在分歧的情况下，如何打消人们的怒气以自圆其说呢？他决定不谈飞机运狗事实的有无，只谈“大后方学潮与对抗战的影响”。

康泽于 1 月 12 日到达昆明时，从姚从吾和陈雪屏处了解到，三青团内部此时尚有人主张继续倒孔。康先是请联大常委梅贻琦召集教授开会，然后召集三青团员开会，最后又在联大工学院公开举行“大后方学潮与对抗战的影响”座谈会，参加者包括很多非三青团员。康在这几次会上的发言大意如下：日本人听说昆明学生游行后，在广播中大肆宣传“昆明学生万人游行示威，反对抗战”，故游行在客观上帮了日本人的忙，妨碍抗战，致亲者痛而仇者快。康泽还反问那些积极参加学潮的三青团员：“你是不是愿意供给敌人反宣传的口实？对抗战的影响如何，你也不顾虑了吗？”最后，康总结道：“在大后方发生学潮，一定会使抗战前线蒙受不利的影响，并给敌人的反宣传口实……以后如有类似事件，在酝酿时，我们应即本着顾全抗战大局的精神，说服消弭，不使影响前线抗战，再不能发生有利于敌人的事情。”[③]

经过这样一番“思想工作”，尤其是“妨碍抗战”的罪名谁也承受不起，无论是教授还是学生都无话可说了。就连张奚若、潘光旦这样以批评政府闻名的联大教授，也不赞成学潮继续，以免影响抗战。教授的态度往往对学生思想起到重要的引导作用，教授既不主张再闹，学生也就偃旗息

① 陈方正编：《陈克文日记：1937—1952》下册，社会科学文献出版社 2014 年版，第 705 页。

② 杨静远：《让庐日记》，商务印书馆 2015 年版，第 212 页。

③ 康泽：《狱中自白》（节录），载全国政协文史资料委员会编：《文史资料存稿选编·第 14 辑》特工组织（下册），中国文史出版社 2002 年版，第 675、677—678 页。

鼓了。[①] 最后，座谈会以压倒的声音反对学潮的继续。这样，康泽就利用师生的爱国之心，成功地把复杂的社会矛盾统统压抑在“抗战大局”这面大旗之下。

然而，倒孔运动作为抗战以来的首次大规模学潮，很为蒋介石所警惕，他不但派康泽专程来昆处理此事，又命侍从室主任陈布雷屡次打电话给蒋梦麟，询问进展。联大校方、团方亦大感紧张。1 月 22 日，蒋梦麟专程去重庆向蒋介石汇报学潮情况，因为“如不亲向中央报告，恐分歧致惑听闻”[②]。3 月初，当陈雪屏见到蒋介石时，蒋仍“于学生甚关心”，吩咐陈“不可使更有学生游行之事”。[③] 此事亦使陈雪屏刚刚起步的仕途横遭顿挫，1942 年 9 月，陈虽被朱家骅列入国民参政会参政员名单，却被蒋介石勾去了，其原因就在于蒋“因春间倒孔事对之误会甚深”。[④]

那么，这一运动既然有群众基础，何以很快偃旗息鼓？学生被压抑了几年的不满情绪才借倒孔游行而冒了个头，怎会戛然而止？就连国民党联大区党部书记姚从吾事后也感到大惑不解：

> 此事突然爆发，有无背景，至今似尚不能作肯切之判断。若云有背景，似不至于一哄即止，照常上课，不再继续；若云无背景，则各校同时发动，步骤相当整齐，无人主持，何能如此。[⑤]

其实，倒孔运动的产生纯系自发，并非由任何政党策动而成，这一点无论国民党还是共产党都持同样看法。就三青团方面而言，团员们虽积极参加倒孔运动，但是这并非事前有意谋划，而是无意识地顺应了群众的愤怒情绪。就中共方面而言，一年前（即 1941 年）的皖南事变使联大的地下党员和左翼学生均大部分离校，少数留下来的地下党员亦严格遵守此时

---

① 康泽：《狱中自白》（节录），载全国政协文史资料委员会编：《文史资料存稿选编·第 14 辑》特工组织（下册），中国文史出版社 2002 年版，第 677—678 页。

② 郑天挺：《郑天挺西南联大日记》上册，中华书局 2018 年版，第 508 页。

③ 郑天挺：《郑天挺西南联大日记》上册，中华书局 2018 年版，第 523 页。

④ 郑天挺：《郑天挺西南联大日记》上册，中华书局 2018 年版，第 601 页。

⑤ 《姚从吾致朱家骅函》（1942 年 1 月 21 日），转引自王奇生：《战时大学校园中的国民党：以西南联大为中心》，《历史研究》2006 年第 4 期。

中共在国统区的十六字方针——隐蔽精干，长期埋伏，积蓄力量，以待时机。[①]因此，马识途和齐亮等地下党员在运动中虽则兴奋，却也只是顺势而为，跟着潮流而动，当意识到三青团有意夺取"领导权"时，他们就立即退出了。就连傅斯年这样坚决的反共人士也认为倒孔运动"不能说是三千里远养病之病夫鼓动得罢！"在他看来，1942 年初的中共正忙于应付日军对根据地的扫荡，哪有余裕鼓动倒孔！傅斯年还意味深长地引了一句孟子的话，"人心之所同然者，义也"[②]。所谓同然的人心指什么呢？

1942 年初，全民族抗战已进入第 5 年。5 年来，老百姓为抗战大局而牺牲了个人幸福，过着每况愈下、颠沛流离的生活，战前原有的左右之争亦被暂时压下，一切为了抗战，一切等抗战胜利了再说！可是，飞机运狗的消息传来，人们意识到，国难之下有人照样过着骄奢淫逸的生活！这人竟是居宰辅之尊的行政院副院长孔祥熙！如果人们为之牺牲财产、家庭乃至生命的政府，竟是如此腐败，这个政府的公信力何在？这就是傅斯年所说的"人心之所同然者"。学生作为社会中最勇敢最敏感的群体愤而做倒孔游行，正是代表整个社会对 5 年来个人为国家所作的巨大牺牲的一次集中爆发。

因为存在这样一种出于义愤的同然之心，所以无论是左派还是右派，无论共产党还是三青团，都参与到了倒孔这一无意识集体行动中。一位左派学生在 1948 年回顾此事时说："事情虽至今仍未能十分了了，动机虽至今未能确定，口号也极其偶然，但一切皆极圆满。"[③]也因为此，在打败日本侵略者的目标尚未实现，国共之间的力量对比也未逆转，在这些影响时局的重要因素都未出现转机时，人们对现状的不满只能暂且压抑，个人利益不得不继续服从于民族利益。此外，不满的情绪既经倒孔游行而得到发泄，学生很快就又回到战时的校园日常了。所以，倒孔运动的发生并非政党运作的结果，其昙花一现的结局，也并非国民党或三青团镇压有方的表现，

① 毛泽东：《放手发展抗日力量，抵抗反共顽固派的进攻》（1940 年 5 月 4 日），载《毛泽东选集》第 2 卷，人民出版社 1991 年版，第 756 页。

② 《傅斯年致胡适》（1942 年 2 月 6 日），载王汎森、潘光哲、吴政上主编：《傅斯年遗札》第 3 卷，社会科学文献出版社 2014 年版，第 918 页。

③ 石立清：《昆明学运的成长》，《燕京新闻》第 14 卷第 13 期，1948 年 1 月 19 日，第 2 版。

而是时势使然。时机还远未到来。

第二节 战时相对平静的校园氛围

那么，从全民族抗战爆发到倒孔运动发生时的 1942 年初，时势是怎样的？主导联大校园的是怎样一种氛围？

1937 年 7 月 7 日卢沟桥事变的发生，无论对于普通中国人还是对于作为最高学府北京大学的师生，都是重大事件。人们在匆忙中踏上了逃难的旅途。北大教授纷纷南下，学校的重任落到校秘书长郑天挺肩上。他“一人绾校长、教务长、文理法三学院院长、注册主任、会计主任、仪器委员会之印”，解散职员和校工[①]，并一一登门给因家贫而滞平的教授送钱，告以在天津接头的地点。[②]

教师逃难有学校安排，学生逃难则只能靠自己或家庭。卢沟桥事变当天，一位名叫王琳的北大化学系毕业生正在去北平参加母校同学聚会的途中，行至河北定县，听到马车铺子的老板说：“昨晚卢沟桥发生了事变，车子没有过来，今天怕是走不成了。”她只好住下来观望几天，然后就匆匆挤上平汉线列车南下郑州，开始逃难之途。在火车上，她巧遇曾参加“一二·九”运动的化学系同学何兆仪，由于车上“拥挤不堪，未能多谈”，从此各奔前程。[③]王琳辗转去了昆明，何兆仪则在重庆国民政府某机关工作，自称“山中老人”，不复为从前的革命青年。[④]同日，同样毕业于北大的中学教师张中行携新婚妻子在北平度蜜月，预备暑假后仍回保定育德中学教书，“领开学后的工资，照旧规程活下去”。不料战火炸平了育德中学校舍，连同炸没了他所有的财产。他回不去了，妻子即将生产，积蓄也快花完了，

---

① 郑天挺：《郑天挺西南联大日记》上册，中华书局 2018 年版，第 307 页。

② 郑天挺：《郑天挺西南联大日记》下册，中华书局 2018 年版，第 1198 页。

③ 王琳：《自传的一页——从抗战到现在》，《北大化讯》第 2 期，1944 年 5 月 10 日，第 12—13 页。

④ 《形形色色》，《北大化讯》第 1 期，1944 年 3 月 10 日，第 12 页。何兆仪系《上学记》作者何兆武的姐姐。

种种困难使他“不得不扔掉逃出沦陷区的理想”[①]，从此留在北平养家糊口。

各人的遭际各不相同。大致来说，卢沟桥事变发生后，北大在校学生有以下几种去向：一是参加国民党军队进行抗日，二是去延安或抗日根据地参加革命，三是留在西南联大继续读书，四是留在家乡。但是，去延安也有数种途径，当时在西安成立了由北师大、北平大学等几所学校组成的西安临时大学，一些左倾学生口头说是去西安临时大学读书，实际是从西安转去了延安。[②]还有一部分左倾学生先是去武汉参加长江局青委的工作，武汉失守之后，他们就近去了豫鄂边根据地。1939年夏，中共南方局青年组还组织了200多名学生报名参加阎锡山在山西创办的“民族革命大学”，这些人到了黄河边上就“起义”去了延安。[③]由于上述种种去向，留在学校读书的人就不多了。1937年底，长沙临时大学只有800多名学生报到，而满员情况下应有2000多人，即只有1/3的人到了长沙。第二年春天，学校迁到昆明时，学生人数只剩下了400左右。[④]

最有政治热情的那一部分学生离开了学校，留下来的自然是相对对政治不感兴趣的学生，“这一来，学校里的教育便变得更单纯地为教育而教育，也就是完全与抗战脱节的教育”[⑤]。尽管那时的联大尚处草创，没有电灯，寝室的油灯8人共用，图书馆也只有几盏汽灯，同学们晚上自修的地方都没有，可是大家的学习热情却很高涨。一位联大学生回忆当时的情形时说：“那时，自修是天经地义，多少从内地来的，多少从沦陷区集中上海，再从海道来的，都集在这里抱着一种希望，想学得一些什么。”[⑥]联大学生汪曾祺回顾当年也认为：“这样一些莘莘的学子，不远千里，从四面八方奔到昆明

① 张中行：《流年碎影》上，北方文艺出版社2016年版，第253—254页。

② 何兆武口述，文靖撰写：《上学记》(修订版)，生活·读书·新知三联书店2008年版，第73页。

③ 《冯文彬谈国民党统治区的青年运动》，载南方局党史资料征集小组编：《南方局党史资料·群众工作》，重庆出版社1990年版，第281—283页。

④ 资料室：《八年来的民主运动》，载西南联大《除夕副刊》主编：《联大八年》，西南联大学生出版社1946年版，第40页。

⑤ 闻一多谈话，际戡笔记：《八年来的回忆与感想》，载西南联大《除夕副刊》主编：《联大八年》，西南联大学生出版社1946年版，第5页。

⑥ 光远：《片段的回忆》，载西南联大除夕副刊主编：《联大八年》，西南联大学生出版社1946年版，第66页。

来，考入西南联大，他们来干什么，寻找什么？大部分同学是来寻找真理，寻找智慧的。”[①]

虽然学习气氛总体高涨，但随着一些政治积极分子从北平来到昆明，1938 年上半年，联大的政治空气又开始酝酿。

1938 年 5 月，曾参加“一二·九”运动的中华民族解放先锋队（下文简称民先）队员袁永熙（战前为北平师大附中学生）随朱自清一家来到联大文法学院所在的云南蒙自。这时同在蒙自的还有中共地下党员力易周。力易周于 1936 年在北平崇德中学入党，抗战爆发后先到延安，在陕北公学卷入一桩间谍案，于是被派到昆明开辟地下工作。袁永熙与力易周同为左翼青年，同样在昆明亲友处暂住备考，同样准备投考西南联大，因此很快熟悉起来。[②]他们随后又认识了一些联大的老民先队员，遂于 1938 年 8 月成立了临时党小组。1938 年 10 月，力易周介绍袁永熙入党。

1938 年秋，联大举行建校后的第一次招生，袁永熙、力易周、邢福津（重庆南开中学学生党员）等左派学生均于此时考入。入学不久，此前成立的联大临时党小组改为临时党支部，力易周任书记，随后因上级党组织始终未打消对力易周卷入间谍案的顾虑[③]，而改由袁永熙代替力易周担任支部书记。与此同时，武汉于 1938 年 10 月失守后，中共中央决定撤销长江局，于 1939 年 1 月在重庆成立南方局，负责统一领导南方国民党统治区工作。同月，新成立的南方局决定建立中共云南省工作委员会（下文简称云南省工委），下设青年工作委员会。1939 年 6 月，南方局任命马子卿为云南省工委书记，何礼为青委书记，西南联大党支部由省工委直接领导。这样，云南地方党就加强了对联大党组织的领导。此时，除袁永熙领导的联大党支部之外，联大还有另一个直接由南方局领导的党支部，但随着该支部书记

---

① 汪曾祺：《人间草木》，江苏文艺出版社 2013 年版，第 168 页。

② 袁永熙讲述，蒋中礼整理：《回忆西南联大的民主运动》，载云南省历史研究所编印：《云南现代史研究资料》（第 11 辑），1982 年，第 24—26 页。

③ 1938 年，中共党员金文哲、陶凯孙夫妇在延安中央党校学习时被康生诬为国际间谍而被秘密处决，此即“金田事件”。力易周在北平“一二·九”运动期间认识金、陶，在延安陕北公学学习时又介绍金文哲入党，因而被卷入此案。1982 年，中共有关部门作出金田事件是“一起冤案”的结论，力易周受牵连的问题至此得以彻底澄清〔参见王效挺、黄文一主编：《战斗在北大的共产党人：1920.10—1949.2 北大地下党概况》（增订本），北京大学出版社 2003 年版，第 236 页〕。

王亚文于 1939 年 7 月毕业离校，南方局决定将两个党支部合并，袁永熙仍担任书记。1939 年至 1941 年初皖南事变发生前是联大在校党员人数最多的时期，一度达 83 人。[①]

这些左翼学生的到来为联大浓重的学习氛围重新增添了政治空气。例如，地下党员邢福津考入联大不久即感于联大校园缺少抗战气氛，没有学生自治会，同学如同一盘散沙，故首先提议成立一个外围社团——群社[②]。

成立于 1938 年底的群社，在当时联大尚无学生自治会的情况下，组织了许多集体活动。首先是编写“群声”和“腊月”壁报，前者侧重政治评论，后者是纯文艺刊物。“腊月”出现于 1938 年 12 月 9 日，它的许多作者是参加过“一二·九”运动的民先队员，出刊伊始就“为‘民主’而高呼”[③]。随着群社举办的这些左的壁报的出现，很快也出现了一些针锋相对的壁报，例如“大学论坛”“指南针”“微言”等。其时刚入学的何兆武如是回忆：“那年我刚入大学，学校里有很多壁报，写的文章大都带有政治性，左右两派又开始争论起来，而且争得很厉害。”[④]

除了编写壁报以事宣传，群社还举办各种课外活动，如组织同学去昆明近郊远足，在月明之夜组织同学在草地上聊天、游戏，名之曰“月亮会”。[⑤] 群社还组织以哲学、经济、文艺等进行分类的各种学会。[⑥] 对此，汪曾祺后来回忆道：“我们对这些俨乎其然的学会微存嘲讽之意。有一天，广发的茶友之一说：‘咱们这也是一个学会，——广发学会！’”[⑦]“广发”指联大附近的广发茶馆，虽是汪的玩笑之话，也说明当时校园风气并非一边

① 西南联大党史编写组：《中共西南联大地下组织和群众革命活动简史》，云南人民出版社 1994 年版，第 11—14 页。

② 邢方群：《温故集》，中国青年出版社 1997 年版，第 319—320 页。

③ 资料室：《八年来的民主运动》，载西南联大《除夕副刊》主编：《联大八年》，西南联大学生出版社 1946 年版，第 40 页。

④ 何兆武口述，文靖撰写：《上学记》（修订版），生活·读书·新知三联书店 2008 年版，第 179 页。

⑤ 资料室：《八年来同学的生活与学习》，载西南联大《除夕副刊》主编：《联大八年》，西南联大学生出版社 1946 年版，第 44 页。

⑥ 残年：《群社》，载西南联大《除夕副刊》主编：《联大八年》，西南联大学生出版社 1946 年版，第 131 页。

⑦ 汪曾祺：《人间草木》，江苏文艺出版社 2013 年版，第 163 页。

倒。群社的成员固然有意用各种学会将同学们发动组织起来，然而同一个校园里也尽有的是汪曾祺这样不关心政治、喜欢说笑抽烟，颓废的“文艺青年”。[①]

当日联大校内左右矛盾的实际情形，可以“五剧团事件”为例来略窥一斑。群社成立了自己的剧团——联大戏剧研究会；三青团也成立了自己的剧团——青年剧团。除此之外，尚有几个中间派的剧团。1940 年 5 月 4 日，这几个剧团说好每单位演一出戏，开演前却为演出次序大起纠纷，缘于群社事先拉拢中间剧团，导致青年剧团中了头彩，大不高兴，不告而走。一个月后，联大常委张伯苓来昆，青年剧团决定独自演出《刑》，以示欢迎。为防止群社捣乱，青年剧团事先把票分送给指定同学，规定必须凭票入场。群社社员进不去剧院，就在外高声唱歌，这时剧场的电灯突然熄了，场内大乱，三青团学生大喊“群社捣乱”“打倒左倾分子，打倒群社”[②]，“台下一片‘打倒群社’之声”。一位左派女生站起来说“你敢打”，反遭到攻击，[③]几名三青团员把手电筒的灯光一齐射向她，台上台下吵吵嚷嚷乱成一片，一场晚会不欢而散。

关于关灯的“凶手”，有说是一位“老国民党员”，有说是“一位平常只读书不大问事的同学”，一说是“几位有正义感的同学”。[④]事后，学校专门为此开了一次群众集会，张伯苓在会上批评群社，愈给三青团壮了声势，使其加倍攻击群社。群社不服，编写打油诗讽刺三青团：“大会主席（指汪旸）口结巴，剧团代表泪如麻，台上台下齐喊打，北平武戏不如它。”[⑤]

---

① 何兆武口述，文靖撰写：《上学记》（修订版），生活·读书·新知三联书店 2008 年版，第 127 页。

② 资料室：《八年来的民主运动》，载西南联大《除夕副刊》主编：《联大八年》，西南联大学生出版社 1946 年版，第 41 页。

③ 行型：《由同学看“党”“团”》，载西南联大《除夕副刊》主编：《联大八年》，西南联大学生出版社 1946 年版，第 136 页。

④ 据一位联大学生回忆（参见西南联大《除夕副刊》主编：《联大八年》，西南联大学生出版社 1946 年版，第 41 页），关灯的是“一位老国民党员”；据另一位联大学生回忆（参见西南联大《除夕副刊》主编：《联大八年》，西南联大学生出版社 1946 年版，第 136 页），关灯的是“一位平常只读书不大问事的同学”；据群社社长邢福津的回忆（参见邢方群：《温故集》，中国青年出版社 1997 年版，第 326 页），关灯的是“几位有正义感的同学”。

⑤ 邢方群：《温故集》，中国青年出版社 1997 年版，第 325 页。

这件事情颇能反映当日的左右之争。首先，左、中、右三派剧团联合演出，颇能说明当日校内政治倾向的多元化，而不是一边倒。其次，三青团大喊“群社捣乱”而获得“台下一片掌声”、左派女生起而反驳却遭到攻击，以及群社的出于自卫的打油诗，均说明当时三青团在校内的声势不亚于左派。在某种程度上，左右之间势均力敌更接近实际情况。

这一点在学生自治会的组成上也有体现。邢福津、袁永熙等1938级新生之所以成立群社，就是因为没有学生自治会。经过一学期的适应准备，到了1939年初，联大左右两派都成立了各自的组织——中共于1939年3月成立了以袁永熙为书记的党支部，三青团联大分团也正在筹备中，并于1939年底举行了首批百余名团员的入团宣誓典礼。① 左右双方这时都有成立自治会的意向，遂各派代表就自治会竞选规则进行谈判。群社的谈判代表是老北大学生、民先队员莫家鼎。②

经过商议决定，在学生自治会的最高权力机关——全体会员大会闭会期间，由代表大会行使权力机关职能。代表大会下设干事会和评议会，前者为执行机关，后者为监察机关。代表的产生方法是由各系各年级按人数比例进行选举，每20位同学选一位代表，人数介于20至40之间的系级，则选2名代表，以此类推。选出代表后，左右两派负责人协商决定由谁担任自治会正副主席、干事会主席等，商定之后再开大会，由代表依据这个事先商定的名单进行投票。因此，竞争的焦点在于代表席位的多少。哪一派的代表在全体代表中占多数，在决定自治会正副主席的人选上，就有较大的发言权。

按照这个选举办法，1939年春选出的第一届学生自治会主席是国民党员，干事会主席是三青团员，左派学生仅莫家鼎、邢福津等几个人担任干事。第二届学生自治会的主席仍由国民党员担任，干事会主席则由中共地下党员许焕国担任，副主席是三青团员，双方平分秋色。直到1940年秋天的第三届学生自治会，中共才占得上风。这届自治会主席由中共地下党员郝诒纯担任，干事会主席也由地下党员邢福津担任，只有自治会副主席是

① 王奇生：《战时大学校园中的国民党：以西南联大为中心》，《历史研究》2006年第4期。

② 邢方群：《温故集》，中国青年出版社1997年版，第313页。

国民党员。[①]从第一届自治会到第三届自治会，中共的力量呈现上升态势，但总的来说，左右两派互有攻守。因此，自治会被联大学生形象地比喻为“联合政府”——三青团、群社、联大基督团契的联合。[②]由此可知，从 1938 年到 1941 年皖南事变前的 3 年间，尽管左派的活动能力很强，却远未形成明显优势。无论是自治会的组成，还是演剧、壁报等各种课外活动，都表明三青团也相当活跃。

中共地下党与三青团等左右两方在校园的较量，说明联大的政治氛围较之前更浓厚了。不仅学生关心政治，教授也热心政治，表现之一就是国民党西南联大直属区党部的成立及许多教授纷纷入党。1939 年 7 月，国民政府教育部长陈立夫致函联大常委（北大校长）蒋梦麟，要求在西南联大成立国民党区党部。7 月 23 日，蒋梦麟召集教授开会，商议成立区党部事宜。[③]8 月 24 日，蒋梦麟与梅贻琦召集联大各院系负责人，号召大家入党。这天，郑天挺在日记中说自己已决定入国民党，“同人并建议中央推（钱）端升、周炳琳、吴有训为筹备员”[④]。经过一年的筹备，国民党西南联大区党部于 1940 年 6 月 14 日正式成立[⑤]，周炳琳、黄钰生、冯友兰当选为执行委员，查良钊为候补委员，郑天挺也于这天正式加入国民党。翌年，联大常委梅贻琦在一次教授聚餐时又乘机“请大家入党”[⑥]。联大教授华罗庚、雷海宗、陈省身等人皆在 1943 年入党。至 1944 年，联大教授加入国民党的比

---

① 邢方群：《温故集》，中国青年出版社 1997 年版，第 314—317 页。

② 行型：《由同学看“党”“团”》，载西南联大《除夕副刊》主编：《联大八年》，西南联大学生出版社 1946 年版，第 136 页。

③ 郑天挺：《郑天挺西南联大日记》上册，中华书局 2018 年版，第 170 页。

④ 郑天挺：《郑天挺西南联大日记》上册，中华书局 2018 年版，第 181—182 页。

⑤ 关于国民党联大区党部的成立时间，王奇生认为成立于 1941 年 7 月 23 日，所依据的史料是中国第二历史档案馆所藏的《直属国立西南联合大学区党部呈报成立经过及工作分配情形》（参见王奇生：《战时大学校园中的国民党：以西南联大为中心》，《历史研究》2006 年第 4 期）。笔者查阅郑天挺日记后，认为区党部成立于 1940 年 6 月 14 日（参见《郑天挺西南联大日记》上册，中华书局 2018 年版，1940 年 6 月 14 日，第 280 页）。另据蔡仲德所撰的《冯友兰先生年谱长编》，冯友兰在 1968 年 6 月 6 日所写《问题交待》中自承“担任过为教授以上的国民党党员而设的‘直属区分部’的执行委员，同时担任的有黄钰生、查良钊、周炳琳”（参见《冯友兰先生年谱长编》，中华书局 2014 年版，第 322 页），此说提到的区党部委员名单与郑天挺 1940 年 6 月 14 日日记所载吻合，故本书暂采区党部成立于 1940 年 6 月 14 日一说。

⑥ 梅贻琦著，黄延复、王小宁整理：《梅贻琦西南联大日记》，中华书局 2018 年版，第 36 页。

例接近50%。[①] 这个比例不可谓不高，尽管许多教授入党可能是出于私人情谊而非纯粹服膺三民主义，例如郑天挺如是剖白自己入党的动机：

> 余于民国十一年自北京旋闽参加革命。……余虽日与党中同志相处而未入党，民国十六年任职浙江民政厅厅长马夷初师以政变去职，新长未任命，由余代，日周旋于党政诸要人间，亦未入党。十九年奉孟邻师命入教育部任秘书主任，亦未入党。余于党义或较一般列党籍者所知为多，所信为坚，所以未入党者不愿以入党猎官固位也。今中央既有使各大学组党、重要人员入党之议，为保护学校及孟邻师，已决入党。[②]

言下之意，他自1922年就参加国民革命，虽对于三民主义较一般党员“所知为多，所信为坚”，但由于“不愿以入党猎官固位”，一直没有入党。现在何以又决定入党？一则为配合当局的大政方针，以示国难时期与国家共度艰难的决心[③]；二则因蒋梦麟对其有知遇之恩，故入党也有私人情谊的成分。这两个动机相较下来，或许与国家共度时艰是更重要的原因，郑在1940年5月的日记中曾说：“欧战甚激，荷兰已降，比军亦败，于是知我国抗战三年真不易也，只此已足睥睨当世。”[④] 可见他当时是基本认可国民党的抗日成绩的，故在感情上也较接近国民党。况且，若入党纯因私人情谊，何以解释他及其他许多联大教授过去以超然于党派政治为清高，却在抗战期间纷纷入党？毕竟，他与蒋梦麟的私人情谊并非自抗战始。

无论师生倾向中共或者加入国民党，都说明人们比过去更关心政治了，这与抗战的大环境有关。战争的破坏性如此大，波及面如此广，迫使人们去思索重大的问题——人类的命运、国家的命运。此外，战争的参加单位是国家，其终极目标是胜利，这就意味着为取得最终胜利，个人必须无条件服从国家。个人与国家之间既然发生如此深刻的纠连，反过来，个人就

---

① 王奇生：《战时大学校园中的国民党：以西南联大为中心》，《历史研究》2006年第4期。

② 郑天挺：《郑天挺西南联大日记》上册，中华书局2018年版，第181—182页。

③ 王晴佳：《学潮与教授：抗战前后政治与学术互动的一个考察》，《历史研究》2005年第4期。

④ 郑天挺：《郑天挺西南联大日记》上册，中华书局2018年版，第271页。

会加倍地关心国家、关心政治。

闻一多在1946年回忆抗战初期的情形时说道："记得教授们每天晚上吃完饭，大家聚在一间房子里，一边吃着茶，抽着烟，一边看着报纸，研究着地图，谈论着战事和各种问题。"尽管他认为"抗战对中国社会的影响，那时还不甚显著"①，但从大家对战况的高度关注来看，抗战在当时就已深刻地影响人心。

这与战前北平教授圈的氛围完全两样了。那时，尽管"一二·九"运动的参加者在呐喊"华北之大竟容不下一张书桌"，可是另一方面，文人学士继续在"太太的客厅"吟风弄月，氛围不是沉重的、政治的，而是风雅的、文学的。钱锺书的小说《猫》讽刺了当时的氛围：

> 首都南迁以后，北平失掉它一向政治上的作用；同时，象一切无用过时的东西，它变为有历史价值的陈设品。宛如一个七零八落的旧货摊改称为五光十色的古玩铺，虽然实际上毫无差异，在主顾的心理上却起了极大的变化。逛旧货摊去买便宜东西，多少寒窘！但是要上古玩铺你非有钱不可，还得有好古癖，还得有鉴赏力。这样，本来不屑捡旧货的人现在都来买古玩了，本来不得已而光顾旧货摊的人现在也添了身份，算是收藏古董的雅士了。那时候你只要在北平住家，就充得通品，就可以向南京或上海的朋友夸傲，仿佛是个头衔和资格。说上海和南京会产生艺术和文化，正象说头脑以外的手足或腰腹也会思想一样的可笑。②

时空变了，时代不再是那个"朦胧"的时代，空间也由"文化中心"的北平转到边陲的昆明。③随着时空的转变，知识圈的主题也从文化转向了政治，从象牙塔回到现实。但这在当时并不主要表现为左右之争，而是表现为民族主义的高涨。这是因为在抗战相持阶段来临之前，日军的入侵咄咄

---

① 闻一多谈话，际戡笔记：《八年来的回忆与感想》，载西南联大《除夕副刊》主编：《联大八年》，西南联大学生出版社1946年版，第3—4页。

② 钱钟书：《围城 人·兽·鬼》，生活·读书·新知三联书店2009年版，第443—444页。

③ 《文艺晚会》，载北大壁报联合会委托风雨社编印：《五四在北大》，1947年版，第9页。

逼人，战况十分激烈，当时的主要任务是抗战，主要矛盾是中日民族矛盾，而非国共矛盾。因此，尽管抗战初期联大校园发生过诸如左右两派交锋的“五剧团事件”，但并不代表联大校园的主流。主流是抗日，不是左右之争。当时的联大学生，不仅中间立场的何兆武说：“我们这一代人对日本的仇恨非常强烈”[①]，左派立场的汪子嵩也认为日本的入侵对他的一生“是一个决定性的因素”[②]。青年学生日后的左倾，与强烈的民族危机感和忧国意识是分不开的。他们的矛头由对外转向对内，看似不可理喻，实则一以贯之，那就是对国家前途的强烈关注。

但是，物价的暴涨期毕竟还未到来，生活仍算过得去，这就决定了知识分子与当局的对立尚不尖锐。诚如何炳棣回忆的那样：“在迁到西南的最初两年里，教授们的经济状况仍是相当优裕，住处也先选北门街（美国领事馆所在）、翠湖东路（英国总领事馆所在）这类考究的‘边缘’地带。”[③]闻一多也承认：“教授的生活在那时因为物价还没有很显著的变化，并没有大变动。交通也比较方便，有的教授还常常回北平去看看家里的人。”[④]通货膨胀其时尚不严重，不用说教授，学生在1938年也能维持“天天吃肉吃鸡蛋，每星期打牙祭时还可以吃鸡吃鱼”的生活水准。[⑤]因此，一方面，切近的危险是日本人；另一方面，生活水平虽不如战前，尚可勉强维持，故联大校园的左右之争其时并不激烈，校园的政治空气主要体现为民族主义的高涨。

唯其如此，在以皖南事变为代表的国共斗争重又浮上水面时，多数师生并未卷入其中，而是作旁观态。于是，中共地下党从联大迅速撤退了。

1941年1月，新四军军部及所属皖南部队9000余人在安徽泾县遭到国

---

① 何兆武口述，文靖撰写：《上学记》（修订版），生活·读书·新知三联书店2008年版，第47页。

② 汪子嵩口述，张建安采写：《往事旧友，欲说还休》，生活书店出版有限公司2015年版，第1页。

③ 何炳棣：《读史阅世六十年》，广西师范大学出版社2005年版，第152页。

④ 闻一多谈话，际戡笔记：《八年来的回忆与感想》，载西南联大《除夕副刊》主编：《联大八年》，西南联大学生出版社1946年版，第6页。

⑤ 资料室：《八年来同学的生活与学习》，载西南联大《除夕副刊》主编：《联大八年》，西南联大学生出版社1946年版，第44页。

民党军队的包围袭击，除少数人突围外，大部被俘、牺牲，史称“皖南事变”。事情发生后，国民党为洗白自己，预防发生学潮，派人去各大学讲演皖南事变的经过，要点在于证明事变的发生是由于新四军“叛变”及“不听命令、妨害抗战”，并强调战争期间“军令政令统一”的重要性。[①] 其中，被派到昆明进行讲演的是康泽。康泽于 1941 年 3 月 4 日在联大讲演，从上午 11 时讲至下午 1 时，共 2 小时之久。讲演内容涉及自卢沟桥事变以来的国共关系、阎锡山与中共的合作、新四军的“企图”以及皖南事变经过等，最后劝联大师生顾及抗战大局，拥护政府“统一军令政令”的方针，随时纠正和制止公开的或潜伏的“破坏分子”的不法活动。对此，听完演讲的联大总务长郑天挺认为康泽“阐述甚详”。康泽自己对演讲效果也相当满意。当晚，国民党西南联大区党部书记姚从吾和国民党籍教授贺麟宴请康泽，并请郑天挺、陈雪屏、田培林、燕树棠等教授作陪。[②]

与此同时，联大的壁报界也围绕皖南事变而大开笔战，左右双方争论激烈。据康泽后来回忆：“一时联大师生们的视线，都集中到这些壁报上。三青团的壁报因为份数较多，消息的来源也较多……在学校里占了优势，中立分子也就向这一边倒了。”康泽还提到当左派学生在壁报上转载一篇香港某外报评论时，有一位爱好体育、平时不参加政治活动的经济系学生在这篇壁报的旁边贴了一张纸条，大意说：“我反对你们附和不听命令妨害抗战者的行为，你们如果不收拾起你们的壁报，还要继续出刊，我就要和你们决斗。”这张字条得到许多学生的签名附议，于是这份左派壁报当晚就消失了。三青团的壁报却越来越多，在校内大造反共舆论。康泽曾特意问三青团联大分团负责人，这位贴反共纸条的学生是自发的还是受三青团授意去做的？回答是自发的。对此，康泽感到很满意。[③]

由于当时整个社会的主题是抗战，联大校园的思想主潮也是“一切为了抗战”，师生对于一切“不听命令、妨害抗战”的行为极不谅解，而国民

---

① 康泽：《狱中自白》（节录），载全国政协文史资料委员会编：《文史资料存稿选编·第 14 辑》（特工组织）（下册），中国文史出版社 2002 年版，第 673 页。

② 郑天挺：《郑天挺西南联大日记》上册，中华书局 2018 年版，第 389 页。

③ 康泽：《狱中自白》（节录），载全国政协文史资料委员会编：《文史资料存稿选编·第 14 辑》特工组织（下册），中国文史出版社 2002 年版，第 673—674 页。

党用以控制思想界的也是这种“团结御侮”的心理，以抗战为由要求“统一”。因此，尽管中共地下党在皖南事变发生后通过壁报开展宣传，却未得到师生同情，又听说国民党中央已派康泽来昆捕人，便决定疏散大批党员离校。其实，联大的中共地下党员在当时已由个位数增至数十人之多，中共对学生自治会的掌控也与日俱增，但当时毕竟仍是“民主低潮”时期，中共的策略是保守的。毛泽东在1940年指出，国统区地下党必须遵循“隐蔽精干，长期埋伏，积蓄力量，以待时机”[①]的原则，其实质就是收缩战略。后来，周恩来又具体阐述为勤业、勤学、勤交友的“三勤”政策。皖南事变后联大地下党的主动撤退就是这一原则的具体实践。

此外，联大地下党本身亦存在缺陷。1939年暑假，联大地下党负责人袁永熙去重庆参加南方局青年工作会议。由于民先在武汉时期又红又左，不利于团结中间群众，这次会议作出了解散民先的决定，由袁向联大的民先队员传达执行。但许多老民先队员都是高年级生，袁作为一年级新生不敢对这些学长直说“解散”，而说是“转化”——把民先转化为“社会科学研究会”。饶是如此，这些老民先队员仍然十分不满，联名写了一份“十人意见书”公之于众，表示反对解散民先。双方围绕这个问题进行了公开辩论，虽然后来民先队员同意“转化”，却因此使得联大地下党暴露了。这是皖南事变发生后，中共不得不从联大撤退的另一个重要原因。[②]

100多名左派学生离开了联大，陆续分散到云南各地的中学，以教师身份掩护自己。但一下子撤退这么多大学生到基层中学，必引人注意，南方局不同意这种做法，要求撤走的党员投亲靠友，隐蔽起来。袁永熙先是隐蔽在云南个旧，后来去四川投靠亲戚。[③]对于左翼学生的大批离校，学校当局和国民党也有所察觉。1941年2月的一个晚上，联大代理训导长陈雪屏把学生自治会干事会主席邢福津叫来，问他：“听说学校里有些学生离开了

---

① 毛泽东：《放手发展抗日力量，抵抗反共顽固派的进攻》（1940年5月4日），载《毛泽东选集》第2卷，人民出版社1991年版，第756页。

② 袁永熙讲述，蒋中礼整理：《回忆西南联大的民主运动》，载云南省历史研究所编印：《云南现代史研究资料》（第11辑），1982年版，第27—30页。

③ 袁永熙讲述，蒋中礼整理：《回忆西南联大的民主运动》，载云南省历史研究所编印：《云南现代史研究资料》（第11辑），1982年版，第34页。

学校，他们到哪里去了？你设法叫他们回学校来。”邢福津自然答称不知道，陈雪屏笑了笑，并不相信。邢福津大为紧张，过了几天就离校去了个旧。[①]

左翼分子离校后，留下来的少数地下党员也严格遵循“长期埋伏”的方针而专心于学习，群社解体了，政治性的壁报一律禁止。从 1941 年到 1944 年，学生自治会长期被三青团员把持。左翼活动在校园销声匿迹的同时，三青团在联大却大为发展，团员人数一度达 500 人（全校学生近 3000 人）。[②] 但为三青团所控制的学生自治会却毫无作为。倒孔运动过后不久的 1942 年农历除夕，郑天挺本拟与联大同仁庆祝新年，却心念学生可能借春节庆祝之机闹事，心里很不安，于是特意去学校查看。他看到“办公室无一人在，游艺室亦未布置。遇负责同学张 ××，谓游艺项目中变者甚多，天又骤寒，恐难满足同学之意，彷徨失措，状极可怜”[③]。三青团“统治”下的学生自治会连除夕都不安排活动，可谓“懒政”之至。这是由于他们“不欲表现，也不能有所表现”[④]。当局对于三青团的期望本就是“无为而治”，引导同学的注意力由政治转回学术，而非“积极有为”。在左翼青年看来，从 1941 年起“同学们大都在沉闷中活着！一连三年多中间，联大几乎是一片没有水草的荒原！”[⑤] 抗战结束后，有人如是描述皖南事变后的联大：

> 少数人埋头于功课，其余的闲极无聊，整天坐茶馆打 Bridge。跳舞也时兴起来了，宿舍形成了无数个破布隔离的小天地，代替了时局分析政治讨论会的，是红学的演讲。[⑥]

可见，被抗战激起的政治热情，暂时地又被学术和娱乐所取代。弥漫

---

① 邢方群：《温故集》，中国青年出版社 1997 年版，第 330 页。

② 王晴佳：《学潮与教授：抗战前后政治与学术互动的一个考察》，《历史研究》2005 年第 4 期。

③ 郑天挺：《郑天挺西南联大日记》上册，中华书局 2018 年版，第 516 页。

④ 行型：《由同学看“党”“团”》，载西南联大《除夕副刊》主编：《联大八年》，西南联大学生出版社 1946 年版，第 137 页。

⑤ 资料室：《八年来的壁报活动》，载西南联大《除夕副刊》主编：《联大八年》，西南联大学生出版社 1946 年版，第 48 页。

⑥ 资料室：《八年来同学的生活与学习》，载西南联大《除夕副刊》主编：《联大八年》，西南联大学生出版社 1946 年版，第 45 页。

于校园的是政治受挫后的消极心绪，无论是打牌、跳舞还是红学演讲，无不体现着一种非政治化的取向。但很显然的，这只是政治热情受到抗战的客观环境压制的暂时现象。一年后倒孔运动的发生表明，被压抑的政治热情像一座活火山，只等时机一到就要喷发。但也很显然地，在倒孔运动发生时的 1942 年初，革命的时机尚未真正成熟，故而运动必然是昙花一现。但这并不意味着结束，表面平静的校园正在积蓄力量，并将于两年后的 1944 年重新爆发。

第三节　战时流亡师生的艰苦生活

倒孔运动电光一闪，此后直至 1944 年春，弥漫于校园的是一种被“抗战”超我压抑下的暂时平静。被压抑的政治本我终会爆发，只是暂时被遮蔽了。浮于表面的是看电影、泡茶馆、聊天、种花、学术等去政治化的要素。

开业于 1940 年 4 月 1 日的南屏大戏院是当时联大师生贫乏生活中为数不多的娱乐场所。何兆武回忆他在昆明的 7 年总共看了 200 多场电影，平均每个月都要看一两次，逢到特别喜欢的影片如《翠堤春晓》则连看 3 遍，有的人甚至连看五六遍。[①] 由于同学们爱看电影，宿舍的墙壁上也贴满了当红的好莱坞电影明星如英格丽·褒曼、费雯·丽、葛丽泰·嘉宝等人的海报。[②] 电影不仅是学生的重要娱乐活动，也是教授生活的调剂品。对此，郑天挺曾在日记中抱怨教授们为了看电影连校务会议都不参加，“早来者欲归，未来者迟迟，盖皆为今晚电影故也”。罗常培、杨振声、周炳琳等急着去看电影的教授反问郑天挺为何不去。郑不禁感慨：“此真不成话矣！同人固穷，终年未必能一看电影，然何致置正事于不顾以至此极耶？”[③] 一位联大同学

① 何兆武口述，文靖撰写：《上学记》（修订版），生活·读书·新知三联书店 2009 年版，第 130 页。

② 走幸田：《我住在新校舍——衣食住行及其他》，载西南联大《除夕副刊》主编：《联大八年》，西南联大学生出版社 1946 年版，第 78 页。

③ 郑天挺：《郑天挺西南联大日记》下册，中华书局 2018 年版，第 814 页。

如此解释大家为何爱看电影：

> 因为物价的高涨，音乐活动在这里，仅限于唱唱歌，或是到美领事馆及附近的学生服务处、文林堂听听唱片音乐；而运动方面，打打球还要考虑到鞋子的“损耗”，其他就更不必道了。这是电影在联大同学中还能够赢得人心的道理。[①]

对贫穷的联大人来说，受欢迎的娱乐活动首先必须成本低，不费钱。在这种情况下，种花也成了一时风尚。这与联大常委梅贻琦的提倡不无关系。梅贻琦本人喜欢种花，在日记中曾多次写道“整理花草，甚感兴趣”，“他日倘能如愿，吾其为老圃乎！”[②] 他不但自己种花，也呼吁学生：“我们不求美观，但也不必一定弄得太‘恶观’，有空的时候不妨在寝室四周栽点花。”在他的带动下，学生们首先在联大新校舍旁边种下了一株芭蕉、几株鸡冠和金盏菊。种花一来可以装点简陋的联大校园，二来也是学生们“外快”的一种，又不花钱，“常常可以看见同学自己挑水抬粪，有的甚至一天到晚拿着书本守在菜园花园旁边，念念书，再翻翻土或是看看有没有病虫”，也算是校园一景。[③]

除了看电影、种花，最“廉价”的娱乐活动当属聊天。在那个动荡贫穷的时代，人们最不缺的是时间。对此，何兆武曾分析说：“一则学校小，几乎天天见面；二则非常穷，一切娱乐都与我们绝缘；三则战争时期，大家都是背井离乡，一年三百六十五天，天天待在校园里，所以唯一的乐趣就是聊天了。”[④] 这里提到了聊天之所以盛行的三个原因，除了贫穷之外，还有两个值得注意的因素——战争所导致的流亡及人际空间的骤然紧缩。

---

① 走幸田:《我住在新校舍——衣食住行及其他》，载西南联大《除夕副刊》主编:《联大八年》，西南联大学生出版社 1946 年版，第 77 页。

② 梅贻琦著，黄延复、王小宁整理:《梅贻琦西南联大日记》，中华书局 2018 年版，第 17、244 页。

③ 走幸田:《我住在新校舍——衣食住行及其他》，载西南联大《除夕副刊》主编:《联大八年》，西南联大学生出版社 1946 年版，第 75 页。

④ 何兆武口述，文靖撰写:《上学记》(修订版)，生活·读书·新知三联书店 2008 年版，第 112 页。

绝大部分联大学生都是“流亡学生”。他们的家乡被日军占领，经济上失去家庭支持而依赖“贷金”制度，生活上因缺乏家庭庇护而过着校园集体生活，成为战时特有的历史现象。亲历者王鼎钧后来说：“那时流亡是一种潮流。”[①]之所以成为一股“潮流”，是因为在外敌入侵的情况下，爱国是主流思潮，许多学生不愿在沦陷区求学，历尽千辛万苦也要到大后方求学。何兆武在口述自传中对此有过生动回忆：

> 他们从日本统治区辗转逃亡后方，等待他们的会是最艰苦的生活，且又背井离乡，不知归来何日。可是他们却九死如饴不顾一切艰危险阻逃出来，那种精神实在令人感动。这样逃到大后方的不是少数，而是大量大批的各行各业各色人等，说它是中国历史上最大的移民潮，恐怕不过分。[②]

一位正上初三的山东爱国少年如是描述自己奔向大后方的心情：

> 我们虽然已是十七八岁的青年人，在离家之前，连铁路火车等交通工具，根本都未曾见过。单凭这股杀敌报国的原动力和大无畏的勇气，两个毛头小伙子，结伴而行，冲向了心向往之而远在天边的大后方。[③]

1944 年夏，在北平高中毕业的陈之藩决定对家人不辞而别，奔向西安：

> 心中鼓荡起一股为国献身的狂潮，想到后方去，但是没有路费所用的三百元钱。不得已我到观象台做了一年事，积下了足够的路费，给父亲留了一封信，我就走了。……给我送行的只有暗淡的阳光与清

① 王鼎钧：《怒目少年：回忆录四部曲之二》，生活·读书·新知三联书店 2013 年版，第 3 页。

② 何兆武口述，文靖撰写：《上学记》（修订版），生活·读书·新知三联书店 2008 年版，第 234 页。

③ 李春序：《国立第二十二中学流亡记》，载陶英惠、张玉法编：《山东流亡学生史》，山东文献社 2004 年版，第 55—56 页。

晨含泪的草。[①]

尤其能够说明“奔赴大后方”的潮流的，是汪伪国民政府头目罗君强的儿子也来到重庆求学，投奔重庆国民政府行政院参事陈克文，并由陈带他见蒋廷黻，希望能安排就学。罗君强之子告诉陈克文：“南京的要人除汪精卫本人外，差不多没有人有儿女在那里的。”[②]汪伪汉奸头目的子女纷纷“来归”，可知当日“奔向大后方”确乎为一股潮。这股潮决定了大后方高校以关心国运、关心时政的流亡学生为主体，也就决定了学校浓厚的政治空气，为日后校园的革命化埋下伏笔。

这些刚刚成年而尚未自立的大学生们大多以“贷金”为生活来源，以抗日为共同目标，同吃同住，彼此之间更多的是互助而非竞争。一个过去“对人一向采取点头的态度”的学生，此时却很愿意与同学“拉拉手，谈谈心”，原因是“我是在童年时代离开家，在学校生活中长大起来的。……我们很多朋友生活在一起，简直跟家庭一样的快乐”[③]。可见这些远离家人、长住学校的学生容易结成深厚的情谊。

空间的骤然紧缩是影响人际关系的另一因素。当年在联大当助教的何炳棣指出，联大校园非常小，昆明城也不大，每个人的日常活动半径不超过半小时步行。其结果是大家集中生活在一个很小的空间里，吃饭、上课，乃至跑警报，都易碰见熟人，也就容易结成一个人与人之间高度关联的场域，这与现代大都市中个人的“原子化”恰好相反。何炳棣认为：“生活空间如此急剧的紧缩是造成联大高度‘我群’意识的有力因素。”[④]这种空间特点决定了师生的基本生活形态是集体的、政治的，而不是个人的、功利主义的。无论个人愿意与否，都时刻处于与他人的密切互动中。

这里不得不提到一个联大人生活中很重要的地点——翠湖。无论是当

① 陈之藩：《陈之藩散文》（卷一），牛津大学出版社 2012 年版，第 49—50 页。

② 陈方正编：《陈克文日记：1937—1952》下册，社会科学文献出版社 2014 年版，第 661—662 页。

③ 《我们在成长》，载北京大学学生自治会北大半月刊社编印：《北大 1946—1948》，1948 年 7 月 2 日，第 67 页。

④ 何炳棣：《读史阅世六十年》，广西师范大学出版社 2005 年版，第 151 页。

时留下的日记，还是后来的忆述资料，翠湖都是一个提及频率相当高的词语。人们聊天的地点常常是翠湖。汪曾祺晚年也写了一段关于翠湖的文字：

除了到翠湖图书馆看书、喝茶，我们更多的时候是到翠湖去“穷遛”。这“穷遛”有两层意思，一是不名一钱地遛，一是无穷无尽地遛。“园日涉以成趣”，我们遛翠湖没有个够的时候。尤其是晚上，踏着斑驳的月光树影，可以在湖里一遛遛好几圈。一面走，一面海阔天空，高谈阔论。①

不但学生如此“雅兴”，教授也常于晚饭后三俩作伴环步翠湖。试举几则郑天挺的日记：

晚饭后偕寅恪、莘田环步翠湖半匝。孟真与莘田因中央研究院事，意偶不谐，为来谈甚久，两解之。②

客去，偕莘田至翠湖步月，谈甚深切。余可无愧于友道，莘田亦必无愧于夫妇、父子之间也。③

同事之间的人事矛盾、教授个人的家庭纠纷，往往在遛翠湖的过程中被化解于无形。翠湖也是一个适合放空心灵、催发哲思的场所。何兆武晚年非常怀念和好友王浩在翠湖边的聊天：

记得一天晚饭后，我们照常去翠湖散步，那天天气不好，眼看就要下雨，不过我们还是去了。聊到兴起时果然下起了雨，那就任它下吧，结果足足聊天两个小时，浑身都浇湿了，跟落汤鸡一样，我说：“这次我们也过了一回哲学家的生活。”那晚我们谈了很多，其中有一个很哲学的问题，如果上帝答应你一个要求，你会选择什么？金钱，

---

① 汪曾祺：《浮生杂忆》，作家出版社 2016 年版，第 210 页。

② 郑天挺：《郑天挺西南联大日记》上册，中华书局 2018 年版，第 212 页。

③ 郑天挺：《郑天挺西南联大日记》上册，中华书局 2018 年版，第 299 页。

爱情，事业，名誉？或者其他？[①]

大学校园大都有一个这样那样的湖，哪怕全靠人工也要挖出一个湖。究其原因，大概就是为了给象牙塔的师生一个自由思考、陶冶性情的场所。但场所毕竟只是媒介，关键还在于人心。联大师生与翠湖有关的记忆之所以如此美丽，就在于当日的人心较为纯粹，个人利害均服从于抗日的大目标，人与人之间、人与自然之间都较和谐——无利害读书，无利害交友。

“跑警报”这一战时特有的现象更增加了大家“共患难”的意味。郑天挺在日记中数次提到跑警报。一次，他与邓广铭一起跑警报，两人躲到河边的树下，他向邓借《史通》来读，席地坐读，情景非常美好。又一次，他与好友罗常培跑警报跑了 50 分钟，到达位于昆明城郊的北大岗头村宿舍，随后其他同事如傅斯年、陈雪屏、杨振声、蒋梦麟夫妇等也纷纷而至，大家“济济一堂，谈笑风生，似非有警报者然。午饭煮粥为食，佐以咸菜，围桌群立”[②]，可谓苦中作乐。难怪在何炳棣看来，当日的联大是“一个几乎没有‘身份架子’、相当‘平等’、风雨同舟、互相关怀的高知社群”[③]。

能够反映这种氛围的还有“泡茶馆”。汪曾祺的《泡茶馆》已成为脍炙人口的散文名篇，塑造了后人对联大的印象。早在汪文发表之前，出版于 1946 年的《联大八年》一书也提到“泡茶馆也形成了我们生活的一部分”。出现这一现象，有几个原因。首先，根本原因还是物质条件简陋。联大图书馆座位有限，学生要起早占座，学生寝室 40 人一间，非常拥挤，也没有自习的条件。其次，茶馆虽然三教九流，比较喧嚷，但比起图书馆的“严肃阴森”，茶馆的环境更自在，有的学生更乐意在茶馆学习。再次，在茶馆里不仅可以读书，还可以打桥牌、聊天，“上至国家大事下至教授们的怪脾气，学校里前几年的轶闻琐事，某个女同学又如何，你都能在茶馆里不劳

---

① 何兆武口述，文靖撰写：《上学记》（修订版），生活·读书·新知三联书店 2008 年版，第 224 页。

② 郑天挺：《郑天挺西南联大日记》上册，中华书局 2018 年版，第 324、319 页。

③ 何炳棣：《读史阅世六十年》，广西师范大学出版社 2005 年版，第 152 页。

而获”[①]。

据汪曾祺回忆，某泡茶馆冠军干脆把洗漱用具都带到茶馆，待到极晚才回寝室睡觉。汪本人则和外文系同学巫宁坤、赵全章三人在茶馆看书写作[②]，彼此很少说话，他最初的小说就是在茶馆里写出来的。茶馆里也有许多打桥牌的，汪还记得常见到联大学运领袖马识途在茶馆打桥牌：“学生运动搞得那样热火朝天，他每天都只是很闲在，很热衷地在打桥牌，谁也看不出他和学生运动有什么关系。”[③]可见“三勤”政策在联大的贯彻颇为成功。泡茶馆固然自在，但就读书环境言，极为嘈杂。处此艰苦条件下，有人仍能写出小说习作、论文和读书报告，这种“穷且益坚”的学习精神确能反映联大当时浓厚的学术氛围。这不仅体现于学生“于闹市中读书”，也体现为教授对学术的坚守。

联大校方为提倡学术风气，于 1943 年至 1944 年举行了 100 多场学术演讲，例如“建国问题十二讲”“国际情势十二讲”“文史学十四讲”“宪政问题十讲”等系列讲座。[④]1943 年 3 月，历史系教授郑天挺在日记中写到奉“史地教育委员会”之令筹备“史地讲演会”，他负责讲“西藏历史”。4 月 29 日，他还为中法大学学生讲演“中国传记文”。这年上半年，联大的学术讲座盛极一时，学生的夜生活几为讲座填满，郑天挺意识到了这个问题：“本星期内每晚均有讲演，学生几有不胜之苦。……此事余尝向从吾、莘田言之，主排列稍宽，以免生厌。”[⑤]在这种气候下，埋首学术既有上述皖南事变后政治低潮的外因，也有学生热爱学习的内在动力的推动，也与学校当局有意提倡学术、借此转移学生的政治热情有关。

但当局举办学术讲座的用意不仅在于引导学生从外向超越转向内向超越，从政治转回到学术，也是借此补贴和拉拢教授。国民党联大区党部书记姚从吾是讲座的筹划者，由于他与国民党中央组织部部长朱家骅私交很

---

① 走幸田：《我住在新校舍——衣食住行及其他》，载西南联大《除夕副刊》主编：《联大八年》，西南联大学生出版社 1946 年版，第 77 页。

② 巫宁坤：《孤琴》，允晨文化 2008 年版，第 77 页。

③ 汪曾祺：《人间草木》，江苏文艺出版社 2013 年版，第 157—163 页。

④ 王奇生：《战时大学校园中的国民党：以西南联大为中心》，《历史研究》2006 年第 4 期。

⑤ 郑天挺：《郑天挺西南联大日记》下册，中华书局 2018 年版，第 671、680—681、692 页。

深，故联大区党部得到了组织部拨给的充足经费，遂以讲座费的形式发给教授。教授每次讲座大概能得到二三百元的报酬，随着物价上涨，到1945年增加为5000—6000元（次）。[①] 为拉拢教授，姚从吾还办了一个名为《当代评论》的学术刊物，以发稿费的形式补贴教授。1944年5月，昆明新出现民盟的刊物《民主半月刊》，每千字稿酬800元，堪称当时的最高稿酬。郑天挺劝姚从吾也设法提高《当代评论》的稿费。正在这时，朱家骅突然离任组织部部长一职，联大区党部的经费从此大成问题，郑无奈感慨："从吾亦无从设法矣。"[②]

学生的课外娱乐被聊天、种花、泡茶馆等填满，教授也须通过学术讲座来补工资之不足，凡此，均说明教师和学生都日益贫困了。随着战争的持续，物价节节攀高。郑天挺在日记中记录了从1939年11月到1940年7月伙食费的上涨情况及1942年2月至3月昆明米价上涨情况：

表1　1939年11月至1940年7月郑天挺历月伙食费用表

时间	1939年11月	1939年12月	1940年1月	1940年2月	1940年3月	1940年4月	1940年5月	1940年6月	1940年7月
伙食费（元）	31.69	38.9	43.14	45.46	51.23	48.59	59.12	64.85	82.99

资料来源：郑天挺：《郑天挺西南联大日记》上册，中华书局2018年版，第295页。

表2　1942年2月至3月昆明米价上涨表

时间	1942年2月2日	1942年2月3日	1942年2月4日	1942年3月4日	1942年3月8日
米价（元/石）	260	320	400	620	700

资料来源：郑天挺：《郑天挺西南联大日记》上册，中华书局2018年版，第512、525、527页。

由表1可见，从1939年11月到次年7月的半年间，郑天挺每月伙食费由31.69元增至82.99元，翻了两倍不止。至1942年，物价上涨速度更快。由表2可知，从1942年2月2日到2月4日，短短3天，米价由每

① 王奇生：《战时大学校园中的国民党：以西南联大为中心》，《历史研究》2006年第4期。

② 郑天挺：《郑天挺西南联大日记》下册，中华书局2018年版，第838页。

石 260 元涨至 400 元，一个月后更暴涨至 700 元，一月之间涨了 3 倍。3 月 31 日，郑天挺领到了当月工资，包括“联大教授三月薪四百四十元，联大津贴六十五元，部拨三月生活补助费七十元，部拨二月食米津贴四百十四元（六口每口六十九元）。联大学术研究费一百五十四元（依原薪百分之三十五）。联大总务长三月车费一百元，云大讲师三月薪一百二十元，共一千三百六十三元”。他不禁感慨：“国家战时养士之优之厚，可谓至且尽矣，然不于经济物价加以统制，公务员与教职员之生活终无所济也。”[①] 联大常委蒋梦麟的情况颇能代表当时教授的“穷”，蒋梦麟的夫人陶曾谷早在 1940 年就抱怨入不敷出。至 1942 年 4 月，蒋梦麟的收入甚至供不起 3 个子女读书，每月入不敷出，靠在外担任顾问（月薪 1000 元），才勉强解决生活问题。[②] 此外，杨振声和陈雪屏也先后出卖所藏字画，以补家用。[③]

教授生活的日益贫穷，不仅体现于物价上涨，也经由生活方式的变化而可见一斑。战前北大教授的收入足可维持全家生计，教授夫人大多不用亲任家务。抗战爆发后，“生活艰难，诸家太太莫不纷纷自谋生财之道”。例如，联大图书馆主任董明道的夫人开设“雅洁食堂”，郑天挺、樊际昌等教授纷纷前去就餐，以照顾生意。[④] 郑天挺感慨道：“抗战以来，最进步、最能适应环境者莫一般太太若。”[⑤] 在昆明有家的人如此，许多家在沦陷区而“沦为”单身的教授，更须自食其力，“盖昔日所不愿作、不屑作、不能作者，今日莫不自作之也”。以郑天挺为例，由于洗衣店价格太贵，于是洗衣缝补均亲力亲为，甚至由于搓洗手法不当而搓破了手指。[⑥] 其他孤身一人在昆明的教授，如罗常培、姚从吾、许宝騄等也是如此。[⑦] 在昆明有家的教授则时常请这些“单身先生”来家吃饭，改善生活，如郑天挺曾受邀去钱端升家吃饭，由钱的夫人亲自下厨招待。[⑧]

---

① 郑天挺：《郑天挺西南联大日记》上册，中华书局 2018 年版，第 534 页。
② 郑天挺：《郑天挺西南联大日记》上册，中华书局 2018 年版，第 269、535 页。
③ 郑天挺：《郑天挺西南联大日记》上册，中华书局 2018 年版，第 610 页。
④ 郑天挺：《郑天挺西南联大日记》上册，中华书局 2018 年版，第 533 页。
⑤ 郑天挺：《郑天挺西南联大日记》上册，中华书局 2018 年版，第 356 页。
⑥ 郑天挺：《郑天挺西南联大日记》上册，中华书局 2018 年版，第 364 页。
⑦ 郑天挺：《郑天挺西南联大日记》下册，中华书局 2018 年版，第 708 页。
⑧ 郑天挺：《郑天挺西南联大日记》上册，中华书局 2018 年版，第 356 页。

生活的每况愈下，促使他们的立场渐渐发生分化，有的人主张服从抗战大局，对贫困采取忍耐态度，有的人则从贫困中渐渐生出“觉悟”，忍不住要抗议。1943 年 5 月，多位联大教授提议召集教授会议，专门讨论生活问题。会上，吴之椿、杨西孟、燕树棠等人主张要求当局按当前物价，将教授待遇提高至战前 40 元的标准，如当局不同意，就绝食，并向社会募捐。姚从吾、陈雪屏、罗常培、郑天挺等较稳健的教授主张顾全大局，不要向外发表，反对绝食、募捐、辞职等激烈行动。经过争议，稳健派占了上风，决定不对外发表，派周炳琳、吴正之、陈雪屏三人赴渝向蒋介石反映情况。[①] 由此事可见，那时教授们虽在政治上已开始分化，但最为关切的还是抗日，尽管个人生活愈发困难，仍然选择捐弃政见的不同，共度时艰。又加上战时许多人孤身在昆，暂时脱去了身家之累，共事氛围总体上较为平等和谐。

学生的生活相较于教授更苦些，大部分靠贷金维持生活。贷金制度自 1938 年开始实行，最初规定凡家在战区而又断绝家庭接济的公立专科以上学校学生，都可以申请贷金。贷金分全额半额两种，全额每月 8 元或 10 元，半额每月 4 元或 5 元。至 1940 年，由于物价激涨，法币贬值，10 元的贷金数额已完全不敷使用，于是改订办法，规定每人每月按大米二斗一升的时价，加上厨工燃料油盐等费用在内发放贷金。按照这一办法，贷金数额随米价的上涨而不断上涨，比较适合通货膨胀的情况。虽然贷金只面向战区生，但非战区生可以申请“补助膳食贷金”，待遇基本与战区生相同，因此，广义上的“贷金”几乎覆盖全部学生。[②] 事实上，即便出身于国民党高级官员家庭的齐邦媛亦因其东北籍贯而属于“战区生”，得以申领贷金，遭到左派同学的讥讽：“有些人家长在重庆做高官，还每个月领公费，享受民脂民膏，真是脸皮厚！”[③] 此外，贷金虽名为“贷”，意即学生毕业后必须偿还于政府，但因法币不断贬值，等到学生毕业后，当年所贷的“数目”已经一文不值了，“贷”成了一纸空文。

虽然战时贷金基本做到全覆盖，但昆明是全国物价最高的城市之一，

---

① 郑天挺：《郑天挺西南联大日记》下册，中华书局 2018 年版，第 688—691 页。

② 教育部教育年鉴编纂委员会编：《第二次中国教育年鉴》，商务印书馆 1948 年版，第 53 页。

③ 齐邦媛：《巨流河》，生活·读书·新知三联书店 2011 年版，第 125 页。

在别的学校，贷金基本可以维持伙食，联大学生却还得另筹一笔钱才能吃上大米掺谷子、稗子、砂子的“八宝饭”。[①] 筹款的方式，以家境好的学生而论，靠家庭汇款，如联大外文系学生许渊冲就时常收到其父的汇款[②]；家境不好或因战争而与家人失去联系的学生只好做兼职。联大学生一半以上都做过兼职，最常见的兼职是中学教师，昆明的几十所中学几乎让联大学生承包。昆明的中学也乐于聘这些“高材生”，这不仅是因为他们知识水平高，也是因为学生可以“杀价钱”。其他的兼职形式还有“像报馆跑外勤的，金店当师爷的，电台播音的，在电影院里作广告员或是翻译说明的，作电灯匠的，作小本经营的，机关里当科长秘书的，作邮务员的，甚至于从前昆明鸣午炮夜炮的，莫不有联大同学”[③]。甚至连郑天挺在日记中所感慨的“家世较男生为富”的联大女生，也在普遍地兼职做家庭教师，联大常委梅贻琦的女儿就在做家教。[④] 一位联大女生抱怨自己拮据得无钱买新衣，只好“大褂破了改小褂，袜子补了又补；以前不要的衣服全从箱子底上捡起来‘翻新’，又再穿上身”[⑤]。

第四节　战时学生政治意识的觉醒

生活的日益贫困促使学生渐渐关心社会、关心政治。一位在邮局兼差的联大学生，为供自己及弟妹生活，每天从下午 6 点兼职到半夜 1 点，白天还要上课。这样的结果，自然是牺牲了功课，因此各科成绩没有一门超过 40 分，不被学校开除已属万幸。这位苦学生稍有闲暇，就躺在床上养

① 走幸田：《我住在新校舍——衣食住行及其他》，载西南联大《除夕副刊》主编：《联大八年》，西南联大学生出版社 1946 年版，第 70 页。

② 许渊冲：《许渊冲西南联大日记》，云南人民出版社 2019 年版，第 252 页。

③ 《兼差在联大》，载西南联大《除夕副刊》主编：《联大八年》，西南联大学生出版社 1946 年版，第 96 页。

④ 郑天挺：《郑天挺西南联大日记》上册，中华书局 2018 年版，第 535 页。

⑤ 马英：《南院，我们的家》，载西南联大《除夕副刊》主编：《联大八年》，西南联大学生出版社 1946 年版，第 84 页。

神，自然没有多余精力参加课外活动，他不禁思考："为什么做一个人竟是这样的辛苦。眼见旁的同学正努力在充实自己，而我们则为了生活，捐出大部分时间，让大好年华白白地被耗费掉。这个，该向谁控诉呢？"[①]或许这属于极端情况。再举一例，某学生抱怨学校的"八宝饭"永远也煮不熟，抱怨菜里无盐又无油，可是当他看到学校旁边住在茅棚里的贫民带着他们仅有的洋铁罐来搜索学生的残羹冷炙，这位尚有同情心的学生不免要质问："中国的问题在那里！"[②]事情就是如此，相当多的学生半工半读的结果是他们渐渐接触社会，否则如果像从前那样过少爷小姐的生活，就很难对底层生活产生真切的同情，也就不会进一步去思考社会制度问题。

自身处境的贫困化，又加上耳闻目睹的社会苦难——例如拉壮丁，这就极易促成主观利害客观化，个人的不满与社会的不公相互激荡，极大地激发了学生对社会现实的同情心。常见诸时人著述的是对拉壮丁现象的同情，例如联大常委梅贻琦在 1941 年去泸州的船上看到这一幕：

> 房门外兵士坐卧满地，出入几无插足之处，且多显病态，瘦弱之外，十九有疥疮，四肢头颈皆可见到，坐立之时遍身搔抓。对此情景，殊觉国家待此辈亦太轻忽，故不敢有憎厌之心，转为怜惜矣。[③]

联大常委兼中国红十字会会长蒋梦麟在视察湖南和贵州等地时，也注意到了兵役制度的不合理，于 1941 年 7 月专门写成报告上呈蒋介石。据他的报告，"沿途所见落伍壮丁，骨瘦如柴，或卧病道旁奄奄一息；或状若行尸，踯躅山道；或倒毙路旁，任犬大嚼"。蒋介石看到报告后即派人实地调查，发现实际情况远更糟糕，于是处决了兵役署长及其他数位负责征兵的官员。据蒋梦麟调查估计，全民族抗战期间，未入军队而死亡的壮丁人数

---

① 《兼差在联大》，载西南联大《除夕副刊》主编：《联大八年》，西南联大学生出版社 1946 年版，第 99 页。

② 走幸田：《我住在新校舍——衣食住行及其他》，载西南联大《除夕副刊》主编：《联大八年》，西南联大学生出版社 1946 年版，第 70 页。

③ 梅贻琦著，黄延复、王小宁整理：《梅贻琦西南联大日记》，中华书局 2018 年版，第 48 页。

不低于1400万人，可见当时人命如草。[①]1944年11月，国民政府兵役部部长鹿钟麟在工作报告中提到抗战以来征兵数目已达1100万人，但实际到达战场的尚不及500万人。考虑到其时尚在1944年，抗战尚未结束，这已属不小的数目。[②]

对于战时底层百姓的苦难生活，不仅教授同情之，大学生们对之更抱恻隐之心。武汉大学学生杨静远目睹大渡河上的一幕：

> 一长行褴褛的拉纤夫，四肢着地，爬在那条竹索下，"哼唉哼唉"有节奏地唱着。多半是小孩子，爬在地上远看就像一排挂着破布条的猴子。那声音悲惨地在我耳里响着，一处来了，一处又起。终于我忍不住眼泪。看看眼前这种非人的人生，我还能想到自己吗？我还能存任何自私的念头吗？我还舍不得牺牲吗？我深深地觉醒了。[③]

杨静远难过得哭了，晚年回忆起自己思想左倾的历程，她说："战争缩短了我家与一般百姓生活上的距离，在思想感情上贴近了平民大众。……由初时的以写作自娱转向严肃的社会使命感。"[④]

战争之所以缩短了杨静远与一般平民的距离，一是因为战争大量制造难民和贫困，相比过去，知识分子看到了更多更广的社会苦难景象，例如拉壮丁；二是因为战争使得知识分子自身的生活也日益贫穷，使他们对别人的苦难更易共情，实则也是将自己对现状的不满投射到了他人身上，往往借为底层百姓发声来间接表达自身的落差感。

以往的研究多强调"民主斗士"闻一多左倾的原因是生活窘困。闻一多生活确实困难，但当时联大教授几乎人人匮乏，不独闻一多如此。据新披露的史料，1943年，"闻一多在中法兼课，并有家馆，月修至四千五百

---

① 蒋梦麟：《西潮与新潮》，中华书局2017年版，第390—395页。

② 唐纵：《在蒋介石身边八年——侍从室高级幕僚唐纵日记》，群众出版社1991年版，第474页。

③ 杨静远：《让庐日记》，商务印书馆2015年版，第370页。

④ 杨静远：《篇头语》，《让庐日记》，商务印书馆2015年版，第7页。

元，选译新诗，一次送二万元”[①]。此外，闻一多从事篆刻也有收入。何炳棣回忆，1944 年闻一多在昆华中学兼职，不但得到校方拨给的原作医务室的一座楼房的二楼一整层的住处，而且还得到每月 100 斤米和 10 个银元的薪水，可谓相当优厚。何炳棣认为，闻一多的生活并不像后来的回忆文章所说的那么困难。[②] 何兆武也对于很多文章特别强调闻一多的穷持保留意见，他认为篆刻是闻一多的本行，不能单纯理解为谋生手段。[③] 从现有史料看，闻一多并不比其他教授更穷。相反，郑天挺在日记中认为闻一多是教授兼差创收的典型：

> 外间传言在校行政首要，院长、各长、常委等每月校中均另有补助。此种谰言，令人闻之愤怒！校中最苦者，莫若负行政责任之人。教授中大多数兼差，且有兼至三四处者。莘田尝言，闻一多在中法兼课，并有家馆，月修至四千五百元，选译新诗，一次送二万元。唐立厂家馆月修至六千元。又有人在他校兼院长及系主任者，惟在校任各长者绝不能兼。各教授在校任课少者四小时，多者八小时，八小时者为数无几，惟任各长者有一定办公时间。政府规定之特别办公费，每月六百元，任行政责任者均辞谢不受，更何况特别补助耶？他人不尽知，若勉仲、子坚与余，皆负债累累。[④]

在这段话中，郑天挺明显感到委屈、愤怒。作为校领导，他非但不能兼职赚外快，反而需要付出更多时间用于行政办公。所谓行政首要“另有补助”也并无其事，国民政府教育部曾规定发给联大各院系主任及总务长、教务长、训导长以特别办公费，均被他们辞谢不受，理由是当局应“一视同仁，统筹维持，倘只瞻顾行政人员，恐失均平之谊，且令受之者无以对

---

① 郑天挺：《郑天挺西南联大日记》下册，中华书局 2018 年版，第 754 页。

② 何炳棣：《读史阅世六十年》，广西师范大学出版社 2005 年版，第 182 页。

③ 何兆武口述，文靖撰写：《上学记》（修订版），生活·读书·新知三联书店 2008 年版，第 142 页。

④ 郑天挺：《郑天挺西南联大日记》下册，中华书局 2018 年版，第 754 页。

同事”，故“未便接受”。[①] 在郑天挺的即时记录中，闻一多非但不比他穷，反成了“高收入”教授的代表。其时尚在 1943 年，闻一多仍在做他的“何妨一下楼主人”，尚未参与到政治活动中，郑此处提到他，似无夸大的必要，应属实情。

那么，闻一多为何左倾？根本的原因还是战争。抗战中后期，闻一多的生活虽然在教授里不算最苦的，但相比于他自己在战前的生活却苦多了，他对贫穷的体会主要不是横向对比，而是前后纵向对比。当他的纵向贫困感遇到横向的社会贫富差距时，就极易产生共鸣。这是闻一多日益左倾的社会基础。但是具体到他为什么左倾，其他教授为何没有左倾，不同的人在面对同样的社会环境时为何做出不同的选择？这就不能不考虑个人因素。毕竟，在大家都穷的情况下，陈雪屏、查良钊却选择紧跟当局，贫穷并没促进他们的革命化，只是促进了以闻一多为代表的一部分知识分子的革命化。

首先，闻一多是诗人，诗人敏锐的感受力使其对现实往往作出格外强烈的反应。清华美籍教授温德与闻一多共事多年，曾对学生何兆武说：“他（闻一多）就是一包热情。”何兆武也同意温德的观点，认为闻一多早年追求唯美与后来参与政治是一以贯之的，“本质上还是个诗人，对美有特别的感受”[②]。其次，他是一个知识分子。在面对特定的社会现实时，知识分子的政治行为常常呈现出高度分化，远不如农民、工人这样有明确阶级属性的群体的政治一致性高。这不是说知识分子完全没有阶级属性，毫不考虑个人利益，而是知识分子由于所受到的教育，有可能超越自身的阶层，去关注国家民族等涉及公共利害的事情。[③] 换言之，他们的政治抉择不完全取决于个人利益诉求，同时也取决于他对其他阶级的理解和同情，即“以天下为己任”。

---

① 《西南联大 25 名教授拒受特别办公费致常委会信》（1942 年 10 月），载北京大学等编：《国立西南联合大学史料》（四）教职员卷，云南教育出版社 1998 年版，第 547 页。

② 何兆武口述，文靖撰写：《上学记》（修订版），生活·读书·新知三联书店 2008 年版，第 140—141 页。

③ ［德］卡尔·曼海姆：《文化社会学论集》，艾彦、郑也夫、冯克利译，辽宁教育出版社 2003 年版，第 123—125 页、第 133—134 页。

事实上，闻一多对底层的苦难生活怀有同情乃至负疚感，由此产生对当局的强烈不满。联大地下党员马识途曾陪同闻一多散步，在路边沟里见到一具倒毙的壮丁的尸体，“穿着一条短得实在不能再短的草绿色短裤，仰卧在沟边，骨瘦如柴，两个眼睛暴突着，两只枯藤般的手向天空高举着，好像是在对天抗议”。壮丁尸体横陈路边是当时随处可见的现象，属于“城市风景线”，可闻一多却仍然情不自禁地站住，看着这具尸体，眼神很是复杂。后来，他在唐诗课上讲杜甫的“三吏”“三别”，认为国民党对壮丁的虐待比唐肃宗时还要残忍。[①]1944 年 12 月，郑天挺在日记中提及冯友兰曾对他说：闻一多“近日激于对军队之同情，故复大谈政治矣”。[②]这与马识途的回忆是一致的，即闻一多的革命化不仅与他自身境况的艰难化有关，也含有对底层农民的同情。

美国社会学家爱德华·希尔斯（E. Shils）在《论传统》一书中认为，社会主义思想的产生与 19 世纪上半叶欧洲大城市中有目共睹的工人阶级的赤贫生活密切相关。即便贫穷在数量上并未增加，但只要贫穷比过去更容易被看见，就足以激起人们的道德意识，使人们对不公和苦难的感受力变得敏锐。[③]中国在抗战时期的情况也相类似。抗战时期农民的徭役极重，知识分子因“看见”他们的生活而产生同情和内疚。闻一多说：“八年抗战，中国国家的收获不能算少，然而于人民何所有？老百姓的负担加重了，农民的生活尤其惨……所谓中国愈战愈强，大概强的是国家而不包括人民”，这样，“国家和人民便对立起来了”。[④]包括他在内的许多大学教授起初支持国民党乃至加入国民党，最主要的出发点就是与当局共度时艰，以打败日本侵略者。既然抗战的战果为少数特权者所垄断，与人民无关，那么国民党通过抗战获得的统治合法性就动摇了。由此，闻一多渐渐走到国民党的反对面。

---

① 马识途：《马识途文集》9《风雨人生》（下），四川文艺出版社 2005 年版，第 390 页。

② 郑天挺：《郑天挺西南联大日记》下册，中华书局 2018 年版，第 966 页。

③ ［美］爱德华·希尔斯：《论传统》，傅铿、吕乐译，上海人民出版社 2014 年版，第 235—239 页。

④ 闻一多：《人民的世纪——今天只有“人民至上”才是正确的口号》，《文汇报》（上海）1949 年 7 月 20 日，第 8 版。

从沉浸于故纸堆中的“何妨一下楼主人”，转变为一个充满政治热情的革命者，闻一多的转变历程很有代表性。许多青年学生的左倾也是循着相似的逻辑。1941 年至 1945 年就读于武汉大学的杨静远虽不是西南联大学生，但她的日记是难得一见的关于“政治觉醒”的自我分析文本，姑且以她为例试作分析。1942 年 5 月，杨静远在杂志上发表了文章，她在日记中如是描述当时的心情：

> 我对于我现在这种生活颇欣赏，可以说是心醉。我像生活在一种纯性灵的享受中。我有朋友，我有灵感，我一天天地觉得在进步，我有完美的家庭，我有赏识我的师长，我有重视我的同学。我在无论任何人群中都占有很优越的地位。但，每当讨论时局时，我就被一层阴影罩上了。缅甸已全部失去了，战事节节败退，前途似乎无望，个人的幸福是空的。①

杨静远意识到即便自己比其他同胞优秀，一旦国家没了，做“人上人”的意义何在？难道在亡国之后的殖民政府中做“买办”，帮助异族来统治同胞吗？在 1944 年 3 月的日记中，她写到自己拒绝了一位男同学的求爱，眼见对方借酒浇愁，她对自己进行了尖锐的批判：

> 他竟在晚上走进酒馆，想用浓烈的酒精来浇熄满腔沸腾的情感。他是被我摧毁了，被我这狠毒的自私的人！我有这权利吗？他，一个同胞，一个中国的青年，纯洁，诚实，也许将来也是国家建设的一个基本分子。我还说什么爱国，说什么挽救危局，担负振兴民族的大任，我的私人行为在破坏，在毁灭！我错了！在我心里“女性”的要求战胜了“国民”的要求。②

在寻常情况下，恋爱应基于双方意愿，落花有意而流水无情，原属常

---

① 杨静远：《让庐日记》，商务印书馆 2015 年版，第 65—66 页。

② 杨静远：《让庐日记》，商务印书馆 2015 年版，第 219 页。

情，可杨静远却上升到批评自己不爱国、不配做“国民”的高度。如此“上纲上线”，原因就在于那是一个政治热情格外高涨的时代，特别强调个人应报效国家，任何无助于国家的个人行为都被认为是不道德的。因此，个人与国家的关系在那个时代发生了深刻的纠连。国家叫个人献出一切，安于受苦，按照权责对等的观念，国家就必须对个人负责。如果国家对老百姓不负责任，例如滥征壮丁，那么个人对国家的信任就必然要动摇。时在国立第二十二中上学的王鼎钧回忆起那个时代认为：

> 服从！服从！代价何其沉重！抗战救国要每个人付代价，付很大的代价，可惜由于专制，可以任意挥霍，不肯精打细算。有多少人，“抗战”不需要他们死，他们死了，不需要他们残，他们残了，不需要他们破家，他们赤贫了。除了敌人的残忍，这里面还有我们自己的残忍。①

战争时期，这些青年学生除了服从，别无选择——“急诊室里当然相信医生，房子起火当然依赖消防队”。② 何况，谁愿背上妨碍抗战的重大罪名呢？但国家在战时对社会资源的过度汲取、对个人利益的长期漠视，像是一种提前透支。换言之，国家与个人之间的这种“不对等”关系不可能长久，到了战争接近胜利的时候，便是个人向国家清算的时候。抗战期间，教授和学生不约而同的政治化，其原因就在于他们都是国家政策的牺牲品，战时他们为国家利益牺牲自己，战后国家却没兑现当初许诺的美好前景，他们自然对国家不满。任何微不足道的事情或者私人问题，都被归咎于国家，从而形成了一种政治化的归因模式。1944 年春，师生被压抑已久的政治激情又浮出水面，演成抗战后期大后方轰轰烈烈的民主运动。

---

① 王鼎钧：《怒目少年：回忆录四部曲之二》，生活·读书·新知三联书店 2013 年版，第 188 页。

② 王鼎钧：《怒目少年：回忆录四部曲之二》，生活·读书·新知三联书店 2013 年版，第 189 页。

第二章　准备：抗战后期的西南联大

1943 年 11 月，中、美、英三国首脑在开罗会晤，随后发表的《中美英三国开罗宣言》（以下简称《开罗宣言》）规定日军必须归还窃取自中国的全部领土。《开罗宣言》对中国人心的影响，用闻一多的话说就是："胜利俨然到了手似的。"① 既然多数人相信抗战必将胜利，人们的注意力很自然地就从抗日重新回到国内政局上，即"中国往何处去"。除《开罗宣言》带给人心的潜在影响之外，抗战中期中共成功地保存了学运干部队伍、豫湘桂战役带来的各方力量的变化、抗战后期出现的自发性左翼群众组织等内外因素，共同促成了抗战后期学生爱国民主运动的再起，为第二条战线的形成做了准备。

第一节　信号初现：第二次"倒孔运动"

人心的变化在西南联大学生对国民党征调译员的冷淡反应中可见一斑。

1943 年 11 月，西南联大为响应国民政府教育部关于征调译员的号令，经校务会议议决，四年级男生全部参加军事委员会翻译人员训练班（以下简称译训班）。凡是参加译训班的学生，"即作服兵役论"，学校保留学籍，并可免修 32 学分及军训、体育等课程，如逃避受训（体检不及格者除外），

① 闻一多：《愈战愈强》，载《闻一多全集》（三），生活·读书·新知三联书店 1982 年版，第 509 页。

则作逃避兵役论，开除学籍。[①] 在此之前，联大常委梅贻琦和训导长查良钊于 11 月 9 日召集全校学生训话，号召学生踊跃参加译训班，支援抗战。[②] 梅贻琦之子梅祖彦也参加了译训班。

但学生的反应不如预期中热烈。1944 年 2 月，有学生二人向总务长郑天挺表达对此次征调的不满，被郑训斥为“无理更无礼”。[③] 负责联大译训班事务的蔡维藩为调动学生的积极性，动之以情：“诸位，这是牺牲，百分之百的牺牲”[④]，并承诺译员中有 10% 的人将有留学机会，可谓“利诱”与“感情”双管齐下，终于征调了 300 名学生参加译训班。[⑤] 但见诸联大校务会议记录中的是许多人“未曾应征”，“屡经告诫，复置不理”，或入营后“离职潜逃”，被学校处以开除。[⑥] 译训班学生的抗拒态度在 1944 年 3 月 11 日行政院副院长孔祥熙对联大学生发表演说时集中爆发。

1944 年 3 月 5 日，联大译训班正式开班，行政院副院长孔祥熙也在这天来到昆明。孔似乎早已忘记两年前联大学生的“倒孔”行动，主动表示要对学生发表演说。蒋梦麟以学校没有演讲场地为由婉拒，孔却没有听懂蒋梦麟的言下之意。[⑦] 演讲于 3 月 11 日上午 9 时至 11 时在云南大学至公堂举行。联大总务长郑天挺吸取两年前倒孔运动的教训，决定事先封锁消息，直至演讲当天早上 7 时才贴出布告，“以免横生枝节”。为保证万无一失，头天晚上 9 时他亲自送布告至联大职员刘康甫家，“坚嘱今日万不可贴，明日更不可误”。为此，郑天挺自嘲神经过敏，慨叹“防学生如此，又何为哉！”[⑧]

3 月 11 日晨，郑天挺来到云大至公堂，见会场已布置完毕，但场地过

---

① 《西南联大学生征调充任译员办法》（1943 年 12 月 3 日），载北京大学等编：《国立西南联合大学史料》（五）学生卷，云南教育出版社 1998 年版，第 669 页。

② 郑天挺：《郑天挺西南联大日记》下册，中华书局 2018 年版，第 755 页。

③ 郑天挺：《郑天挺西南联大日记》下册，中华书局 2018 年版，第 787 页。

④ 《“翻译官”（一）》，载西南联大《除夕副刊》主编：《联大八年》，西南联大学生出版社 1946 年版，第 125 页。

⑤ 梅贻琦著，黄延复、王小宁整理：《梅贻琦西南联大日记》，中华书局 2018 年版，第 168 页。

⑥ 北京大学等编：《国立西南联合大学史料》（二）会议记录卷，云南教育出版社 1998 年版，第 336、339、346、349 页。

⑦ 郑天挺：《郑天挺西南联大日记》下册，中华书局 2018 年版，第 797 页。

⑧ 郑天挺：《郑天挺西南联大日记》下册，中华书局 2018 年版，第 801 页。

小，又心念演讲布告是否已贴出，遂赶到联大校内去查看，恰遇查良钊，得知布告已贴出，这才放心。按照会议安排，译训班学员立于会场中间，两旁分别是联大学生与云大学生。演讲开始前，郑天挺与查良钊、陈雪屏再次来到至公堂，发现会场十分拥挤，就连走道都挤满了学生。译训班学员及一部分晚到的联大学生被拥堵在会场外，心情十分焦躁，正在“鼓噪退席”。会议主办人黄仁霖上台“大喊数声，宣布静肃”，招来台下学生的讥笑，情形很不妙。此时蒋梦麟、梅贻琦等陪同孔祥熙也到达会场，学生“嘘声大作，竟莫可阻止”，以致蒋梦麟致介绍词时，台下的郑天挺根本听不清楚。对孔祥熙的讲话，学生同样报以嘘声一片，后来才逐渐平息。郑天挺在当天日记中用略带讽刺的笔调评价道：孔祥熙处此乱局“音声态度极从容镇定，亦可佩也”，同时也庆幸未提前透露消息，否则必有人借机运作，结果更不堪设想。孔在奏乐声与学生的嘘声中结束了他的“训话”。[①]

关于这次“倒孔”，在场者由于各自观察角度的不同而形成了不同的文本。梅贻琦在日记中如是记载：“堂小拥挤，秩序稍乱，幸不久即平靖，此场得圆满结束，非初料所及也。”[②] 寥寥数语，轻描淡写。字里行间却也透露着他作为学校行政领导高度紧张，担心出事却安全过关的心理。所谓“幸不久即平靖”“非初料所及”是也。

作为此次“倒孔”的主体——译训班学生，他们是怎样自述的？一位学生在两年后回忆，事前译训班负责人谓孔祥熙要来班“慰劳”学员，并令学员们整理内务迎接孔的到来。待到“慰劳”当天，学员却忽然接到命令去云大至公堂“听训”，“慰劳”霎时变成“听训”，学生们顿感不快。无独有偶，这些参加译训班的1944届学生大多是1942年“倒孔”运动的亲历者，对两年前的倒孔旧事还不及忘却，却迎来了孔祥熙本人造访联大。他们强忍着愤怒之情赶到会场，又被堵在会场外达半小时之久，新仇添旧恨，有人开始“嘘”，有人大喊“打倒孔祥熙”。对于孔的“训话”经过，学生如是叙述：

① 郑天挺：《郑天挺西南联大日记》下册，中华书局2018年版，第801—802页。

② 梅贻琦著，黄延复、王小宁整理：《梅贻琦西南联大日记》，中华书局2018年版，第169页。

> 在讲堂内外一片喊叫和嘘声之中，孔祥熙还厚着面皮爬到台上大讲其祖宗孔子之道，说他是孔子的七十几代后辈，他们孔家从来不想做官，可以以他为证，他之所以在政府中任职，实在是不得已。他又说青年看事，常常只受到别人的宣传便乱说一顿，希望大家以后看明白了事实真相再下判断，要理智一点，不要受别人利用……同学们啼笑皆非，更有力地嘘起来。当时蒋梦麟氏幽默地说："因为同学们都想瞻仰孔院长的风采，有些人看不到院长，所以秩序乱一点。"[①]

在郑天挺看来，此次演讲尴尬收场，根本原因在于"不应有此讲演。蒋师（指蒋梦麟）既以无礼堂婉辞，早当知几而止。彼既不自知，又无人能以忠实告，致蹈此局"[②]，笔间充满对孔的嘲讽。事实上，联大教授们对孔祥熙亦充满牢骚。

孔祥熙在对学生演讲之前，已于 3 月 9 日约集教授们开过茶话会。会上，联大教授杨石先和查良钊分别述说教授生活和学生生活的困难。由于教授们争相"诉苦"，校长梅贻琦为避尴尬，只好临时宣布茶会结束。[③]当时在场的朱自清认为孔祥熙在会上的讲话"蹩脚而荒谬"[④]。教授对孔此次来昆观感恶劣，不仅由于孔的贪腐行径尽人皆知，也与孔对联大教授的薄遇有关。作为行政院副院长、财政部部长、中央银行总裁，孔祥熙手握财权，但此次来昆允给联大师生的"救济"却少得可怜：建筑费 300 万元（仅够建 30 间房）、周转金 300 万元、教授讲座 50 席（每席每月 1 万元，以 2 年为期）、补助学生 30 万元。这自然与教授们的预期相差甚远，"众大哗"[⑤]，又加之两年前的"倒孔"旧事，何怪学生嘘声一片，教授亦笑其"不自知"。

西南联大的两次"倒孔运动"，都并无中共预先谋划。孔祥熙代表着国民党高层，学生"倒孔"其实就是反对国民党。第二次"倒孔运动"发生

① 公唐：《倒孔运动》，载西南联大《除夕副刊》主编：《联大八年》，西南联大学生出版社 1946 年版，第 19 页。

② 郑天挺：《郑天挺西南联大日记》下册，中华书局 2018 年版，第 802 页。

③ 郑天挺：《郑天挺西南联大日记》下册，中华书局 2018 年版，第 800 页。

④ 朱自清：《朱自清日记·下（1942—1946）》，石油工业出版社 2019 年版，第 178 页。

⑤ 郑天挺：《郑天挺西南联大日记》下册，中华书局 2018 年版，第 803 页。

一个月之后，蒋介石的高级幕僚唐纵认为，即将召开的国民党五届十二中全会或许对重要人事有所改革，唐在侍从室的同事陈芷町却不以为然："总裁能将孔罢免以大快人心否？"[①] 在陈看来，不罢免孔祥熙，说明蒋介石根本没有改革的诚意。其实唐纵本人也观察到："政府如勇敢接受人民不满之情绪而加以强烈之改革，则人心归于一统，而天下定，否则必有分裂而发生剧烈之变动。"[②] 青年学生痛恨孔祥熙，源于对当局的不满，因而，当局要重获人心，就应罢免孔祥熙以示改革决心。但国民党并没有改革的决心，反而走在日益腐化的途中。就连陈布雷亦对唐纵说，蒋介石没有彻底改革决心！[③] 社会各界人士一旦看清这一点，也就对国民党日益死心了，人心也就变了。

第二次"倒孔"过后 3 个月，郑天挺也察觉到了这种变化：以往大家"谈军事多归罪于何、谈财政多归罪于孔。今日多进一步以责极峰者，甚者有谓改弦之后必胜于此"[④]。"极峰"者，指蒋介石，即时人愈发将批评矛头直指蒋介石本人，而不再像 1942 年"倒孔运动"那样大喊"打倒孔祥熙"的同时，也喊"拥护蒋主席"。这就说明联大学生不仅从抗战中期政治热情的沉寂期中苏醒过来，而且比第一次"倒孔运动"时批判得更彻底。此时普遍的看法是，光是打倒几个贪官污吏只能治标，不能治本，时代的政治意识趋向于更彻底的觉醒。这是 1944 年春天以来时局与人心的重大变化。

人心之变不独体现于联大学生的第二次"倒孔"，也体现于教授心态的微妙变化。1944 年 4 月 30 日，蒋梦麟在清华大学 33 周年校庆上大胆地说："西南联大是中国的民主堡垒。"在场的朱自清听了之后，认为"这是个勇敢的发言"。[⑤] 教授心态的变化还体现为 1943 年时生活虽苦，多数教授仍主张服从抗战大局，反对绝食、募捐、辞职等激烈行为，教授与当局之间尚

---

① 唐纵：《在蒋介石身边八年——侍从室高级幕僚唐纵日记》，群众出版社 1991 年版，第 426 页。

② 唐纵：《在蒋介石身边八年——侍从室高级幕僚唐纵日记》，群众出版社 1991 年版，第 414 页。

③ 唐纵：《在蒋介石身边八年——侍从室高级幕僚唐纵日记》，群众出版社 1991 年版，第 432 页。

④ 郑天挺：《郑天挺西南联大日记》下册，中华书局 2018 年版，第 847 页。

⑤ 朱自清：《朱自清日记·下（1942—1946）》，石油工业出版社 2019 年版，第 187 页。

属同心同德。及至 1944 年夏，围绕对当局的态度，联大教授内部却发生了激烈的分化。一种观点认为知识分子应有批评政府之自由，这样才有改善的可能，张奚若、周炳琳、钱端升是主要的持论者；一种观点却认为教授发言应当谨慎，以免为政治势力所利用，梅贻琦、吴正之、罗常培大致持此种论点，双方为此而“大生争论”[①]。由此可见，教授的分化也逐步明显。

第二节 积蓄力量：“三勤”政策与干部队伍

这一节要回答的问题是，皖南事变发生后，大后方学生运动陷入整体低潮，中共在这一阶段采取了何种政策措施来保存力量?

事实上，皖南事变发生前，当 1940 年初国民党接连在山西和河北向共产党军队发起进攻，屡次制造“摩擦”后，中共中央就指示大后方党组织坚持“隐蔽精干，长期埋伏，积蓄力量，以待时机”的十六字总方针。[②]这一方针后来被证明是适于这一时期的，但从提出到切实执行，还经历了一段时期。

1940 年 10 月，中共中央组织部部长陈云强调：大后方党组织“不再是以发展为主，而是以巩固为主”[③]。但抗战初期国共关系一度较好，被周恩来形容为“轰轰烈烈，空空漏洞，张牙舞爪，到处吓人”的“救亡作风”在大后方党组织中相当盛行[④]，因此，十六字方针一时未能切实贯彻。皖南事变后，大后方形势日紧，1941 年 5 月 8 日，中共中央发出《关于大后方党组织工作的指示》，要求“所有暴露了的干部应坚决地勇敢地撤退”；党员

① 郑天挺：《郑天挺西南联大日记》下册，中华书局 2018 年版，第 843 页。

② 毛泽东：《放手发展抗日力量，抵抗反共顽固派的进攻》（1940 年 5 月 4 日），载《毛泽东选集》第 2 卷，人民出版社 1991 年版，第 756 页。

③ 陈云：《巩固党在大后方及敌占区的秘密组织》，载《陈云文选》第 1 卷，人民出版社 1995 年版，第 206 页。

④ 袁永熙讲述，蒋中礼整理：《回忆西南联大的民主运动》，载云南省历史研究所编印：《云南现代史研究资料》（第 11 辑），1982 年版，第 27 页。

撤退后不转党的关系，仍与原组织联系；“不开支部会，仅个别接头”。[①]随后，周恩来领导下的南方局将之进一步具体化，也就是大后方党员应勤业、勤学、勤交友（即“三勤”政策），实现职业化、社会化、合法化。[②]

皖南事变后，云南省工委于1941年初将联大党员100多人疏散离校，其中大约50人是地下党员。省工委书记马子卿也被疏散离昆，南方局于1941年6月任命郑伯克为云南省工委书记。1942年下半年，云南省工委决定不再设立西南联大党总支，在校党员单线联系，原则上不再发展新党员。[③]周恩来曾指出，执行“三勤”政策，首先要“尽量疏散”[④]。联大左翼学生的疏散方式，或是以教师身份隐藏在各地中学，或是投亲靠友。袁永熙、陈琏、邢福津、许京骐等人的经历大致代表一般情况。

1941年初，中共联大党总支书记袁永熙离校去云南个旧。云南省工委劝联大党总支宣传委员陈琏同袁永熙一起走，陈琏却担心这样就意味着要和袁结婚，很是犹豫。袁永熙为打消陈琏的顾虑，谓一起走不一定要结婚。到个旧后，陈琏的公开身份是石屏中学教师。不久，群社社长邢福津也疏散来到个旧，在蒙自高级工业职业学校教书。暑假，袁永熙、陈琏、邢福津3个左派青年就相聚在个旧。[⑤]在陈琏去个旧之时，其父陈布雷却在重庆忧心着国民党的未来，与属下唐纵谈“政治经济情形、外交情形，无不步入窘境”，谈“今后时局，非常焦灼”。陈布雷是蒋介石的亲信，陈琏却早在1939年春读高中时就加入了中共。父女之间横着巨大的代际鸿沟，父亲拼命维护当局，女儿却走向了对立的一方。[⑥]

不久，袁永熙离开个旧去四川投奔姐夫，陈、邢二人则留下来与同样

---

① 陈云：《关于大后方党组织工作的指示》，载中共中央文献研究室编：《陈云文集》第1卷，中央文献出版社2005年版，第325页。

② 胡绳主编，中共中央党史研究室著：《中国共产党的七十年》，中共党史出版社1991年版，第157页。

③ 西南联大党史编写组：《中共西南联大地下组织和群众革命活动简史》，云南人民出版社1994年版，第35—36页。

④ 周恩来：《关于“三勤”政策》（1947年9月27日），载团中央青运史研究室、中央档案馆编：《中共中央青年运动文件选编》，中国青年出版社1988年版，第669页。

⑤ 邢方群：《温故集》，中国青年出版社1997年版，第178页。

⑥ 唐纵：《在蒋介石身边八年——侍从室高级幕僚唐纵日记》，群众出版社1991年版，第188页。

从联大疏散出来的地下党员周天行、孙仲宇办一个名为《曙光报》的地方小报。暑期，几个年轻人同住在一个破庙里，一同办报、看书，纵谈时事。1941 年秋季开学后，陈琏任教的学校新来一位认识她的联大女三青团员，情况很危险，陈决定和邢福津一起躲到另一个村子，并在附近的中学重新找到工作。令陈琏没想到的是，这个学校也有联大三青团员在做教员。她只好和邢福津躲在住处"天天读书，以待时机"。两个外来知识分子长期住在村子里，很为村民注意，为安全起见，几个月后他们分别投亲靠友。[①]

另一位左翼青年、联大工学院"引擎"壁报成员许京骐的疏散经历也很有代表性。"引擎"壁报创始于 1938 年秋，是联大最早的左翼壁报之一，经常与三青团壁报"熔炉"展开笔战。许京骐因此引起当局的注意，皖南事变后疏散到滇西保山师范学校。这个地方虽很隐蔽安全，但他却和中共党组织完全失去了联系，于是辗转来到重庆江北志达中学教书。开学前，许京骐暂住叔祖父许治同家（时为国民政府兵工学校校长）。[②]

据许治同之女许荏华回忆，这时的许家是一个"各种思潮汇集，丰富多彩的地方"。许治同本人是国民政府兵工署委员，系为闲职，平时打牌、做对联度日。许的儿子崇尚欧美的自由民主；许的大女儿是女权主义者；大女儿的好朋友方蒂因父亲早亡而辍学当了电台播音员，常常来许家玩；许家正读初二的小女儿许荏华（后来加入中共）在如饥似渴地阅读左翼文学。[③] 此外，许治同的外甥何璞荪也在此时离开国民政府战时干部训练团，来到许家暂住。何璞荪是扬州何园的富家少爷。全民族抗战爆发后，许治同曾率全家到何园避难。不久，许家与何家一起从镇江坐轮船逃至武汉。到武汉后，何璞荪决定投笔从戎，加入国民政府战时干部训练团，负责征兵事务，目睹了许多虐待壮丁的事情，良心感到极大不安。据何璞荪自述，由于"经历八年的抗战，见到了更深广的现实"[④]，渐渐对国民党由支持走向

---

① 邢方群：《温故集》，中国青年出版社 1997 年版，第 178—180 页。

② 许京骐：《忆璞荪的觉醒与成长之路》，载黄大用、何祚宏整理：《宛若流星：何璞荪纪念文集》，2008 年自印本，第 57 页。

③ 许荏华：《忆我与何朴荪的启蒙、觉醒时期》，载黄大用、何祚宏整理：《宛若流星：何璞荪纪念文集》，2008 年自印本，第 63—64 页。

④ 何璞荪：《写给师长们的一封信》，载黄大用、何祚宏整理：《宛若流星：何璞荪纪念文集》，2008 年自印本，第 47 页。

反对，于是脱离军队来到重庆投奔他的姨父许治同。这样，许家的子女及他们的朋友们，加上许京骐、何璞荪等亲戚，各种不同立场的青年们聚在许家，一起讨论时政。许京骐晚年如是回忆当年指点江山的情景：

> 那年寒假回到叔祖父家中，我们意气风发，祚熙（何璞荪原名何祚熙）和我、堂姑许荏华和许淑莲、堂叔许江津、我后来的爱人方苐等在家中二楼齐唱解放区救亡歌曲《到敌人后方去》《我们在太行山上》《红缨枪》等，有时对着临街窗口，高唱“古城颂（延安颂）”，引得马路上行人向上观望。我们还和堂叔、堂姑的同学、友人自由讨论，批评对形势、前途悲观失望的思想。[①]

在许家，许京骐适时地启蒙了苦闷彷徨中的何璞荪。何璞荪告诉许京骐，他参加国军本为报国杀敌，却被分配去带新兵，“逃兵多，有的被大石块直砸头部，脑浆四溅死去；有的抓回来就枪毙，还让被怀疑想逃跑的陪绑……精神刺激很深，帮不了，忍不下”。许京骐循循善诱地说，这一切都是国民党的腐朽统治造成的，抗日不能指望国民党，要依靠共产党。他还适时分享了自己思想转变的过程，使当时正处于旧世界崩塌、新世界杳无踪影、又愤懑又迷茫的何璞荪看到了希望。[②]

暑假结束后，许京骐去志达中学当物理教师，何璞荪、许荏华也一同去那读书，为投考大学做准备。在志达中学，他们又结识了几位从贵阳疏散而来的左翼中学生罗明等人，他们一同组织“志达文艺社”，推举高三进步学生任健为社长，开展壁报、唱歌、文艺晚会等活动。第二年初，许京骐接到西南联大同学的来信，说学校气氛现在缓和了，可以回校复学。于是，许与何璞荪一起乘坐运货卡车去昆明，“一路唱歌、一路作新诗，那个高兴，甭提了”。两个左翼青年踌躇满志，许京骐打算回联大完成学业，同时继续从事学运，何璞荪则打算报考联大先修班。到昆明后，许得知联大

① 许京骐：《忆璞荪的觉醒与成长之路》，载黄大用、何祚宏整理：《宛若流星：何璞荪纪念文集》，2008 年自印本，第 60—61 页。

② 许京骐：《忆璞荪的觉醒与成长之路》，载黄大用、何祚宏整理：《宛若流星：何璞荪纪念文集》，2008 年自印本，第 58 页。

党组织和民先都已停止了活动，颇感失望，毕业后就去中央水利实验处工作了。[①] 受他启蒙的何璞荪却留在了联大，并影响了稍后来到昆明的弟弟何祚融、何祚繇（两人后来分别改名为黄大用、何方）。后来，何家“祚”字辈兄弟中产生了包括中科院院士何祚庥在内的6位中共地下党员。何璞荪作为引领风气者，被弟弟们称为何家的“普罗米修斯”。[②] 抗战胜利后他随校复员北返，继续在北大领导学生运动。

1941年初，当西南联大第一代学运干部袁永熙等人因皖南事变而离校时，第二代学运干部马识途、何功楷等人却因皖南事变而入校。待到袁永熙于1944年返回联大复学时，马识途等人已在联大重新成立了党支部，学生运动开始复兴，两代学运干部重新汇合到一起，可谓从四面八方来，向一个方向去。

马识途原名马千禾，原为中共鄂西特委副书记。1941年春，鄂西特委组织遭国民党破坏，马识途之妻被捕牺牲。事后，南方局撤销鄂西特委，指示马识途“长期埋伏”。去哪埋伏呢？马想去延安，但南方局西南工委书记钱瑛却认为马是四川人，社会关系多，又有白区工作经验，劝他留在大后方工作。马识途最终接受钱瑛的意见，考入西南联大。[③] 同在1941年考入西南联大的中共地下党员还有齐亮、王世堂。齐、王二人是重庆南开中学同学，同在1939年春入党，又一同于1941年秋考入联大，后来均成为联大学运骨干。

无独有偶，曾与马识途共事、担任过鄂西特委与南方局之间联络员的何功楷（鄂西特委书记何功伟的堂弟）也在1941年秋天考入云南大理的华中大学，1942年转学到联大外文系[④]，与马识途重逢。重逢何功楷，马识途的组织关系得以从南方局转到了昆明，从此直接受云南省工委书记郑伯克

---

① 许京骐：《忆璞荪的觉醒与成长之路》，载黄大用、何祚宏整理：《宛若流星：何璞荪纪念文集》，2008年自印本，第59—61页。

② 许荏华：《忆我与何朴荪的启蒙、觉醒时期》，载黄大用、何祚宏整理：《宛若流星：何璞荪纪念文集》，2008年自印本，第65页。

③ 马识途：《百岁拾忆》，生活书店出版有限公司2014年版，第96—100页。

④ 王效挺、黄文一主编：《战斗在北大的共产党人：1920.10—1949.2北大地下党概况》（增订本），北京大学出版社2003年版，第186页。

领导。1943 年，马识途、齐亮、何功楷三人组成以马为书记的党支部。[①]

此外，彭华林、陈彰远等几个中学阶段就相互认识的中共地下党员也在 1941 年秋天考入联大。他们遵循“转地不转关系”的原则，组成了一个 5 人党小组，仍与重庆的上级党组织联系，不与郑伯克领导的云南党联系。

1942 年 1 月，他们入学半年即发生倒孔运动。运动虽系自发，但运动的结果却使得大家辨识出同路人。马识途回忆：“我和齐亮同住在新宿舍二十六号。有意思的是，我们发现在‘讨孔’运动中涌现出来的好几个进步分子，都不期而然地搬到这一宿舍里来了。……更有意思的是，我们发现，我们认识并引为至交的这些同学，他们都有自己的一个进步同学的圈子，通过他们，我又结交了一批好同学。……他们都经常到这个宿舍里来串门子，无形中二十六号宿舍成为一个进步圈的中心之一，而这一群人逐渐也成为学生进步活动的领头人中的一部分。他们后来都入了党或者恢复了党籍。”[②]

人以群分，这些志同道合的学生渐渐形成以马识途和齐亮为核心的联大左翼学生圈。其中，有的人已在中学阶段入党，有的虽未入党，但有入党的强烈意愿。1942 年至 1944 年，他们以实际行动在学校贯彻“三勤”政策。

“三勤”政策首先意味着“勤学”，学好功课才能得到老师和同学的认可。中共南方局青年组在所拟的青运方针提纲中强调：“每个进步青年，在学校中第一个任务是学好功课，精通科学”，甚至提倡出国深造，毕业后“去当大学助教、讲师、教员及中小学校教员、校长”[③]。这一点在西南联大这样的精英学府尤为重要。许多联大左翼青年都是品学兼优的好学生，例如哲学心理系地下党员汪子嵩高中时就入了党，平日里“是一个规矩的学生，在课堂上认真记笔记，考试时往往得全班最好成绩”[④]，毕业后留校任教。

一方面，左翼青年要保持优异的成绩，从而利于革命工作的开展；另

---

① 马识途：《马识途文集》9《风雨人生》（下），四川文艺出版社 2005 年版，第 364—365 页。

② 马识途：《马识途文集》9《风雨人生》（下），四川文艺出版社 2005 年版，第 367 页。

③ 《和平民主建国时期青年运动方针提纲》（二稿）（1946 年 4 月），载南方局党史资料征集小组编：《南方局党史资料·群众工作》，重庆出版社 1990 年版，第 254 页。

④ 汪子嵩口述，张建安采写：《往事旧友，欲说还休》，生活书店出版有限公司 2015 年版，第 55 页。

一方面，从事革命将占用大量学习时间，保持成绩非常困难。想要兼顾革命与读书，折中的办法是选择课业较轻的专业。马识途本在外文系，因为学外语功课太重而转到了功课较轻的中文系。[①] 这大概是史学系、中文系学生一向走在学运前列的原因之一。文史专业学生在学运中表现活跃的另一原因是，主动选择文史类专业，本身就是关心政治的表现，盖“君子不器”。这确乎是事实，何兆武解释自己从联大工学院转到历史系的原因时说：“那时候正值国难，小学是‘九·一八’，中学是中日战争，刚一入大学就是二战，对人类命运也很关心，以为学历史能更好地理解这个问题。”[②] 可见，对政治、历史等宏大问题感兴趣的学生更容易选择“通古今之变”的历史系，因此战时历史系呈现出比其他专业更紧跟时代的特点。

左翼青年的另一个快速提高成绩的办法是集体学习。联大早期的进步团体群社就有集体学习的传统，即同一门课的选课同学组成学习小组，规定每人应该看多少书，看完之后负责向其他同学报告阅读内容，这样省去很多时间，功课好的也能帮助功课差的。教授金岳霖为此感慨：“这些人平时不上课，考试时总是很好，真没有‘办法’。”[③] 群社解体后，集体学习的传统却在联大保持下来，其结果是，左翼青年虽然忙于革命工作，考试成绩却很不错。许多人毕业后即留校做讲师助教，成为校园的革命火种。

“三勤”政策之“勤业”由于在校学生尚未就业而仅限于为同学们争取福利等事项。中共联大党支部经过研究认为，联大学生大部分靠贷金生活，最关心的就是伙食。因此，在联大，勤业就是改善伙食。这时，三青团已连续数届领导学生自治会，却无所作为。毕竟贷金数额太少，他们视办食堂为畏途。一位三青团员后来回忆道：“在公费伙食不足之下，伙委是吃力不讨好的苦差事，人人避之不及。我们力捧左派学生出任。”[④] 地下党员齐亮和经济系学生罗长有决定“啃硬骨头”，为大家办食堂。他们精打细算，认

---

① 马识途：《马识途文集》9《风雨人生》（下），四川文艺出版社 2005 年版，第 366 页。

② 何兆武口述，文靖撰写：《上学记》（修订版），生活·读书·新知三联书店 2008 年版，第 99 页。

③ 残年：《群社》，载西南联大《除夕副刊》主编：《联大八年》，西南联大学生出版社 1946 年版，第 132 页。

④ 杨尊严：《内战期间的学生运动》，《传记文学》第 102 卷第 6 期，2013 年 6 月，第 69 页。

真监厨，到了月末还能节余一点钱让大家吃肉改善生活。这个膳团由于参加者都是男生，被同学们戏称为“和尚食堂”。[①]

由于贷金金额有限，“和尚食堂”再是精打细算仍是“巧妇难为无米之炊”。于是，齐亮率领同学们向校方要求把贷金金额从原来的 1464 元增至 3000 元，否则罢课。校当局决定由学校出面向教育部请求增加贷金，不提学生威胁罢课之事，并贴布告禁止学生发表匿名壁报议论贷金。[②] 由于增加贷金的要求最终得到了满足，学生们大受其利，这为齐亮后来竞选学生自治会常务理事打下了群众基础。

“三勤”政策之“勤交友”就是多交朋友，团结大多数人。如前所述，倒孔运动发生后，原本各自“隐蔽”而互不相识的左翼青年纷纷搬来马识途和齐亮所在的宿舍，通过这些人，马、齐又结识了更多的左翼学生，也启蒙了一些原来并不进步的人。例如，马识途的室友吴国珩就是一个多愁善感的富家“少爷”，独来独往，顾影自怜。马主动接近他，热情开导他，渐渐地，吴国珩由欣赏马识途个人而发展为服膺于他所宣传的“主义”，和马识途一起参加倒孔游行，一起编写“四十年代”壁报，后来又一起办《大路周刊》，从此走出了他那孤独狭小的生活，汇入革命的队伍中。[③]

1947 年，周恩来对西南联大执行“三勤”政策的成效进行了高度评价：“执行‘三勤’政策的云南党……一经上级推动，即在民主来潮时起了模范的作用。”[④]“三勤”政策使中共在 1941—1943 年的低潮期保存了干部，避免了无谓牺牲，为 1944 年学生运动的再起准备了队伍。联大出色地执行了这一政策，但位于四川乐山的武汉大学却执行得不好，因为执行者的个人素质亦是变量之一。像马识途那样自带人格魅力者，自然能吸引许多人加入自己的阵营，尽管有些人的左倾主要是由自身性格和经历决定，但也确有人是被马的个性所吸引。但无论是政策本身还是执行者的个人素质，都离不开历史时势的从旁推动。那么，1944 年的时势是什么呢？

---

① 马识途：《马识途文集》9《风雨人生》（下），四川文艺出版社 2005 年版，第 368—370 页。

② 郑天挺：《郑天挺西南联大日记》下册，中华书局 2018 年版，第 1014 页。

③ 马识途：《马识途文集》9《风雨人生》（下），四川文艺出版社 2005 年版，第 353—358 页。

④ 周恩来：《关于“三勤”政策》（1947 年 9 月 27 日），载团中央青运史研究室、中央档案馆编：《中共中央青年运动文件选编》，中国青年出版社 1988 年版，第 669 页。

第三节　时势推动：豫湘桂战役与国共力量之变

1943 年 12 月，毛泽东对 1944 年的形势作出预判："开罗会议打击了日本投降（但未最后放弃），堵塞了蒋介石寻求妥协之门，给与澎湖、台湾、满洲支票，可能招致日寇正面进攻之祸。德黑兰会议肯定开辟欧陆第二战场，与蒋希望快在太平洋反攻相违背。故蒋此次由开罗飞返重庆，不及前次废约之大吹大擂、兴高采烈了。时局于抗日、革命是极为有利的。"① 毛泽东的推测没有错。从开罗返回重庆后，蒋介石对未来确实感到忧心，在 12 月 10 日致罗斯福的电文中说："预料不久期内日寇必对华发动一全面之攻势。"② 对于即将到来的 1944 年，毛蒋的判断高度一致，都认为：一、1943 年底《开罗宣言》宣布日军必须无条件归还所窃取自中国的领土，日军将变得没有后路而必垂死挣扎，对华发起进攻；二、德黑兰会议决定在欧洲开辟第二战场，意味着英美的主力将放在欧洲，这样日军便可以"从容解决中国问题"。1944 年春，日军的实际动向也印证了这一判断。

1944 年 4 月 18 日，日军在河南中牟地区强渡黄河，开始一号作战，即豫湘桂战役。5 月 25 日，日军占领洛阳。6 月 18 日，日军占领长沙，6 月 22 日，衡阳战役开始。8 月 7 日，衡阳失守。接下来，日军兵锋指向广西。11 月 10 日，广西桂林失守。11 月 12 日，柳州失守。12 月 2 日，贵州独山失守。12 月 4 日，日军退出独山，豫湘桂战役结束。

豫湘桂战役从 1944 年春持续到这年年底，整整一年全国都笼罩在深重的战争阴影中。国民党内部数度掀起迁都之议，国人心里充满恐慌。时已迁至贵州遵义、湄潭地区的浙江大学在日军攻陷独山时，师生存亡受到直接威胁，使 1942 年倒孔运动以来颇为沉寂的浙大学生运动又开始澎湃发展起来。③ 据浙大地下党员吕东明回忆："贵州、遵义这一带都人心惶惶，贵阳

---

① 毛泽东：《目前国际形势及对中国时局的影响》（1943 年 12 月 16 日），载中共中央文献研究室编：《毛泽东文集》第 3 卷，人民出版社 1996 年版，第 78 页。

② 秦孝仪编：《总统蒋公大事长编初稿》卷 5（上），国民党中央委员会 1978 年印，第 456 页。

③ 《黔南事变前后的浙大工作》（1946 年 2 月 26 日），载共青团中央青运史工作指导委员会等编：《中国青年运动历史资料》第 16 集，中国青年出版社 2002 年版，第 371 页。

很多人跑遵义，遵义人又往哪里跑呢？就剩下一个四川了。贵州守不住的话，四川还守什么呀！”[①]位于四川乐山的武汉大学同样陷入恐慌中，1944年11月19日，杨静远在日记中记道她母亲袁昌英（武汉大学外文系教授）“为时局凶险愁得哭了”，决定在峨眉县郊租几间房，算是为逃亡做准备。[②]此时正在昆明召开的西南联大常务委员会议也有全体学生参加军训，“万一昆明紧急，可以借兵工厂军械组织起来，作团体移徙”之议，郑天挺、吴正之、周炳琳等教授对此均很热心。扩大军训之议在12月5日的校务会议上最终获得通过，闻一多甚至提议“组织起来作游击队”。国民党当局却担心学生一旦掌握武器必致大乱，故不同意此事。驻昆明的第五集团军司令杜聿明只好对梅贻琦表示“须从长计议”。虽然扩大军训因当局的反对而未实现，但须注意的一点是，抗战初期联大师生中即存在“战时教育”与“平时教育”的争议，学生多支持“战时教育”——学校课程配合战争需要而定、学生参加军训，教授则大多主张“平时教育”，认为学生应如平时一样好好学习，以备战胜之后从事建设。至1944年底，由于豫湘桂战役的连连失利，就连教授也变得不安于书斋，主张“将课程改订，与战时配合，全体操练”[③]，可见当时人心恐慌之程度！

豫湘桂战役影响的不只是国人的心境，也直接影响了国共两党关系。1944年5月16日，河南战役正激烈进行，毛泽东致电正与国民党谈判的林伯渠，要林向国民党方面提出“请政府实行民主政治与言论、出版、集会、结社及人身之自由”[④]的政治要求。这是数年来国共谈判出现的新变化，盖此前谈判的内容只限于国共关系，此次提出的“实行民主政治”却涉及全国性政治要求。不仅如此，6月5日，中共六届七中全会通过《中共中央关于城市工作的指示》，要求全党“必须把城市工作与根据地工作作为自己同等重要的两大任务”，必须“把争取敌占一切大、中、小城市与交通要道及

---

① 吕东明：《浙大师生在遵、湄地区的斗争片段》，载南方局党史资料征集小组编：《南方局党史资料·群众工作》，重庆出版社1990年版，第408页。

② 杨静远：《让庐日记》，商务印书馆2015年版，第309页。

③ 郑天挺：《郑天挺西南联大日记》下册，中华书局2018年版，第954—955页、第965页、968页。

④ 中共中央党史和文献研究院编：《毛泽东年谱》第2卷，中央文献出版社2023年版，第513页。

准备群众武装起义这种工作，提到极重要地位，改变过去那种不注重或不大注重城市工作与交通要道工作的观点，唤起全党注重此项工作”。[①]会议决定成立以彭真为主任的城市工作委员会。毛泽东在会上口头解释了为什么要占领大城市和交通要道：“根据地人口有八千多万，整风和生产取得了成效，国民党在精神上物质上都下降，汤恩伯一败如水，英、美舆论和民主政团同盟都同情我们，国民党内部有分化。”[②]

这是一个重要变化，说明多年来立足于农村的中共重新将目光投向了城市。就事实来说，中共在此前也并非不重视城市，而是不能占领大城市，此时因国军惨败而导致国共力量差距变小，故重新提出了占领大城市的任务。

对于中共于 5 月 16 日所提的“请政府实行民主政治”，国民党谈判代表王世杰认为“空空洞洞”，缺乏具体诉求。[③]这就反过来促使中共去思考一个问题——提出一个既有政治号召力又有现实诉求的政治口号。此时，正在激战的衡阳战役成了影响国共政争天秤的关键所在，胜则成为稳固国民党地位的政治资本，败则成为共产党指责国民党消极抗战的证据。衡阳于 8 月 7 日失陷。8 月 12 日，中共不但在《解放日报》上发表社论《衡阳失守后国民党将如何》，将战败归咎于国民党不进行政治改革，毛泽东还在同日致电林伯渠：“衡阳失守，敌后抗战地位更形重要，我军四十七万须要求政府全部承认，不要谈五军十六师了”[④]，即中共在 5 月 16 日向国民党提出的中共军队至少应编为五个军十六个师的要求已经完全不能适用于衡阳战役后国共关系的新变化。稍后，毛泽东在 8 月 17 日给董必武的密电中首次提出“政治上的根本改革”的实行方案——联合政府。毛泽东后来在中共七大上解释了提出联合政府的经过：“这个口号好久没有想出来，可见找一个

---

① 《中共中央关于城市工作的指示》（1944 年 6 月 5 日），载中共中央文献研究室编：《毛泽东文集》第 3 卷，人民出版社 1996 年版，第 158—159 页。

② 中共中央党史和文献研究院编：《毛泽东年谱》第 2 卷，中央文献出版社 2023 年版，第 520 页。

③ 邓野：《联合政府与一党训政：1944—1946 年间国共政争》，社会科学文献出版社 2011 年版，第 25 页。

④ 中共中央党史和文献研究院编：《毛泽东年谱》第 2 卷，中央文献出版社 2023 年版，第 536 页。

口号、一个形式之不易。这个口号是由于国民党在军事上的大溃退、欧洲一些国家建立联合政府、国民党说我们讲民主不着边际这三点而来的。这个口号一提出，重庆的同志如获至宝，人民如此广泛拥护，我是没有料到的。"[①]可见，"联合政府"的提出，首先是豫湘桂战役国军溃败的直接结果；其次是对以往国民党方面指责中共的政治要求"不着边际""空空洞洞"的回应。这个口号经过一段时间的酝酿，于1944年9月15日由林伯渠在重庆国民参政会上公开提出，立即得到民盟等第三方面的积极响应。左翼青年舒芜在翌年读到毛泽东正式发表的《论联合政府》后，立即感到"一个大的意志贯串了中国"[②]。

在此之前，无论是中共还是第三方面，都没能提出一个既实际又崇高的政治理念，而长期围绕所谓的"宪政"兜圈子。宪政本是孙中山为国民党设计的军政、训政、宪政3个建国阶段的最高阶段，早在1936年，国民党就举行了国大代表选举，以备于1937年正式召开国民大会，实现由"训政"到"宪政"的过渡。但这一切由于抗战爆发而中止。到了1943年9月，国民党五届十一中全会宣布将在战后一年内召开国民大会，制定宪法，实施宪政。在正式行宪之前，先成立"宪政实施协进会"作为筹备机构，会员由蒋介石指定，除国民党党员、国民参政会参政员之外，中共也派代表参加了。国民党所规定的实行宪政的时间既在战后，这就决定了战时的宪政运动必然流于对未来蓝图的畅想，而不涉及眼前政治权力的分配。事实上，宪政运动基本上是上流人士之间频繁地磋商、座谈与酬酢。[③]因此，这是一个被国民党收编了的"官方民主运动"。不难理解，当中共提出各党各派立即组织联合政府这一涉及当前权力分配的方案时，凡是在野人士——无论是民主党派还是左翼青年，都表示热烈支持。他们几乎立即抛弃了被民主人士黄炎培形容为"不思眼前如何得食，而争研究明午之菜肴如何方

---

① 《对〈论联合政府〉的说明》（1945年3月31日），载中共中央文献研究室编：《毛泽东文集》第3卷，人民出版社1996年版，第275—276页。

② 舒芜：《回归五四》，辽宁教育出版社1999年版，第610页。

③ 邓野：《联合政府与一党训政：1944—1946年间国共政争》，社会科学文献出版社2011年版，第40页。

为精美”[①]的宪政运动。

因此，一方面是抗战中期以来青年学生的政治热情一直受到当局以“服从抗战”为由的压制，中共在此形势下实行“三勤”政策，保存了人员队伍；另一方面是抗战后期时局出现了新的变化——开罗会议后抗战前景变得更加乐观，同时，豫湘桂战役带来国民党声誉的下降和中共声誉的上升，中共乘机提出建立“联合政府”，赢取了更多的人心。这些主客观因素相互交织，共同引发了青年运动在 1944 年的复兴。

第四节　聚议时政：1944 年五四纪念

1944 年 4 月，西北联大、同济大学、湖南大学等 13 个大学发生了学潮。4 月下旬，昆明的中法大学学生也开始罢课，朱自清对郑天挺感慨：罢课之风“竟传至昆明，可虑”[②]。很快，形势的发展印证了朱的担忧。5 月 3 日晚上，西南联大历史学会举办“五四”25 周年纪念晚会，邀请了周炳琳、闻一多等五四运动亲历者来讲演。学生听说闻一多这位“何妨一下楼主人”终于要下楼了，大感兴趣，故来听讲者特别多。晚会被安排在联大新校舍南区十号教室，这是联大最大的教室，能容纳三四百人，但实际到场者远过于此数，以致根本坐不下，连窗台上都站满了人。[③]自然，这些听讲者也不尽然是慕闻一多之名而来，也包括很多“负有使命”的三青团员在内。

北大和清华向有纪念五四的传统，国民党当局却在 1944 年悍然规定 3 月 29 日黄花岗起义日为青年节，招致青年学生的强烈不满。长期以来，蒋介石对五四运动的肯定仅限于民族主义方面，对五四运动的反传统精神深

① 黄炎培著，中国社会科学院近代史研究所整理：《黄炎培日记》第 8 卷，华文出版社 2008 年版，第 256 页。

② 郑天挺：《郑天挺西南联大日记》下册，中华书局 2018 年版，第 822 页。

③ 资料室：《三十三年五四在联大》，载西南联大《除夕副刊》主编：《联大八年》，西南联大学生出版社 1946 年版，第 20 页。

为不满[①]，曾称之为“亡国的五四运动”[②]。“五四”渐渐成为反叛的符号，成为叛逆青年与当局之间的拉锯点，官方愈不认可五四，学生就愈要纪念“五四”。沉寂了几年的联大校园，忽然又开始纪念五四，这本身就富有深意。借纪念五四，学生扮演了“反帝反封建”的正面角色，国民党当局则俨然成了学生所要打倒的新“军阀”，学生借此成功地表达了对当局的不满。也正因为此，三青团一听到“五四”纪念晚会就头疼，立即派团员去打探。

历史晚会首由参加过五四运动的周炳琳教授讲述亲身经历，次由闻一多演讲。闻一多说五四运动发生时他正在清华读书，喜欢舞文弄墨，故他的参与仅限于在 1919 年 5 月 4 日夜里抄了一张《满江红》贴在清华食堂门口，根本未进城参加街头宣讲。闻一多说：

> 我是幼稚的，但要不是幼稚的话，当时也不会有五四运动了。青年人是幼稚的，重感情的，但是青年人的幼稚病，有时并不是可耻的，尤其是在一个启蒙的时期，幼稚是感情的先导，感情一冲动，才能发出力量。所以有人怕他们矫枉过正，我却觉得更要矫枉过正，因为矫枉过正才显得有力量。当时要打倒孔家店，现在更要打倒！[③]

演讲极富煽动性，无怪梅贻琦说闻一多是“理想革命家，其见解、言论可以煽动”。[④] 由于演讲内容激烈，在场的三青团员起哄大喊“走啰，开啥子会哟！”主持人（历史系系会主席、左翼青年李晓）立即维持秩序说：“今晚上的会是自由参加的，不愿参加的可以自由走，不要妨碍别人开会。”[⑤] 三青团员遂纷纷退场，留下来的师生们就更能畅所欲言了，许多学生发言表示当前的青年太消沉，政府应该恢复五四青年节。会议开到午夜 12 点多才

---

① ［美］周策纵：《五四运动史》，陈永明等译，世界图书出版公司 2014 年版，第 328 页。

② 郑天挺：《郑天挺西南联大日记》下册，中华书局 2018 年版，第 760 页。

③ 闻一多：《五四历史座谈》，载《闻一多全集》（三），生活·读书·新知三联书店 1982 年版，第 535—536 页。

④ 梅贻琦著，黄延复、王小宁整理：《梅贻琦西南联大日记》，中华书局 2018 年版，第 223 页。

⑤ 马识途：《马识途文集》9《风雨人生》（下），四川文艺出版社 2005 年版，第 394—395 页。

结束。[①]

第二天是5月4日，联大当局举行五四“精神动员月会”。联大法学院院长周炳琳鉴于前一天晚上的座谈会政治气氛太浓，劝青年人不要被中年人利用，社会不良是中年人做得不好的缘故，应该让中年人负起应尽的责任。郑天挺基本赞同周炳琳的观点，但又担心周被人断章取义。[②]郑的担心不是毫无来由的，当天晚上中文系举办的五四文艺座谈会就由于左右两派的争斗而没有开成。

由于5月3日晚上五四历史座谈会的热烈气氛，5月4日晚上的文艺座谈会吸引了更多人参加。这些学生压抑了几年不敢说不敢动，终于有这样一场痛快的集会，自然非常期待。很多三青团员也来了，他们吸取前一天的教训，早早来到会场——南区十号教室占座。中文系系主任罗常培、教授闻一多等到达教室时，发现人满为患，占着座位的三青团员正“作有计划地捣乱”，吵吵嚷嚷使会议进行不下去。[③]会议的策划者、中文系学生齐亮（中共地下党员）提议教授们改去图书馆讲演。有几位教授已同意去图书馆了，但三青团员却不肯去图书馆。这时，罗常培对学生说无票者应自动退场，三青团员们却答说自己有票，要求罗在教室讲演。罗答应了，闻一多却说：我决不在此讲，要听讲座的人随我去图书馆，使罗下不来台。围绕着到底在教室开会还是去图书馆开会，大家僵持着，最终闻一多的意见占上风，众人去了图书馆。由于人多拥挤，罗常培竟被堵在馆外进不去。在图书馆，闻一多第一个开讲，这时那些进不去的学生（大多为立场保守的学生或三青团员）在馆外大喊大叫，捶门板，其中就有罗常培之女罗坤仪及傅斯年的侄女傅乐淑。关于罗坤仪当晚的表现，晚会参加者朱自清在日记中记道：“莘田（指罗常培）之女站在其父立场上也十分恼怒。一多被她弄得很尴尬”，以致会议“根本无法进行”。[④]这在郑天挺的日记中也得到印

① 资料室：《三十三年五四在联大》，载西南联大《除夕副刊》主编：《联大八年》，西南联大学生出版社1946年版，第22页。

② 郑天挺：《郑天挺西南联大日记》下册，中华书局2018年版，第828页。

③ 文艺社：《关于联大“文艺社”》，载西南联大《除夕副刊》主编：《联大八年》，西南联大学生出版社1946年版，第140页。

④ 朱自清：《朱自清日记·下（1942—1946）》，石油工业出版社2019年版，第188页。

证，郑当晚虽未参加晚会，却在次日先后从张清常、陈雪屏、高华年等人处听闻当晚情形："遇高华年，言昨晚图书馆见坤仪神色甚怒，面向一多质问并反驳，一多遂怒而不讲云。"郑天挺还写到次日他到图书馆勘查公物损坏情形，发现学生竟毁坏了 3 张桌子和 19 把椅子。校内出现了许多追究责任的壁报，左右两派互相推诿。某左派壁报"谓在馆外鼓噪者不过二三十人，高呼打者其声尖锐，同学不难推知其为何人。又言同学以罗先生'面子'为言"，所谓"其声尖锐"者暗指罗坤仪，意即看在罗常培的面子上才不点名。①

事情发生的当晚，朱自清、闻一多、杨振声等中文系教授就登门向罗常培道歉，罗表示毫不介意，双方算是和解。② 但会议筹划者齐亮和马识途等地下党员却对流会的结果很不甘心，先是写壁报追究责任，后来又分别做闻一多和罗常培的思想工作，终于说服他们同意在 5 月 8 日晚上重新举行文艺座谈会。因室内空间有限且容易被三青团员提前占座捣乱，这次他们决定在图书馆前的草坪上露天开会。③ 至于听众人数，左派学生说有 3000 人以上，郑天挺日记则记作"千六七百人"，沈从文记为"两千人"，考虑到前者或有夸大心理，暂以郑、沈之说为准，大概在 2000 人左右。④ 总之，无论是参会人数还是露天的集会方式，都属抗战以来盛况空前的场面。当晚参加座谈会的教授除闻一多、罗常培两人外，还有冯至、孙毓棠、沈从文、卞之琳、闻家驷、李广田、杨振声、朱自清 8 人，一共 10 人。朱自清如此总结当晚的演讲："我的讲话一点也不全面。一多语调激昂，但听众并不如想象中那么热烈。他的有些话似太过分。"⑤ 郑天挺的看法和朱自清相

① 郑天挺：《郑天挺西南联大日记》下册，中华书局 2018 年版，第 828—829 页。

② 《朱自清日记·下（1942—1946）》，石油工业出版社 2019 年版，第 188 页；《郑天挺西南联大日记》下册，中华书局 2018 年版，第 828 页。

③ 马识途：《马识途文集》9《风雨人生》（下），四川文艺出版社 2005 年版，第 398—399 页。

④ 据《联大八年》："月光下到会者三千人以上"（《联大八年》，西南联大学生出版社 1946 年版，第 50 页）；据郑天挺的日记："听者千六七百人"（《郑天挺西南联大日记》下册，中华书局 2018 年版，第 830 页）；据沈从文致胡适的信："今年这里'五四'，学校开了个文学会作纪念，有两千人到场。"〔中国社会科学院近代史研究所中华民国史研究室编：《胡适来往书信选》（中），社会科学文献出版社 2013 年版，第 812 页〕。

⑤ 朱自清：《朱自清日记·下（1942—1946）》，石油工业出版社 2019 年版，第 189 页。

似，认为闻一多“所谈甚激烈”[①]。闻一多当晚所讲的要点在批评中国文人向来给统治者当“家臣”，帮助统治者去治人，他提倡文人应走出象牙塔，走向现实，负起更大的社会责任。[②]闻作为诗人，说话较夸张。但在稳重的中年教授们看来过于“激烈”者，却正能挑动青年学生们的神经。

两年后，一位进步学生认为这次座谈会“引来了以后两年内不断举行的各式各样各种性质的晚会和座谈会”[③]。从此，时事座谈会成为师生聚议时事、蕴积情绪、地下党进而进行革命动员的主要方式。1944 年五四纪念活动不仅作为事件标志着抗战后期联大学生运动的再起，也为此后的学运动员工作奠定了稳定的模式。

第五节　成立组织：从壁报联合会到民主青年同盟

随着一系列时事座谈会的召开，学生们的政治热情已经被调动起来。但中共出于安全考虑，对大后方党组织仍采取“隐蔽精干”的策略。1943 年 4 月，针对许多地方希望发展新党员的愿望，时任南方局书记的周恩来在《一九四二年度工作》上批示：“经过较长时间联系的青年要求入党，可将其申请书与履历书收入登记，并报延安中央青委，但加入则不必。”[④]由于南方局明确禁止发展党员，云南省工委亦不便轻易发展。

在西南联大，地下党员几年来实行的“三勤”政策已经影响了不少学生，他们迫切希望找到组织。曾策划 1944 年五四纪念座谈会的历史系进步学生李晓就向马识途表达入党的强烈愿望，马识途同意了，在学校附近一个没人去的坟山对李晓进行了入党前的严肃谈话：马识途：“共产党是宁死不叛党的。如果你被捕了，要杀你的头了，你能从容走上刑场吗？”李晓：

---

① 郑天挺：《郑天挺西南联大日记》下册，中华书局 2018 年版，第 830 页。

② 《新文艺和文学遗产》，载《闻一多全集》（三），生活·读书·新知三联书店 1982 年版，第 557—558 页。

③ 文艺社：《关于“联大文艺社”》，载西南联大《除夕副刊》主编：《联大八年》，西南联大学生出版社 1946 年版，第 140 页。

④ 中共中央文献研究室：《周恩来传 1898—1949》，人民出版社 1989 年版，第 505 页。

“我能。”马识途将情况汇报郑伯克，后者表示南方局还没有明确说可以吸收新党员，必须先请示。马识途只好作罢，此后再遇到想入党的进步分子，他也不敢自作主张了。对于那些此前已入党但组织关系未转来昆明的党员，马识途也不敢帮他们恢复关系。[①] 在这种情况下，直到抗战结束，联大的党员人数也没有明显增加。1940 年春，全校党员有 83 人，至 1946 年 7 月联大解散前，在校党员人数为 71 人[②]，前后变化不大。对此，马识途后来认为：“群众运动已经发展到高潮，进步分子中的骨干已经提出要组织起来，我们却落后于群众的要求。”[③]

这些左翼学生渴望组织而不得，只好自我组织，那就是编写壁报。当时，三青团把持下的联大学生自治会很少举办活动，形同虚设。皖南事变后，壁报也一扫而光。[④] 直到 1944 上半年，联大学生办壁报的热情才又重新高涨，并逐渐成立了壁报界的联合组织，取代学生自治会成为推动学生政治活动的主要力量。

情况从 1943 年秋冬已开始发生变化。这年 10 月 1 日，中文系的几个学生创办“文艺”壁报，差不多同一时期，外文系 1946 级级会创办“生活”壁报，就连壁报界“元老”——联大最早的壁报之一“冬青”也复刊了。左翼壁报最初的发声方式有两种：一是翻译外国杂志上关于中国的报道，借此表达对国事的不满，“生活”和“现实”壁报就是以翻译 *Time* 起步；二是讨论左翼文艺，如鲁迅、高尔基、曹禺等左翼作家的作品，这样既披上了“不谈国是”的文艺外衣，实际又指涉政治。对此，三青团没有袖手旁观。针对“文艺”壁报“为人生而艺术”的观点，三青团的“耕耘”壁报针锋相对地提出“为艺术而艺术”，实际上争论的焦点就是艺术到底要不要服从于政治。[⑤] 这场论争不仅涉及艺术观的分歧，其实也是不同的政治观点

① 马识途：《马识途文集》9《风雨人生》（下），四川文艺出版社 2005 年版，第 417 页。

② 王效挺、黄文一主编：《战斗在北大的共产党人：1920.10—1949.2 北大地下党概况》（增订本），北京大学出版社 2003 年版，第 153、164 页。

③ 马识途：《马识途文集》9《风雨人生》（下），四川文艺出版社 2005 年版，第 417 页。

④ 资料室：《八年来的壁报活动》，载西南联大《除夕副刊》主编：《联大八年》，西南联大学生出版社 1946 年版，第 48 页。

⑤ 文艺社：《关于“联大文艺社”》，载西南联大《除夕副刊》主编：《联大八年》，西南联大学生出版社 1946 年版，第 140 页。

的表现。大部分壁报都卷入了这场争论，两种观点各有一些支持者。这就掀起了一场联大的壁报热，沉默了数年的学生们争相在金城银行办事处东面的壁报墙上抒发意见。1944 年 3 月，为商讨处置孔祥熙赠送联大学生的 30 万元，由“文艺”壁报编辑了一个联合版壁报——各壁报在此集中发表对于特定事情的意见。渐渐地，学生之间因办壁报而互相交流，需要一个组织在各壁报之间发挥联络作用，联大壁报协会（以下简称报协）就这样于 1944 年五四后成立了。“文艺与政治”论战的两大辩方——“文艺”和“耕耘”壁报，以及“生活”壁报同时被选为常委。[①] 报协向校方登记时申报了 16 个壁报成员的名称[②]，联大的壁报几乎全体加入。

报协的成立，使三青团把持的学生自治会更加形同虚设，报协不但对内反映同学们的意见，对外也代表学校参加各种活动。另外，在校内的保守势力仍较强大的情况下，也只有壁报协会这样的组织不致突出。

此时联大三青团经过陈雪屏三年来的经营，到 1944 年，团员人数已达 500 人，占全校学生的 1/6，“已发展到了顶点”[③]，被中共认为是“我们党的各种群众合法活动的最大敌人、最有力的对手”[④]。1942 年初发生倒孔运动后，三青团中央团部为集中“纠正”昆明学生的思想，于当年夏天在昆明举办夏令营。三青团中央组织处处长康泽亲任夏令营主任，陈雪屏任副主任。此次夏令营的参加者达 700 人，其中以联大学生人数最多，约 300 人，次为云南大学学生。陈雪屏“筹备夏令营忙极”[⑤]，由于资金尚未到账，向北大先借 5000 元，又向联大借校舍作为营址[⑥]，均获学校同意。由于昆明夏令营的对象是青年学生，故特别注意利用教授的资望来影响学生，为此除开设

① 何达：《报联》，载西南联大《除夕副刊》主编：《联大八年》，西南联大学生出版社 1946 年版，第 149—150 页。

② 北京大学等编：《国立西南联合大学史料》（二）会议记录卷，云南教育出版社 1998 年版，第 336 页。

③ 《和平民主建国时期青年运动方针提纲》（二稿）（1946 年 4 月），载南方局党史资料征集小组编：《南方局党史资料·群众工作》，重庆出版社 1990 年版，第 262 页。

④ 《关于国民党区青年工作几个问题的讨论意见》（1946 年 5 月 20 日），载共青团中央青运史工作指导委员会等编：《中国青年运动历史资料》第 16 集，中国青年出版社 2002 年版，第 464 页。

⑤ 郑天挺：《郑天挺西南联大日记》上册，中华书局 2018 年版，第 576 页。

⑥ 北京大学等编：《国立西南联合大学史料》（二）会议记录卷，云南教育出版社 1998 年版，第 237 页。

军事和政治课程外，还请钱端升、蒋梦麟、梅贻琦等人到夏令营讲演。这年 8 月，郑天挺在日记中记道，“偕校中同人十余人乘马车”参观夏令营军事演习。[①] 可见，由于“倒孔”运动的刺激，三青团中央团部对昆明夏令营十分重视，投入了重金和优质人力，许多原来没加入三青团的学生在夏令营快结束时都纷纷加入了。这一切让康泽颇为满意，认为三青团在西南联大已“占优势，是预防和镇压进步学生运动的支柱”，相较于复旦大学，西南联大是较让他“放心”的学校。[②]

在三青团“繁荣发展”的情况下，左派一时无法取得自治会的领导权，就只能以报协的形式来组织群众。从相关史料来看，尚无中共地下党有计划地成立报协的证据。实际情形或许是，起初中共地下党无力掌握自治会，缺乏公开机构进行革命动员，所以党员们就专注于办壁报，把壁报写得生动有趣，吸引了很多读者，从而也吸引了更多学生参与办报。在壁报热之下，同一个人往往兼任好几个壁报的主笔。由于壁报数量太多，常常是一个壁报出了几期就无以为继，废弃的壁报板就变成了学生的床板，并产生了成立组织以联络和管理数量繁多的壁报的自发诉求。其结果就是联大壁报协会的成立。恰因报协是在群众运动中自发形成的，才能不偏不倚，“可以百分之百地代表联大壁报界”[③]。但组织一经成立，政党必在其中进行运作，乃至因各壁报立场不同而纷争，终于解散。

1944 年 6 月，美国副总统华莱士访问昆明，报协连夜赶出各壁报的英文联合版，内容无外乎揭露中国政治的黑暗，喊出“我们誓对世界上任何地方的任何面目的法西斯作战到底”，被拉铁摩尔[④]摄入镜头。从此，报协内部的左右之争浮于水面，三青团壁报“辨奸”“火炬”“诛伐”等与左派壁报针锋相对。结果，报协于 1944 年秋解散，左派壁报单独成立了壁报联合

① 郑天挺：《郑天挺西南联大日记》上册，中华书局 2018 年版，第 593 页。

② 康泽：《狱中自白》（节录），载全国政协文史资料委员会编：《文史资料存稿选编》第 14 辑《特工组织》（下册），中国文史出版社 2002 年版，第 679—680 页。

③ 何达：《报联》，载西南联大《除夕副刊》主编：《联大八年》，西南联大学生出版社 1946 年版，第 149 页。

④ 欧文·拉铁摩尔（1900—1989），美国汉学家，1941 年经美国总统罗斯福推荐，担任蒋介石的私人政治顾问，翌年回到美国，1944 年 6 月随美国副总统华莱士访华，期间到昆明参观西南联合大学。

会（下文简称报联），三青团的壁报被排除在外。[①] 自然，报联不像报协那样可以百分百地代表联大舆论界，但此时左派学生羽翼渐丰，已不满足于报联这样的组织，而着意于争取公开合法机构——学生自治会的领导权。自然，已成为左派“官媒”的报联为自治会竞选而大造声势。

此时的联大，一方面，几年来当局的政治压制使校内积攒了相当多的政治情绪，这些情绪经 1944 年五四纪念而被激发出来；另一方面，许多在抗战期间因“抗日”而加入三青团的学生在 1944 年至 1945 年前后毕业离校，新生因亲历国民党的腐败无能而多不愿加入，这就使得三青团“从 1944 年下半年以后，逐年逐月的向下走”[②]。此外，国际和国内局势都在朝着有利于中共的方向发展。这些因素合力促成中共地下党赢得 1944 年秋季学期联大学生自治会改选。地下党员齐亮被选为自治会常务理事，后来又被选为昆明学联主席。左派控制学生自治会之后，无论对内还是对外都可以联大学生自治会这一公开组织的名义活动了。

虽然公开机构——学生自治会已纳入中共掌控之中，中共党组织本身的发展却跟不上群众觉醒的速度。中共在 1946 年 5 月的一份文件中坦言：“群众自发的行动很多，而地方党无力事事都能参加领导”，结果是党外左翼青年承担起了组织学生的任务。[③] 对此，西南联大党支部书记马识途也自承：“我们党支部的思想，是明显地落后于群众了。”[④] 党外左翼青年组织学生的方式是成立民主青年同盟。

1944 年 9 月 19 日，中国民主政团同盟正式改称为中国民主同盟，去掉“政团”一词意在表明民盟不是松散的政治结合体，而是有明确纲领和组织的政党。10 月 10 日，民盟发表《对抗战最后阶段的政治主张》，主张“立即结束一党专政，建立各党派之联合政权”，是为对中共提出不久的“联合政府”的响应。

---

① 何达：《报联》，载西南联大《除夕副刊》主编：《联大八年》，西南联大学生出版社 1946 年版，第 150 页。

② 《关于国民党区青年工作几个问题的讨论意见》（1946 年 5 月 20 日），载共青团中央青运史工作指导委员会等编：《中国青年运动历史资料》第 16 集，中国青年出版社 2002 年版，第 464 页。

③ 《关于国民党区青年工作几个问题的讨论意见》（1946 年 5 月 20 日），载共青团中央青运史工作指导委员会等编：《中国青年运动历史资料》第 16 集，中国青年出版社 2002 年版，第 472 页。

④ 马识途：《马识途文集》9《风雨人生》（下），四川文艺出版社 2005 年版，第 417 页。

1945 年初，民盟云南支部负责青年工作的联大历史系教授吴晗对马识途、齐亮等联大党支部负责人提出建立名为“民主青年同盟”（以下简称民青）的组织来领导进步青年。马等人或许由于几年来形成了“埋伏”的经验和惯性，听到“青年同盟”的名称就觉得有政党色彩，担心不易团结中间分子，且极不安全。他们向吴晗建议把名称改为民主读书会或民主青年社等较中性的名称。民盟不同意，就去找联大的另一左翼青年群——以洪季凯、肖松为代表的党外左翼青年。这些人大多参加过新四军，皖南事变后重新考入大学。其中，洪季凯、王汉斌分别在 1938 年和 1941 年入党，此时失去了组织联系，其他如肖松、谭正儒等人想入党而没有门路。吴晗知道他们的想法，便自称与中共高层有直接联系，这些人听吴这样说就同意了成立民青。[①]1945 年 4 月 3 日，民青正式成立，自称“统一战线组织，任务为实现新民主主义”[②]。民青最初有成员 30 多人，因宣称和中共有直接联系，又以实现新民主主义为纲领，很快吸引了很多左翼青年。见此，以马识途为首的联大党员圈后悔了。长期以来，他们作为正式的中共党员，视洪季凯等党外左翼学生为边缘，在给上级的工作汇报中称其为“要求党的关系而无门者”[③]。马识途后来回忆道：

> 1945 年初，我听说才来联大的一个进步同学叫洪季凯的，纠集一批进步同学，组织成一个民主青年同盟的青年组织。当时我还怀疑这到底是一个什么组织，是不是有人想用这个形式来和我们争夺青年？[④]

为扳回一局，马识途所在的党支部决定派人加入民青，以取得领导权。但洪季凯等人认为马识途等人作为联大高年级生（洪、肖等人 1944 年才进入联大），在联大奋斗有年，既在学生自治会占据常委等要职，又掌握着联

---

① 《云南民青成立经过及其组织情形》（1946 年），载共青团中央青运史工作指导委员会等编：《中国青年运动历史资料》第 16 集，中国青年出版社 2002 年版，第 688—689 页。

② 《国民党区青运材料特辑》（1946 年 1 月 18 日），载共青团中央青运史工作指导委员会等编：《中国青年运动历史资料》第 16 集，中国青年出版社 2002 年版，第 308—309 页。

③ 《云南民青成立经过及其组织情形》（1946 年），载共青团中央青运史工作指导委员会等编：《中国青年运动历史资料》第 16 集，中国青年出版社 2002 年版，第 695 页。

④ 马识途：《马识途文集》9《风雨人生》（下），四川文艺出版社 2005 年版，第 417 页。

大壁报联合会等组织，“恐怕斗不过”[①]，遂拒绝他们加入，转而提出由马识途等人另组民青第二支部（以下简称民青二支），而已成立的组织则编为民青第一支部（以下简称民青一支）。1945 年五四前后，马识途等党员单独成立了民青第二支部。民青一支、二支之间暗自竞争。

此时，皖南事变后离开联大、在四川埋伏多年的袁永熙受南方局西南工委书记钱瑛的指示，回到联大复学。袁患肺病多年，对学校说休学原因是养病。回到联大后，袁永熙发现学校的环境变了，校园左翼学生换了一班人马，活跃在校园政治舞台上的是马识途、齐亮等人。袁永熙随后辗转认识了 1944 年秋季刚入学的肖松、洪季凯等人。这样，活跃于抗战初期联大校园的第一代学运干部袁永熙就与抗战后期进入联大的第三代学运干部肖松等人汇合到了一起，而与马识途等联大第二代学运干部展开竞争。很快，袁永熙与云南省工委书记郑伯克取得联系。郑伯克指示袁加入民青一支[②]，这是因为民青最初由民盟发起成立，袁永熙的加入可以使民青秉承中共的意思，并随时将民青的消息汇报中共。然而，袁永熙并不完全能指挥得动民青一支洪季凯等人。民青二支也向上级打报告说袁“在思想上很多毛病……与第二支闹宗派成见”[③]。1945 年 6 月，民青一支举行第一次代表大会，与此同时，民青二支也举行了成立大会。一支在这次代表大会上提出将民青二支并入一支，这个提议因涉及左翼阵营内部的权力之争而被第二支部坚拒，且使双方关系愈发恶化。民青二支起始即错失了成立民青的先机，后来又面临一支急剧扩张和“吞并”，遂决定奋起直追，与一支竞争。[④]

对于民青这一组织，中共负责国统区城市工作的高层存在不同意见。1946 年 1 月 6 日，钱瑛在给中央城工部秘书刘宁一的信中说：“昆明的民青是有危险性的。”钱瑛认为昆明应按各行各阶层群众的不同要求、不同的

---

① 《云南民青成立经过及其组织情形》（1946 年），载共青团中央青运史工作指导委员会等编：《中国青年运动历史资料》第 16 集，中国青年出版社 2002 年版，第 694 页。

② 《云南民青成立经过及其组织情形》（1946 年），载共青团中央青运史工作指导委员会等编：《中国青年运动历史资料》第 16 集，中国青年出版社 2002 年版，第 695 页。

③ 《云南民青成立经过及其组织情形》（1946 年），载共青团中央青运史工作指导委员会等编：《中国青年运动历史资料》第 16 集，中国青年出版社 2002 年版，第 696 页。

④ 《国民党区青运材料特辑》（1946 年 1 月 18 日），载共青团中央青运史工作指导委员会等编：《中国青年运动历史资料》第 16 集，中国青年出版社 2002 年版，第 310 页。

具体环境，成立不同形式的群众组织，例如按照各生产部门建立学生工作委员会、工人工作委员会等。她认为没有必要在党之外建立“系统的秘密的共产主义青年团类似的组织成为第二党”，因为这样“势必不能秘密”。[①]当时正兼任中共中央城工部部长的刘少奇如此回复钱瑛的信：“关于青年组织问题，我们觉得昆明、成都和重庆，在群众运动中所产生的民青、民协和工青的组织非常好，我们应该帮助他们发展与壮大……不要畏惧它们会有什么第二党的风险，在今天国民党城市的环境下，这种危险根本不存在。我们不要去反对一种尚不存在的所谓‘危险’。因为今天这些城市已有大批进步青年，而党的组织还不能公开，或者还没建立，党不能吸收这些青年入党，也不能由党去密切指挥群众斗争，他们组织起来作为党的外围或同情组织，那是只有好处没有坏处的。”[②]在刘少奇的指示下，南方局青年组此后更加坚定通过民青来组织进步青年。随着联大复员北上，民青被带到北平，继续在解放战争时期发挥作用。

第六节　行动起来：1945 年五四纪念

民青一成立，便给了当局一个下马威，这就是 1945 年 4 月初发表的《国立西南联合大学全体学生对国是的意见》(以下简称《国是宣言》)。这个宣言首先就称“国民政府国民党中央党部蒋介石先生、共产党中央政治局毛泽东先生”，将蒋、毛并称。宣言的内容其实就是响应中共不久前提出的“联合政府”。毛泽东在《论联合政府》中如是阐述为什么要实行联合政府：“为着要彻底消灭日本侵略者，必须在全国范围内实行民主改革。而要这样做，不废止国民党的一党专政，建立民主的联合政府，是不可能的。”[③]

---

① 《钱瑛致刘宁一的信》(1946 年 1 月 6 日)，载南方局党史资料征集小组编：《南方局党史资料·群众工作》，重庆出版社 1990 年版，第 66—67 页。

② 《关于青年组织问题》(1946 年 2 月 1 日)，载南方局党史资料征集小组编：《南方局党史资料·群众工作》，重庆出版社 1990 年版，第 64—65 页。

③ 毛泽东：《论联合政府》(1945 年 4 月 24 日)，载《毛泽东选集》第 3 卷，人民出版社 1991 年版，第 1066 页。

而《国是宣言》的第一点意见即为："立即停止一党专政……组织联合政府"，并称"没有民主就没有团结，没有团结就没有胜利，民主是一切的前提；而联合政府是目前实现真正民主的唯一方案"[①]等语，立论逻辑与《论联合政府》如出一辙。

校内师生对《国是宣言》态度不一。1945 年 4 月 3 日，郑天挺注意到"学生日来又甚浮动，今日张贴甚多……此不似联大学生所为，或有人在后也"[②]。他的感觉非常敏锐，就在这一天，民青（即后来的民青一支，民青二支此时尚未成立）成立了。民青成立的翌日，就发动 70 余名学生和 10 个壁报要求自治会开会讨论发表宣言事宜，并拟出宣言要点。时自治会已为左翼学生掌握，故很容易就通过了宣言。宣言发出后，三青团表示抗议，要求把"联合政府"改为"国民大会"，毕竟"联合政府"是中共提出的口号，"国民大会"才是国民党建国步骤中的一环。郑天挺在日记中记道，对于发宣言事，"同学间有反对之者"，有学生向学校反映学生会发布的《国是宣言》根本未经全体同学表决。[③]因此，训导长查良钊"以校内意见不一致为藉口要求停发"[④]，学生不听，于是郑天挺、查良钊、杨石先等联大校领导出面写了一则勿发宣言的通知。郑天挺找学生自治会理事齐亮谈话，齐"小有辩解"，同意暂缓发表，但其实宣言已经发出去了。对于这件事，联大校当局决定由钱端升、杨石先在 4 月 9 日的国民月会上规劝学生勿受人利用。

尽管郑天挺、姚从吾、查良钊等教授对此事较为关切，察觉到此事是学生浮动的表征，但也有相当一部分教授"似不甚关心"，4 月 12 日召开的校务会议谈话会的重点仍集中于梅贻琦在重庆进谒蒋介石的情形。4 月 13 日的常务委员会上，与会教授对《国是宣言》的看法仍然不一，周炳琳等人主张解散业已被左派学生把持的学生自治会，黄钰生、杨石先赞同之，张奚若则反对，钱端升、冯友兰亦反对解散。经过讨论，教授们决定对学

① 《国立西南联合大学全体学生对国是的意见》，载南方局党史资料征集小组编：《南方局党史资料·群众工作》，重庆出版社 1990 年版，第 140 页。

② 郑天挺：《郑天挺西南联大日记》下册，中华书局 2018 年版，第 1017 页。

③ 北京大学等编：《国立西南联合大学史料》（二）会议记录卷，云南教育出版社 1998 年版，第 374 页。

④ 《国民党区青运材料特辑》（1946 年 1 月 18 日），载共青团中央青运史工作指导委员会等编：《中国青年运动历史资料》第 16 集，中国青年出版社 2002 年版，第 314 页。

生再宽容一次，由梅贻琦出面召集学生训话。梅的讲话“于学生亦未斥责，仅谓今后应更加审慎，更加注意”，在郑天挺看来不免失之宽容。[①]公开发表《国是宣言》，倡言联合政府，这是学生的政治表态。随着 1945 年五四的来临，学生的表态很快付诸行动。

中共联大地下党对如何纪念五四进行了事先策划，最初是民青第一支部提议游行，民青第二支部不同意，被前者斥为“胆小，看不见群众的力量”[②]。毕竟，昆明学生自倒孔运动以来已 3 年多没有上街游行。巧的是，民青二支的主要成员多为倒孔运动的参加者、彼此之间亦系通过倒孔运动而熟识，但恰又因“倒孔”的教训而不敢轻举妄动。自从民青成立，他们就因过于保守而落后于潮流，被民青一支占得先机。此时，二支仍然不想冒险，经过激烈争论才同意了一支的意见，并参与策划布置。中共云南省工委也支持游行，通过华岗与民盟云南支部吴晗、罗隆基等取得了联络。事先，学生自治会对训导长查良钊说 5 月 4 日晚上将沿翠湖火炬竞走，要学校当局转函军事机关予以保护，借此试探学校的态度，遭到学校拒绝。事实上，查良钊在 3 日已听到学生将于 4 日午后上街游行的风声，并在当晚昆明警备司令召集的校长会议上提出，却没人重视。3 日当天由重庆返回昆明的姚从吾从三青团处得到的情报却谓游行在 4 日晚上。[③]无论如何，许多迹象表明，一场有计划的游行正在酝酿中。

巧合的是，5 月 2 日下午，联大训导处窗口免费发放 3 日和 4 日的电影票，还是一连三场（3 日 9 时 40 分、4 日 9 时 40 分和正午场）。3 日早晨，当学生排队领票时，自治会即派人阻止学生领票，称在“五四”使命未完成前，不应当看戏，不应以娱乐纪念五四。于是，“领票的长蛇一节节的断了，崩溃了。已经领到电影票的把它撕碎了贴在墙上，并忏悔自己一时的糊涂”。在策划游行的左翼学生看来，在五四游行这天安排师生看电影，十有八九是三青团在捣乱，他们“想化整为零，分散力量。穷学生有不化钱的电影看，想必不会再在学校里参加什么老生常谈的纪念座谈会，也就不

① 郑天挺：《郑天挺西南联大日记》下册，中华书局 2018 年版，第 1018—1022 页。

② 《国民党区青运材料特辑》（1946 年 1 月 18 日），载共青团中央青运史工作指导委员会等编：《中国青年运动历史资料》第 16 集，中国青年出版社 2002 年版，第 310 页。

③ 郑天挺：《郑天挺西南联大日记》下册，中华书局 2018 年版，第 1029—1031 页。

会闹乱子”[①]。对此，适在昆明的民主人士宋云彬在日记中表达了相似看法：“今日某方企图分散学生心力，怂恿某某等电影院招待联大学生看电影，联大学生洞烛其阴谋，将赠券数千张转送与荣誉军人。”[②]事实或许真是如此，否则何以解释平时很少有免费电影看，偏是五四当天安排两场电影？

但郑天挺在他的即时记录中却有相反的解释。他从姚从吾及查良钊处听到的原委如下：4 月底，联大三青团请学校出一公函给南屏电影院，请求影院在 5 月 3 日、4 日为联大师生免费放电影，为影院所允。由于看电影向来是联大师生贫乏生活中为数不多的娱乐，不仅学生爱看电影，教授也爱看电影，故学校各部门已多次请求南屏电影院回馈顾客，为师生免费放映一场。影院此次终于答应，却“为青年团所得。在电影院只知联大，并不知来洽者非同一团体，以为青年团可为代表，遂告之青年团”。虽然郑天挺等人为避免横生枝节，决定由训导处而不是由三青团发票，但这在不容游行有任何差池的左翼学生看来，怎么都像故意捣乱。因此，郑认为这完全是左翼学生“不免过敏而不知初无人得窥其秘密也”。[③]郑的消息来源于姚、查，此二人分任联大区党部书记和联大训导长，是专门负责学生工作的人，信息应属可靠。

然而，三青团后来的举动说明事实并不如郑所述的那么简单。5 月 4 日晨，两位联大职员告诉郑天挺，三青团请求以学校名义出布告规定凭联大校徽即可进影院，这样，即便电影票在前一天被学生自治会代领，也不妨碍想看电影者入场观影。郑天挺以“徒滋误会”，没有同意。其实 4 日的电影安排在上午 9 点 40 分和中午 12 点，正好与游行时间冲突，很难说不是预为安排。[④]有了上年五四斗争的经历，三青团选择在五四这一充满“政治”象征的日子以娱乐对抗政治，本不难理解。而考虑到姚从吾 5 月 3 日才从重庆返回昆明，或许事先未与赠票事宜。而联大三青团负责人陈雪屏正在重庆参加三青团中央团部会议和国民党六全大会，无从指挥团员。故赠票

---

① 资料室：《三十四年五四在联大》，载西南联大《除夕副刊》主编：《联大八年》，西南联大学生出版社 1946 年版，第 24—25 页。

② 海宁市档案局整理：《宋云彬日记》上册，中华书局 2016 年版，第 131 页。

③ 郑天挺：《郑天挺西南联大日记》下册，中华书局 2018 年版，第 1030、1032 页。

④ 郑天挺：《郑天挺西南联大日记》下册，中华书局 2018 年版，第 1031 页。

行动更像是团员自发的反制行动。无论动机如何，或许更实在的是行为。右派的所为在阻挠游行，左派的所为在促成游行。

5 月 4 日下午 1 时，昆明各校学生在云大操场集合开会，闻一多、潘大逵、吴晗发表演讲，随后开始游行，下午 5 时结束。关于游行人数，国民党报为 2000 人[①]，中共说是 20000 人[②],《联大八年》一书说队伍出发时是六七千人，途中不断有市民加入，最后达到 12000 人。[③]郑天挺认为“或云二千许，或云万余人，或云四千余人，疑其中者较近实”[④]。这次游行没有遇到云南军政当局的干涉，被朱自清视为“一次秩序井然的游行示威”[⑤]。姚从吾、郑天挺等教授亦认为游行“盖预先筹备久矣，而学校、官厅、党部一无所知，其组织严密极矣。……游行之秩序，事前事后之周密，均远胜当年，可谓大进步”。[⑥]在这次游行中，教授之间的政治分化也愈发凸显。游行结束的第二天，郑天挺见罗隆基与吴晗颇为得意，在日记中写道：“谈及昨日游行事，努生（罗隆基，字努生）言春晗（吴晗，字春晗）一人所布置计划，春晗反诮之，努生有得色，似亦大与有力焉。”[⑦]

语间夹着讽刺。又过一日，立场素来保守的联大教授燕树棠突然右眼失明，“因近日屡与民主同盟派生气”故也。游行队伍归来时，郑天挺与汤用彤站在路边看到曾昭抡、闻一多、费孝通尾随队伍而来。几天后，郑才听说曾昭抡等教授在队伍出发时并未参加，直到游行快结束时才临时加入。为此，他和汤用彤“相与叹息，万一不幸发生惨案，罹难者仍属学生耳”[⑧]，暗讽教授利用学生。

---

① 《侍从室关于昆明各大学联合举行五四周情报》（1945 年 5 月 16 日），载中国第二历史档案馆编：《中华民国史档案资料汇编》第五辑第二编政治（五），江苏古籍出版社 1998 年版，第 262 页。

② 郑伯克：《回顾“一二·一”运动》，载中共云南省委党史资料征集委员会、中共云南师范大学委员会编：《一二一运动》，中共党史资料出版社 1988 年版，第 325 页。

③ 资料室：《三十四年五四在联大》，载西南联大《除夕副刊》主编：《联大八年》，西南联大学生出版社 1946 年版，第 30 页。

④ 郑天挺：《郑天挺西南联大日记》下册，中华书局 2018 年版，第 1032 页。

⑤ 朱自清：《朱自清日记·下（1942—1946）》，石油工业出版社 2019 年版，第 261 页。

⑥ 郑天挺：《郑天挺西南联大日记》下册，中华书局 2018 年版，第 1032 页。

⑦ 郑天挺：《郑天挺西南联大日记》下册，中华书局 2018 年版，第 1032—1033 页。

⑧ 郑天挺：《郑天挺西南联大日记》下册，中华书局 2018 年版，第 1031、1033、1035 页。

第七节　结束与开始："一二·一"运动

1945年11月25日，西南联大、云南大学、中法大学等校学生在联大举行反内战时事晚会，钱端升、伍启元、费孝通、潘大逵四教授到会发表反内战讲演。晚会前一天，11月24日，国民党云南当局发布禁止学生集会的禁令，并召集联大和云大的负责人开会，要求他们阻止学生开会，否则要采取强硬措施。但联大代理常委叶企孙还是通知学生可以开会，须"技术一点"[①]。当局见未能阻止会议的召开，便派出党团特工人员着便衣埋伏于大会群众中，"操纵会场，争取演说"，趁机捣乱。会议期间，国民党云南省党部调查室主任查宗藩以"老百姓"的名义上台发言，对听众说国共冲突是"内乱"而不是"内战"，被台下的昭通旅省同乡会认出（查曾任云南昭通县党部秘书）而轰其下台。事后，查亦感到相当委屈，因为其他特工"并未遵照原定计划争主席，争演说"[②]。晚会结束时，邱清泉的第五军已包围了学校，会场上空能听到子弹飞鸣的声音，师生受到前所未有的惊吓。

11月26日，联大学生自动罢课了。当局则组织"反罢课委员会"上街打学生，双方矛盾不断升级。12月1日，云南当局派军警特工人员打入西南联大，造成四人死亡，一人大腿被炸断，另有数人受伤，学生因此展开旷日持久的罢课，直至翌年3月17日为死难学生举行盛大出殡才完全结束，史称"一二·一"运动。"一二·一"运动的研究成果已经很多，本书仅从战后昆明政学关系的失衡及教育复员这两个学界关注较少的角度来探讨。

运动的发生首先与抗战胜利后蒋介石急于解决久已存在的国民党中央与云南地方势力之间的矛盾有关。[③]龙云号称"云南王"，云南在他的统治下长期处于半独立状态。抗战爆发后，西南联大在昆明成立，龙云为"在理论上得到对抗中央集权的根据"而有意拉拢联大师生。在师生这一方看，他

---

① 《国民党区青运材料特辑》（1946年1月18日），载共青团中央青运史工作指导委员会等编：《中国青年运动历史资料》第16集，中国青年出版社2002年版，第291页。

② 《查宗藩供词》，载中共云南省委党史资料征集委员会、中共云南师范大学委员会编：《一二一运动》，中共党史资料出版社1988年版，第427—428页。

③ 杨奎松：《国民党人在处置昆明学潮问题上的分歧》，《近代史研究》2004年第5期。

们来自战前的北平——一个正受“华北特殊化”运动影响的、而为南京国民政府鞭长莫及的城市，他们正期待“重温一些沉痛的旧梦”，希望“把握住中央地方的这一矛盾而统一之，使民主运动能在昆明萌芽成长”。[①] 因此，联大师生与龙云集团之间是互相需要的。联大这个“民主堡垒”的生成，既是战前“一二·九”北平学运传统的延续，也是云南复制了北平的“割据”环境的结果。无论是 1942 年的倒孔游行还是 1945 年的五四游行，龙云对学生集会均采取“沉默的放任”，形成学生与当局之间的一种特殊的默契。

这一切深为蒋介石不满，抗战一结束，他先是将龙云的部下卢汉调离昆明，赴越南受降，然后密令驻昆明的杜聿明部发动兵变，将龙云挟持到重庆。随后，蒋任命 CC 系党务官僚李宗黄为国民党云南省党部主任委员、省民政厅长兼代省主席，任命关麟征为云南警备司令。李、关上任后，不了解云南特殊的政学关系，不了解“入其国，先闻其俗”的古训，一听说昆明学生要举行时事晚会，便立志要给他们一点颜色瞧。

其实，自 1944 年开始，联大经常召开时事座谈会，一位“一二·一”运动亲历者对此形容道：“所谓时事座谈会，在联大本来就是一椿极平凡而又平凡的事。每当国内外发生了什么大变动的时候，联大学生照例要找几位先生在一块儿谈谈，好对那些变动有更清楚的认识。书生论政，纸上谈兵，那会对公共秩序有妨碍呢。但云南地方当局莫名其妙地要用机关枪和迫击炮在联大四周围乱放射了好几个钟头。”[②]

事实上，会议组织者民青一支也只是打算开会，根本没有罢课的打算。11 月 25 日下午，一位教授还在劝云南当局不要干预，因为照以往惯例“学生们集会时很守规矩”，“这样的会可能要开到深夜才散，显然学生们是不会上街游行的，因为大街上都不会有观众了”。[③] 劝告未被当局接受。李宗黄、关麟征等人执意认为：“学生贴标语，让兵士回家，让老百姓不纳粮，共党扒铁路，阻止杜司令接收东北，不是造反而何？我们有阻止或制裁的

---

① 石立清：《昆明学运的成长》，《燕京新闻》第 14 卷第 13 期，1948 年 1 月 19 日，第 2 版。

② 余才有：《谈今天的学生》，《观察》第 4 卷第 7 期，1948 年 4 月 10 日，第 17 页。

③ 《昆明大中学生的罢课事件——美国驻昆明总领事馆第 76 号快报》，载中共云南省委党史资料征集委员会、中共云南师范大学委员会编：《一二一运动》，中共党史资料出版社 1988 年版，第 461 页。

义务！我们不能听他们这样胡闹！”关麟征事后对美国驻昆明使馆人员说，时事晚会结束时，因为眼看派去捣乱会场的特工人员未能得逞，所以命军队鸣枪逞威，以示对联大师生的震慑。①总之，“一二·一”惨案的发生与国民党云南当局急剧的人事更替打破了原有政学关系的平衡有关。

“一二·一”运动的发生也与三校联合之局即将结束，各校即将复员有关。西南联大的成立本就是因战争而采取的临时措施，三校教师均抱着战后各自复校的打算。由于“联合”是暂时的，所以学校实行常务委员制，即清华、北大、南开的校长任常务委员，下设三长（教务、总务、训导）处理实际校务。因南开校长张伯苓常年在重庆，北大校长蒋梦麟只管联大的对外事务，学校的日常管理就由清华校长梅贻琦负责。

11 月 25 日时事晚会召开时，梅贻琦正在重庆候机，准备前往北平考察清华复校事宜，27 日飞抵北平。12 月 1 日惨案发生时，梅正在北平，其联大常委职务由清华教授叶企孙暂代。叶的为人，据一位外籍联大教授言“完全缺乏魄力”，面对突发的学潮“没有表现出多少主动性”。②

联大的另一重要组成部分——北大，此时也面临群龙无首的局面。两三个月前，北大刚发生一场易长风波。北大原校长蒋梦麟于 1945 年 9 月辞职，胡适被任命为新任北大校长。但胡适当时仍在美国，故决定在他回国前由傅斯年暂时代理校长一职。10 月 21 日，傅斯年“到校视事”③，因心系战后北大复员大计而很快离开昆明，回到重庆，预备飞往北平筹备复校。此外，北大的另一行政首脑——时任联大总务长的郑天挺也于 1945 年 9 月离开了昆明，以教育部平津区教育复员辅导委员会委员的身份北上，筹备北大复员事宜。④可见，当联大于 11 月 26 日开始罢课时，清华和北大的首脑均不在昆明，均在筹备各自复校之事，联大校局缺少重心。

---

① 《昆明大中学生的罢课事件——美国驻昆明总领事馆第 76 号快报》，载中共云南省委党史资料征集委员会、中共云南师范大学委员会编：《一二一运动》，中共党史资料出版社 1988 年版，第 463 页。

② 《西南联大两外籍教授访问关麟征》，载中共云南省委党史资料征集委员会、中共云南师范大学委员会编：《一二一运动》，中共党史资料出版社 1988 年版，第 477、486 页。

③ 北京大学等编：《国立西南联合大学史料》（四）教职员卷，云南教育出版社 1998 年版，第 6 页。

④ 郑天挺：《郑天挺西南联大日记》下册，中华书局 2018 年版，第 1089—1092 页。

情形正如从那个时代走过来的王鼎钧所言："复员使人人脸朝东看，这就不像烤火而像是看电影，虽然座位挨着座位，心与心之间却互不相谋，彼此中间等于筑起高墙。"因抗战而流亡内地的几千万人"都想赶快越过这条纵线，向东涌去，情势仿佛大江溃堤，奔流向海。这些人在战争期间千辛万苦，所有的欲望也都用一条线封锁起来，这条线就是'等抗战胜利再说吧'。现在抗战突然胜利了，人欲的堤防也突然溃决"。[①] 在教育界，随着抗战突然胜利，人心同样地散了，教职员一心忙着教育资源的接收，忙着所属学校和家庭的复员，忙着离开。

时在行政院工作、专门负责复员运输事务的陈克文在 1946 年 8 月的日记中写道："十一个月来，天天和一些归心似箭的男女打交道，安排每个人的飞机坐位，除了中间请假两周，回家省亲，和卧病二十余日之外，真是日无暇晷，终日给一群群的访客包围着……精神受压迫不过，几乎至于发狂。"[②] 可见，人人均想早归。

概言之，在 1944 年至 1945 年抗战胜利前这段时间，教授们对于学生最细微的"浮动"均感觉敏锐，而自 1945 年夏天抗战胜利前后，教授们的关注点就转移到战后复员事宜，以致从 11 月 25 日时事晚会受到军警鸣枪干预到 12 月 1 日惨案发生的一星期内，校当局没有作出有力应对。在 11 月 25 日晚会召开前，云南当局即发出禁止集会的通知，联大当局却无人重视，郑华炽、叶企孙均参加了 25 日下午在警备司令部召开的联席会，知道军警"主张严厉干涉"[③]，但未积极阻止开会，叶企孙还让李继侗转告吴晗可以开会。学生罢课后，李宗黄等组织"反罢课委员会"，派特务上街打学生，仅 11 月 29 日一天即发生了 25 起学生被打事件[④]，校方也无所作为，除向地方当局表示抗议外，仅在 29 日召集同学讲话，由叶企孙、张奚若、周炳琳、钱端升等教授劝学生复课。但他们的感召力毕竟不如梅贻琦、郑天

---

① 王鼎钧：《怒目少年：回忆录四部曲之二》，生活·读书·新知三联书店 2013 年版，第 198 页。

② 陈方正编：《陈克文日记：1937—1952》下册，社会科学文献出版社 2014 年版，第 962 页。

③《姚从吾给陈雪屏、郑毅生的信》，载中共云南省委党史资料征集委员会、中共云南师范大学委员会编：《一二一运动》，中共党史资料出版社 1988 年版，第 411 页。

④ 郑伯克：《回顾"一二·一"运动》，载中共云南省委党史资料征集委员会、中共云南师范大学委员会编：《一二一运动》，中共党史资料出版社 1988 年版，第 333 页。

挺等人，故没有收到效果。因此，“一二·一”惨案发生前，联大教授们无论是对学生的关心劝告，还是对军警的疏通交涉，均作为不够。

联大常委傅斯年本来自忖指挥不动清华教授，打算等梅贻琦回到昆明之后他再去。但情形日益严重，美国总统特使马歇尔马上要来华“调处”内战，国民党当局希望尽快结束学潮，在教育部部长朱家骅的反复催促下，傅斯年于 12 月 4 日到达昆明。12 月 12 日，梅贻琦也回到昆明。傅、梅到昆后，提出解散联大，以此向学生施压要求复课。

另一方面，左翼阵营内部围绕复课问题也发生分化。中共联大地下党决定复课，民青第一支部的一部分人则不赞成复课。12 月 18 日，联大学生自治会全体大会通过了复课的决定，被民青一支的一些人认为是“包办操纵”，凶手李宗黄尚未受到惩治，何能复课？于是，这些不赞成复课的人在 1945 年 12 月 31 日这天成立了“除夕社”。除夕社成员多是“一二·一”运动的积极参加者，以历史系学生马复高为首。马是民青一支成员，但并非中共党员。他不但写文章攻击罢委会，还威胁民青第一支部，如复课则公布其名单。① 民青第一支部的许多成员因此暴露了，有人为此建议民青改名。② 由此可见，“一二·一”运动起因于学生被国民党军警打死，运动的道义制高点被左派学生牢牢占据，右派根本不敢公开反对罢课，故矛盾主要集中在左派学生内部——左派与更左的左派之间的矛盾。中共与除夕社的矛盾一直持续到 1947 年。无论如何，罢委会于 12 月 25 日正式发布了复课宣言，12 月 27 日正式复课。

从许多方面来看，“一二·一”运动都代表一个时期的结束。它宣告战时云南一度有过的自由开放的思想环境的终结，宣告抗战期间三校联合局面的终结，预示着在“抗战”大局下相对平等、风雨同舟的高知社群的终结，标志着既有的政治分化将在战后变本加厉地爆发出来。“一二·一”运动前后所发生的事情只是一个开始。

---

① 《“一二·一”运动总结报告》（1946 年 2 月 10 日），载共青团中央青运史工作指导委员会等编：《中国青年运动历史资料》第 16 集，中国青年出版社 2002 年版，第 341—342 页。

② 《云南民青成立经过及其组织情形》（1946 年），载共青团中央青运史工作指导委员会等编：《中国青年运动历史资料》第 16 集，中国青年出版社 2002 年版，第 698 页。

第三章　转移：复员前后的北大

抗战胜利后，西南联合大学于 1946 年 5 月宣布解散。北大、清华、南开 3 所大学着手恢复各自的校名并迁回原址，史称“复员”或“复校”。1945 年 9 月，国民政府任命胡适为新任北大校长，胡适回国前由傅斯年担任代理校长。无论是胡适还是傅斯年，均希望北大能循着抗战爆发前的学术风气向前发展，胡适还在 1947 年提出《争取学术独立的十年计划》，要把北大办成学术上的一流大学。尽管有此办学理想，现实环境却不容其实现——虽然抗战已经胜利，国共纷争却愈演愈烈。从 1945 年下半年至 1946 年上半年，两军局部摩擦不断，一切难以真正“复员”，处此环境下的学生难以安心读书。当国家日益分化为两大阵营时，校园也将分化乃至撕裂。在北大转移北上的过程中，国民党与共产党展开了各自在校园的布局，共产党内部的南系党和北系党也分别进行紧锣密鼓的准备。正可谓，风雨欲来，黑云压城。

第一节　复员不是复原

1945 年 8 月，抗日战争在美军投掷日本的两颗原子弹的爆炸声中突然结束。如同抗战随着卢沟桥事变的枪声突然爆发，其结束也极其突然。国民党当局对此缺乏准备，8 月 10 日，行政院官员陈克文听到日军即将投降的消息，在日记中记下了又喜又忧的心情：

敌人请降如此突然而至，我们不止事实上一切准备不足，连心理的准备也还没有。十日一宵狂欢之后，对于今后应该如何迎接和平，却不免发生许多问题，倒令人踌躇起来。[①]

在写下这段话的翌日，陈克文就投入了紧张的复员工作中，国民政府各级机关已宣布全日办公，他本人连周末休息也取消了。此时刚辞去西南联大常务委员职务的蒋梦麟正式就任国民政府行政院秘书长，成为陈克文的顶头上司，派陈直接负责复员运输工作。由于当时全国的机械化水平很低，运输能力有限，加之须优先运送军队北上接收，复员运输工作极其艰巨。1945 年 8 月，国民政府估计未来半年乃至 10 个月内恐怕连半数人员都不能搬迁。[②] 西南联大总务长郑天挺这时正欲北上接收校产，擘画复校事宜。9 月 3 日，他从昆明飞到重庆，在重庆等飞机等了近 1 个月，10 月 1 日才从重庆飞到南京，打算由南京转机去北平。由于交通困难，他在南京又迁延了 1 月才买到北上的机票，“心念北平校产”，“益觉焦灼”。11 月 3 日，他抵达北平。从昆明到北平，前后花了 2 个月时间。[③]

在这种情况下，西南联大校务会议决定 1946 年 9 月以后再北返。[④] 这主要是清华校长梅贻琦的意思，除交通困难之外，清华的校园区域比北大固定，又没有“伪清华大学”的威胁也是重要原因。实际上，北大一心盼早归。1945 年 11 月，北大代理校长傅斯年就打定主意“北大决于明年四月搬回，在任何情形下，不留昆明”。他对妻子抱怨：“清华的气焰实在吃不消，只有忍耐，明年春天各自奔前程。”[⑤] 可见，此时他已决定促成北大早返。“一二·一”运动的发生打乱了他的计划，加之交通的困难程度也远超意料，

---

① 陈方正编：《陈克文日记：1937—1952》下册，社会科学文献出版社 2014 年版，第 953—954 页。

② 陈方正编：《陈克文日记：1937—1952》下册，社会科学文献出版社 2014 年版，第 969、956 页。

③ 郑天挺：《郑天挺西南联大日记》下册，中华书局 2018 年版，第 1122、1124 页。

④ 北京大学等编：《国立西南联合大学史料》（二）会议记录卷，云南教育出版社 1998 年版，第 430 页。

⑤ 《傅斯年致俞大彩》（1945 年 11 月 30 日），载王汎森、潘光哲、吴政上主编：《傅斯年遗札》第 3 卷，社会科学文献出版社 2014 年版，第 1248 页。

故复校只得推后，他计划中的北平考察之行也一再推后。1946 年 4 月，当得知联大决定 9 月后再北返，傅斯年立即写信给北大在昆明的负责人汤用彤劝及早北归：

> 目下形势，清华、南开实可羡慕他们有决定他们走不走的自由，北大则无之。假如弟在清华，弟将主张只在北平开一年级，其余缓一年，以便观望。但北大情形不如此，北平有几千学生，假如北大不去，他们必要求挂起北大（至少分校）的牌子来。目下政府尚未民主，而威权已一落千丈，是会答应的。……我们如不于暑假在北平升旗，北平必出来“北大”，也许客气些叫北京大学分班，或更客气些叫北平临时大学（无补习班三字），然必有“北”“大”二字，必简称北大，从此据我们的房子，用我们的仪器，而以正统自居。即使明年我们能再去，亦将托庇于他。①

最后，傅斯年强调“北大存亡在此一举，北大之运命决于今夏”，不管清华搬不搬，在昆明的北大教授最好立即北返，由他来设法争取交通工具。② 汤用彤见信后，深以为然。在几天后的联大教授会上，北大教授们力主立即北归，清华校长梅贻琦认为发言者“其动机殊不同，说话亦多无大意味；但彼等欲早走之心情则了然也”。4 月 17 日，联大校务会议正式议决西南联大于 5 月初结束并北返，三校定于 10 月 10 日各自开学。③

此时，陈雪屏已提前于 1945 年秋到达北平，接收了日伪在北平所办的八所大学，开办“北平临时大学补习班”（以下简称补习班）并担任主任。1945 年秋，当他还在重庆候机北上时，曾致信傅斯年和周炳琳，谓伪北大学生人数在 3000 以上，“而教师又全无着落”，故“在可能范围之内，鼓励

---

① 《傅斯年致汤用彤》（1946 年 4 月 5 日），载王汎森、潘光哲、吴政上主编：《傅斯年遗札》第 3 卷，社会科学文献出版社 2014 年版，第 1268 页。

② 《傅斯年致汤用彤》（1946 年 4 月 5 日），载王汎森、潘光哲、吴政上主编：《傅斯年遗札》第 3 卷，社会科学文献出版社 2014 年版，第 1269 页。

③ 梅贻琦著，黄延复、王小宁整理：《梅贻琦西南联大日记》，中华书局 2018 年版，第 250—252 页。

同事北来。一则使补习班能上轨道，廓清奴化教育之余毒，并慰青年之渴望；二则北大清华二校已复校，困难亦不在少，多来几位同事分工合作，较易恢复旧观也”。[①]

此时恰值郑天挺以教育部平津区教育复员辅导委员会委员的身份提前到达北平。郑、陈二人交情甚好，郑到平后便兼任了临大补习班总务长和第二班班主任。持强烈的民族主义立场的傅斯年对郑的行为甚不谓然。毕竟无论是清华还是北大，从校方角度而言都不希望与伪北大发生联系，都希望伪北大学生勿分到本校，都希望伪北大与本校教师勿产生瓜葛。为此，傅斯年专门写信劝郑辞去这一职务。远在昆明的汤用彤也写信提醒郑天挺，将来复校后将对三校接收人员与补习班人员区别对待，令郑感到“不公道”。[②] 在多方施压下，郑最终辞去了补习班的兼职，仅答应陈雪屏从旁帮忙。由于联大教授们不愿与临大补习班发生联系，陈雪屏只好延用伪北大的教员，被傅斯年视为“大妥协”。[③] 此时，卢沟桥事变时因妻子即将分娩而未能离平、后来先后在伪民众教育馆和伪北大谋食的张中行，继续为谋食而“进谒”陈雪屏和郑天挺，希望能照顾他这位校友，事如所愿，“借了红楼出身之光，这过渡型的大学表示继续聘用”[④]。

傅斯年准备已久的北平之行终于在 1946 年 5 月 4 日成行。行前，他已做好心理准备：“北大之敌人多矣，随时可来算账，且此时不攘外，即无以自立。此尤使弟斗志奋发，而又不得不戒惧者也。”[⑤] 他虽是暂代胡适的校长职位，却自嘲“我在这几月给他打平天下，他好办下去”[⑥]。北大复校之事在傅抵平后逐渐取得进展。从 5 月上旬至 6 月中旬，傅斯年和郑天挺马不停蹄地赴李阁老胡同二十号、旧众议院、东厂胡同、中老胡同、卢沟桥等多

---

① 《致傅孟真等函：谈筹办北平临大补习班问题》（1945 年 10 月 27 日），北京大学档案馆藏：BD1946171-4。

② 郑天挺：《郑天挺西南联大日记》下册，中华书局 2018 年版，第 1141 页。

③ 《傅斯年致俞大彩》（1946 年 1 月 5 日、7 日），载王汎森、潘光哲、吴政上主编：《傅斯年遗札》第 3 卷，社会科学文献出版社 2014 年版，第 1257 页。

④ 张中行：《流年碎影》上，北方文艺出版社 2016 年版，第 305—306 页。

⑤ 《傅斯年致周炳琳》（1945 年），北京大学档案馆藏：BD1946171-5。

⑥ 《傅斯年致俞大彩》（1946 年 1 月 5 日、7 日），载王汎森、潘光哲、吴政上主编：《傅斯年遗札》第 3 卷，社会科学文献出版社 2014 年版，第 1257 页。

处看房，盖“房子若不稍多一点，要想改动，便无办法”[①]。东厂胡同的300余间房原系“中央研究院”接收自日本东方文化研究所，却被傅斯年借给北大使用。在争取校产的过程中，傅斯年责怪郑天挺“处处帮补习班，而不帮北大，又太和平”。在如何处置临大补习班学生的问题上，他们也发生了激烈争论。傅斯年对伪北大日语系学生成见甚深，认为是“别具肺肝”，郑却同情这些学生，认为“诸生习日文盖以学校有此组系之故，今学校取消此组，仍以令改系为宜。现无专修科之设，以专修科名义使之毕业，非驴非马，非学校所宜作”[②]。总之，傅责郑“畏事”，郑却认为傅“主观太强”，难以共事，以辞职相威胁。北大复员时争取到了2000余间房，傅斯年出力甚大，也得罪了不少人。

复员后，除伪北大学生之外，北大尚有联大来的旧生以及一年级新生，人数超过3000，宿舍紧张的问题一直没有解决，“各方不谅解者为北大所需太多”。郑天挺在1946年7月11日对《大公报》记者说，“北大当前问题重重，其最重要者乃为校舍不敷用”，且“八载离别之归来人，若无立足之地，亦说不过去”，隐含着联大师生吃了抗战之苦，作为政治上的“荣誉民”理应受到优待之意。[③]这一点在陈雪屏身上也有体现，刚抵达北平时陈就说：“前方同学与后方同学都为不同的痛苦，前方是精神的，后方是物质的”，表面意思是笼络沦陷区学生，却也含有联大学生吃苦更多之意。[④]

自然，教育接收大员们战时吃够了苦头，此时不免恢复昔日的爱好。1946年上半年郑天挺任临大补习班总务长期间，常与陈雪屏收集古玩，但他同时也劝杨振声和郑华炽不要坐小汽车，以免招摇。[⑤]似乎联大的患难精神永远留在了昆明，先期抵达北平的人在不知不觉中已提前“复原”到了战前的状态，与尚留昆明者发生了空间与时间的双重错位。在空间层面，他

① 《傅斯年致胡适》（1946年10月12日），载王汎森、潘光哲、吴政上主编：《傅斯年遗札》第3卷，社会科学文献出版社2014年版，第1292页。

② 郑天挺：《郑天挺西南联大日记》下册，中华书局2018年版，第1174、1182、1179页。

③ 《员生归来 都感觉着凄凉 郑天挺氏谈话》，《大公报》（天津）1946年7月11日，第3版。

④ 《北大学生为建立自己组织要求改善生活而斗争的信件、学校当局为压制学生言论自由的学生壁报登记及管理办法和布告、外校师生致北大的要求改善生活、反抗国民党和学校当局暴政的信件》，北京市档案馆藏：J024-001-00106。

⑤ 郑天挺：《郑天挺西南联大日记》下册，中华书局2018年版，第1145页。

们从昆明回到了北平；在时间层面，他们提早结束了抗战时态，进入复员时态。但这只代表一部分人。另一部分人则不想也不能回到过去，战时经验促发了他们的革命性，他们誓要打破旧秩序，其中包括绝大部分青年学生与少数教授。武汉大学教授杨端六一家很典型地体现了这两种观念的冲突。1946 年 12 月，他们的女儿杨静远在书信中写道：

> 我没有想到在离家一年以后——这样的一年！——这样触目惊心血一般的事实还没有丝毫打开爹妈的眼睛。9 年的苦难过去了，竟然回到了念念不忘的故乡，于是，拾起 9 年前被冲断的美梦，继续做起来，希望更发扬光大起来。你不知道当妈妈满心喜欢地将她布置家园的情形描绘给我时，字行里流着多少爱啊！她确信不疑那些会使我快乐，正如四五年前我们躺在床上幻想将来回到南京造一座怎样可爱的房子时一样。她怎么知道女儿已经不是从前的女儿了，她这种爱只能驱使女儿疯狂！①

抗战终于结束了，老一辈希望回到战前的“旧日好时光”，一心想恢复过去的秩序，新一代却被战争所磨砺与塑造，从而拥有与父辈完全不同的成长经验，也彻底变成了不同于父辈的“新民”。复员不能复原，一切再也回不到过去。但北京大学就在这种情形下复校。

第二节 学术化的理想与革命化的现实

1946 年 7 月，新任北大校长胡适自美回国。7 月 30 日，胡适到达北平，正式接掌北大。当上一年 9 月教育部部长朱家骅向蒋介石建议任命胡适为校长时，蒋谓：“适之出国久，情形或不熟悉。”这话并非毫无缘由。②

---

① 杨静远：《写给恋人 1945—1948》，河南人民出版社 1999 年版，第 122 页。

② 郑天挺：《郑天挺西南联大日记》下册，中华书局 2018 年版，第 1088 页。

这在胡适刚回国的受访中体现出来，他对记者说："中国科学落后，又经八年苦战，一旦胜利，岂能立即恢复战前状态！美国迄今亦尚未复员，所以劝国人勿悲观。"

《大公报》随后对胡适这段话进行评价：

> 今日国中所以洋溢着不满与悲观的情绪，不都是因为"不能恢复战前状态"。换句话，不都是因为本身在战前的物质享受恢复不来，而苦闷失望。复员不是复原。战前的都市繁华梦早被炮火毁灭了。大家苦闷失望，乃因为国内战火又燃，而行政之腐败凌乱无效率却又"恢复战前状态"！诚然，美国迄今尚未复员。然而人家行政效率高，正加紧走着上坡路。中国呢？[①]

中国与美国的情况确实不同，对中国来说，抗日战争的结束并没有带来和平，此时国共纷争迭起。1946年6月，国军大规模进攻中原和苏北的中共军队，内战全面爆发，国共之间自一月停战令和政协会议召开以来采取的政治解决方式再次被抛弃，两方又开始军事角力。因此，胡适以美国为榜样来劝国人和平阶段更要有吃苦的准备，显然没有说到症结。

因为不悉国情，对于如何办好北京大学，胡适同样存在理想与现实的错位。此时，各界对这一问题也相当关注，媒体也问胡适打算怎样办北大，胡适没有多言，仅谓："要继续蔡孑民先生的容忍精神。"[②]清华大学校长梅贻琦认为："应追随蔡孑民先生兼容并包之态度，以克学术自由之使命。昔日之所谓新旧，今日之所谓左右，其在学校应均予以自由探讨之机会"。但抗战胜利后校园的左右之争日益尖锐，如何"兼容并包"，如何"容忍"，梅贻琦对此感到忧心："倘国共问题不得解决，则校内师生意见将更分歧，而负责者欲于此情况中维持局面，实大难事。民主自由果将如何解释？学术自由又将如何保持？使人忧惶！"[③]毕竟，国立大学校长由国民政府任命，

---

① 《胡适之复原论》，《大公报》（天津）1946年7月22日，第3版。

② 《胡适校长论大学教育》，《大公报》（天津）1946年7月30日，第2版。

③ 梅贻琦著，黄延复、王小宁整理：《梅贻琦西南联大日记》，中华书局2018年版，第216、214页。

校长要在政府与师生之间保持不偏不倚的态度很难。因此，校方希望校园尽量“去政治化”，其方式是鼓励学术风气，借学术研究来冲淡师生的政治热情，变外向超越为内向超越，把呐喊抗议的热情消耗于皓首穷经的著述活动中。1946 年夏，梅贻琦因闻一多、潘光旦等清华教授的激进言行赴南京面见蒋介石，蒋问梅：接下来打算如何办校？梅答：仍当注重学术研究风气之恢复。[①] 与此同时，北大代校长傅斯年也对《华北日报》记者表示：“学校是自由研究学术的团体，不希望参加政治斗争。”[②] 可见校长们忧心于战后校园的革命化，故一再强调师生应以学业为重，呼吁回到象牙塔。

在这种情形下，北大举行了复员后的首次开学典礼。1946 年 10 月 10 日，北大师生齐聚四院礼堂，聆听胡适的致辞。胡适说：“我只作一点小小的梦想，作一个像样子的学校，作为一个全国最高学术的研究机关，使它能在学术上、研究上、思想上有贡献。……就是这样卑之无甚高论的两个方向：（一）提倡独立的、创造的学术研究，从理、文、法到农、工、医，从社会科学、自然科学以及应用科学；（二）对于学术，要培养利用工具的本领，作一个独立研究、独立思想的人。”胡适所说的两点，归结起来就是——好好读书、莫与国事。

胡适还就学生在礼堂门口张贴的“自由思想”的标语乘兴发挥：

> 你们大门上贴着欢迎我的标语，要求自由思想，自由研究，为什么我要你们“独立”而不说是“自由”呢？要知道，自由是对外面的束缚而言，不受外面势力的限制与压迫，这一向正是北大的精神。而独立是你们自己的事，不能独立，仍然是作奴隶。我是说，要能不盲从，不受欺骗，不用别人的耳朵当耳朵，不用别人的眼睛当眼睛，不用别人的头脑当自己的头脑，我提倡你们应有走独立的路的工具。[③]

---

① 梅贻琦著，黄延复、王小宁整理：《梅贻琦西南联大日记》，中华书局 2018 年版，第 270 页。

② 《北大积极复校·不希望学生参加政治斗争·傅斯年对本报记者谈》，《华北日报》1946 年 6 月 8 日，第 3 版。

③ 《北大昨日开学礼·胡校长勖勉学生·回溯四十八年光辉历史·强调学术思想独立自由》，《大公报》（天津）1946 年 10 月 11 日，第 3 版。

胡适认为，学生只有好好读书，才能在纷繁的政治主张之间作出独立判断。缺乏知识的人根本分不清什么是资本主义、社会主义、自由主义、经济自由、政治自由、言论自由等，容易人云亦云。是时已经左倾的留美学生杨静远自承："别人说东我以为对，说西我也指不出错在哪里。我想了解，可还是那老脾气，不爱看大本的枯燥的书"[①]，这代表了大部分青年学生的实际情形。

在开学典礼致辞的结尾，胡适申明题旨："我是一个没有党派的人，我希望学校里没有党派，即使有……但是学校是学校，学生要把学校当作学校，学生也不要忘记自己是在作学生。……我想起七百年来朱夫子同时的吕祖谦，他的东莱博议上有八个字，我要念诸位听，那就是'善未易明，理未易察'"[②]，意即社会历史的发展进程不是那么容易了解的，劝学生们保持谦虚学习的态度，对不同政见应宽容对待，即便有自己的政治倾向也不要妨碍学校的教学研究秩序，所谓"学生要把学校当作学校"是也。

可见，胡适的办学方针就是竭力引导学生从革命化转向学术化，变外向超越为内向超越，如同五四一代的学运领袖后来纷纷回到象牙塔，从事古史的整理研究工作一样。此时，北大三青团亦大力鼓吹读书论。开学典礼结束不久，三青团在其"官媒"《学生报》上呼吁：

> 我们得指出学生时代的责任是读书，是以全副精神来研究科学。……我们是一个科学落后的国家，一切都不如人，惟有迎头赶上、自力更生，始足以奠定富强康乐的大业……所以我们在求学时代，最好是减除外部的事情，埋头书本，肆力研求。[③]

这段劝大家埋头读书的话，立即遭到"大众""风雨""呐喊"等左派壁报的围攻。《学生报》愤而撕去上述壁报，引来"呐喊"壁报更尖锐的批评："站得住的言论是经得起批评的，我们劝导学生报要文明一点，假如学生报

---

① 杨静远：《写给恋人 1945—1948》，河南人民出版社 1999 年版，第 109 页。

② 《北大昨日开学礼·胡校长勖勉学生·回溯四十八年光辉历史·强调学术思想独立自由》，《大公报》（天津）1946 年 10 月 11 日，第 3 版。

③ 《发刊辞》，《学生报》（创刊号）1946 年 12 月 17 日，第 1 版。

诸君火气未息又拔剑而出了，那我只好用闻一多先生的话来借书：‘人是可以给他讲理的，而狗是不配给他说话的。’”[①] 在这种思想围攻下，《学生报》很快偃旗息鼓，出了两三期就停刊了。

《学生报》的观点与胡适在开学典礼的讲话如出一辙，即中国太落后，要改变落后局面，就要好好读书，此刻的读书是为了将来的救国。与此相对立的另一种观点是：读书缓不济急，收效太慢，眼前的乱局只有通过自下而上的“冲决罗网式”的政治方式才能得到彻底解决。罗荣渠从国家重建的角度对这一问题提出了独到看法，即民国时期中国的首要问题不是经济发展，而是共和体制下的国家重建。他认为，辛亥革命带来了权威失落、地方割据与社会失序，此后的 40 年（即 1911—1949 年）中国都在为重新找到国家的重心而奋斗。这一进程直到 1949 年新中国的成立才告结束，国家终于实现了政治统一与社会稳定。从这个意义来看，“自下而上的‘冲决罗网’的彻底解决方式”又有其必然性，也可说是一种历史的理性选择。[②] 因此，胡适此时提倡读书救国论，虽然有一定道理和不得不如此处，但不免隔靴搔痒、言不及义，无怪被北洋大学学生陈之藩形容为“在狂风恶浪中稳扎稳打”，如同“英国船在冰岛一带触礁临沉时船上人的情绪，唱着安息的，清和的歌声”。[③]

陈之藩能与胡适接近，说明他并不是一位思想激进的学生。但就连他也认为胡的看法缓不济急，可见多数人均如此想。北大政治系二年级学生金承艺在开学典礼现场听了胡适的致辞，感到相当失望：“以我简单的头脑，以我的年轻无知，对于适之先生的话，根本有‘莫名其妙’的感觉，至少我个人当时感到很失望，我想——难道一个享誉国际的学者，就只讲这一点‘不知其所云如何’的这种话吗？心中觉得很不舒服。”[④]

但胡适对学术风气的提倡毕竟得到了一部分保守学生的赞同。在 1948

① 《学生报怕批评，大众壁报被撕》，《燕京新闻》第 13 卷第 6 期，1946 年 12 月 23 日，第 1 版。

② 罗荣渠：《现代化新论——世界与中国的现代化进程》（增订本），商务印书馆 2004 年版，第 499、504、508 页。

③ 陈之藩：《陈之藩散文》（卷一），牛津大学出版社 2012 年版，第 73 页。

④ 郭存孝：《胡适与门人金承艺》，《传记文学》第 100 卷第 3 期，2012 年 3 月，第 85 页。

年 6 月举行的毕业典礼上他再次对毕业生强调：“每个人找个问题，找到了问题，再研究如何解决问题，解决问题是每个人一生该做的事。”[①] 工学院学生殷大年赞同胡的主张：“学校罢课频频，上课的时间不到一半。我总认为，报效国家，先要充实自己。”[②] 另一位经济系学生也看不惯其他同学一天到晚搞罢课，“我总觉得，我们上的是北大，主要是要学习”。[③] 这两位均认为学生的本分是学习，后来均离开了大陆。他们在校时对学术化与革命化的迎拒，已经预示了他们后来的选择。

由对胡适办学理念的不同观感，可以看出当日校内意见的分歧，这也是胡适面临的现实，即一部分学生认为只有先读书才能救国，另一部分学生却感于时局的动乱而无法安心读书，认为只有先解决了全局性的政治问题，使社会得到安定，才谈得上个人学问的炼成，即救国优先于读书。

第三节　战时经济破产与公费制度的流变

大学生们难以安心读书，背后有深刻的社会经济原因。他们大多来自中上阶层。全民族抗战导致国家经济破产，中等阶层渐趋于贫困。1947 年 3 月，《观察》周刊上登的一篇文章对中国各阶层进行了分析：

> 现政权的支持层原是城市市民、公教人员、知识分子、工商界人。现在这一批人，一股脑儿都对南京政权没有好感。国民党的霸道作风使自由思想分子深恶痛绝；抗战以来对公教人员的刻薄待遇，使公教人员对现政权赤忱全失；政府官员的贪污作弊，种种刁难，使工商界人物怨气冲天；因财政金融失策以及内战不停而造成的物价暴涨，使

① 刘桂敏：《大学生活及 1948 届毕业典礼回顾》，载北京大学校友会编：《北大岁月：1946—1949 的记忆》，北京大学出版社 2013 年版，第 123 页。

② 殷大年：《回忆在工学院的日子》，载北京大学校友会编：《北大岁月：1946—1949 的记忆》，北京大学出版社 2013 年版，第 128 页。

③ 李育和：《北大的“自由”》，载北京大学校友会编：《北大岁月：1946—1949 的记忆》，北京大学出版社 2013 年版，第 131 页。

城市市民怨声载道。今日全中国人民，对于现政权，可谓人人离心，个个厌恶。现政权中的人，恐怕也未尝不顿脚叹息：为什么这些人都“左倾”了！……就实行社会主义而言今日中国一般人民，特别是一般知识分子，并不反对，毋宁说是很期望的。今日一般知识分子在共产党心目中，他们都是“小资产阶级”，但是实际上，今日中国的知识阶级，除了极少数一些人外，大都都已沦为“无产阶级”了。这是国民党的恩赐！①

这段话道出了一个重要事实：战前的中上阶层随着全民族抗战以及紧接着的解放战争而逐渐成为“无产阶级”。这个阶层本是当局的支持者，随着自身的“无产”化，逐渐成为现状的反对者，这在他们的下一代——大学生们身上表现得尤为激烈。这些中等阶层的子弟们又可依历史因素和地域构成而大约分为以下四类。

第一类人是“九一八”事变后流亡内地的东北地主阶层。他们大多寄居天津租界，而土地则留在了东北，随着地租来源逐渐断绝，经济情况日益衰败。1944 年考入伪北大、后来转学到燕京大学领导学生运动的高庆琮（后改名周南）就是这种情况。高庆琮兄弟几人都加入了中共，他们的父亲本是东北某县县令，自“九一八”开始避居天津，长春的土地被日本人没收，坐吃山空，家境渐渐不济。虽然高家兄弟在中小学阶段都受到了很好的教育（中学就读于天津私立耀华中学，家中还延请了家教），但抗战结束时高庆琮来到富家子弟云集的燕京大学读书时，已经只能靠做家教等方式半工半读。因此，他不喜欢燕大的风气，“家境如此，在感情上同当时在燕大的纨绔子弟之间就颇有距离了”②。高庆琮的同学、北大北系党学运领袖宋柏也是东北流亡学生。高庆琮后来回忆：

小学、中学期间给我印象最深刻的就是当时日本加紧侵华。我们举家南迁就是因为“九一八”事变。日本军人好像跟在我们屁股后边

① 储安平：《中国的政局》，《观察》第 2 卷第 2 期，1947 年 3 月 8 日，第 3、6 页。
② 宗道一等编著：《周南口述：遥想当年羽扇纶巾》，齐鲁书社 2007 年版，第 63 页。

似的，我们到了天津，没过几年，我10岁，又发生了“七七”卢沟桥事变。[①]

童年时期受日军的步步紧逼而不断流亡的经历，培养了东北学生的政治意识，使他们很早就懂得没有国就没有家，没有大环境的安定，就谈不上个人前途。因此，高庆琮最初认同中共的是对内消除社会的不公正，对外自立于世界民族之林，意即无论对内对外都要消除不平等。这显然与他个人遭遇密切相关，于是下意识地将主观利害客观化，由对自身境遇的不满外化为为人民、为国家鸣不平。

第二类人是卢沟桥事变后不愿做顺民而奔向大后方的沦陷区学生。扬州著名园林“何园”的主人何家，从晚清到民国世代为官，与李鸿藻、孙家鼐家族均是世亲。抗战前，何家相当富裕，不但在苏北拥有大片土地，还持有汉冶萍公司的股份。抗战爆发后，何家因不愿附逆，于1937年秋举家离开扬州，自镇江搭轮船逃往汉口。1938年1月，汉口陷落，因桂林是大后方物价较低的城市，何家又迁到桂林。几年逃难下来，何家迅速变穷，沦陷区的土地收不上地租，只好出卖股票和家当，扬州何园亦在此时贱价卖出。渐渐地，他们在桂林也难以为继，遂在1941年离开桂林回到上海。回到上海后，生活却是更难。[②]

何家老一代坐吃山空，年轻一代则努力寻找出路。他们大多没随父辈回上海，而是去昆明求学，有的考入了西南联大，有的考入了云南大学。在家道中衰的过程中，西南联大这一“民主堡垒”给他们带来了希望。1949年之前，何家祚字辈堂兄弟共有6人加入了中国共产党，其中就包括复员后的北大学运骨干何璞荪（原名何祚熙）和清华学运骨干何祚庥。

1946年，何璞荪的堂弟何祚龢从昆明复员回上海，全家租住三室一厅，十分拥挤，他只能“在父母大床脚跟前用条席子早卷夜摊打地铺”。而在战前的上海，他们则住着花园洋房。不久，何祚龢对父亲说想去解放区，他这位做了一辈子寓公的画家父亲说：“也好，穷则变，变则通，世道是到变

① 宗道一等编著：《周南口述：遥想当年羽扇纶巾》，齐鲁书社2007年版，第28页。

② 何方著，杜海整理：《走出寄啸山庄》，广陵书社2015年版，第21—22、63—71页。

的时候了。”[1]

第三类人是家本就在西南地区的大后方学生。这类学生长期生活在国民党统治下，对国民党的腐败有更深切的感受。1948 年夏秋，贵州学生乐黛云同时考上中央大学和北京大学。因为从小就“痛恨那些官府衙门”，而中央大学又是众所周知的具有国民党背景的大学，位于当时的首都南京，因此，乐黛云不顾家人反对，毅然选择了北京大学。她回忆道：

> 记得我还是一个初中生时，父亲就让我每年去官府替他交房捐地税。因为他自己最怕做这件事。我当时什么都不懂，常常迷失在那些数不清的办公桌和根本弄不懂的复杂程序中，被那些高高在上的官儿们呼来喝去，以至失魂落魄。……对于每年必行的这种“逛动物园”，我真是又怕又恨，从小对政府官僚深恶痛绝。[2]

国民党在抗战期间退居西南一隅，为维持庞大的军政开支，对基层资源的汲取不亚于日伪。乐黛云所描述的就是抗战期间贵州地主阶层与国民党当局间的矛盾。毛泽东在 1947 年 7 月的中共中央扩大会议上也指出了这一点：“南方的地主却因为征兵征粮首先与蒋介石闹翻。”[3]

第四类人是抗战期间在沦陷区求学的北方学生。抗战期间，黄河以北地区大多成为日军占领的沦陷区，也有一些地方是中共领导的抗日根据地，还有一些地方则在日伪与中共之间几易其手。抗战胜利后，北方地区渐渐解放。这些北方学生战时在沦陷区求学，物质生活上虽比靠贷金生活的大后方学生要好，但毕竟是生活在日伪统治之下，心理上饱尝了亡国奴的滋味。因此，抗战胜利之初，他们一度热烈盼望国军的到来，但国民党很快规定沦陷区货币与法币的兑换比例为 200∶1，相当于狠狠剥削了他们。战争胜利后，他们的家乡逐渐解放，土地所有权发生变化。因此，北方学生的政治态度经历了多次变化。

---

① 何方著，杜海整理：《走出寄啸山庄》，广陵书社 2015 年版，第 149、153 页。

② 乐黛云：《四院·沙滩·未名湖》，北京大学出版社 2008 年版，第 9—10 页。

③ 中共中央党史和文献研究院编：《毛泽东年谱》第 3 卷，中央文献出版社 2023 年版，第 208 页。

1948 年，一位河北学生自述抗战胜利初期的情形："胜利的消息是在一个暑假的夜晚传来，我激动得整夜失眠，在狂风下的小院中徘徊，风沙扑面，我的心不知飞向何处。实在，'胜利'这两个字在我看来是太生疏了。我想写一首小诗记载那一夜的心情，可是我兴奋得一个字也不曾写出。在欢迎国军的时候我曾喊哑了喉咙。"但他的亲戚们不久就因土地所有权发生变化而来到北平："许多人在夜里逃出，扶老携幼的到这灰城中来，在灯红酒绿中作新的点缀品。他们都是在乡间长大的，在海样的禾田里养成强健伟大的身躯，但是他们要现居在这肮脏的灰城，和我这有家难归的人唏嘘相对。"①

因此，一方面是抗战胜利初期国民党官员接收沦陷区大城市的"劫收"恶行，另一方面是沦陷区的地主阶层因农村经济改革而移居都市，成为"只有消费无法生产的一大群"②，两相影响下，使这位河北学生笔下透着对都市生活的痛恨。清华大学训导长褚士荃常年与学生打交道，知道多数人出身于地主家庭，深受土地的影响："中国农民最多，农业社会专恃土地，全家衣食，靠世世相传的几亩田。现在因战乱关系，乡村无法住，不得不挥泪离开家乡，以保生命。但是农民与田地的关系，同鱼与水的关系一样，无法离开，离开人就不能生存。"③

以上四类学生仅是大略言之，不能涵盖全部情况。从这四类学生来看，尽管学生的地域来源颇为驳杂——北方、南方、长江上游、长江下游等，但都因为这场旷日持久的战争而逐渐贫困。为弥补这些流亡学生们，国民政府自 1938 年起实行贷金制度，即家在沦陷区的公立大中学校学生的学费及生活费均由政府支付。而在战前，大学生读书均系自费，只有师范生由政府出资培养。

1943 年，国民政府教育部颁行《非常时期国立中等以上学校及省私立专科以上学校规定公费生办法》，从此贷金改名为"公费"。该办法与以往贷金制最大的区别在于按不同专业规定相应的公费比例。贷金对家在沦陷区的学生基本上全面覆盖，新制度则规定：师范、医科、工科等应用型专

---

① 《青年自述：在校青年》(十一)，《周论》第 1 卷第 17 期，1948 年 5 月 7 日，第 15 页。

② 褚士荃：《杂谈青年人的苦闷》，《周论》第 1 卷第 17 期，1948 年 5 月 7 日，第 4 页。

③ 褚士荃：《工学院学生特多》，《周论》第 1 卷第 11 期，1948 年 3 月 26 日，第 7 页。

业的学生公费比例为 100%，理科学生公费比例占该专业学生总数的 80%，农科学生公费比例为 60%，文法商等文科专业的公费比例仅 40%。该办法用意显明，即鼓励学习工科、限制文科，为国家工业化储备人才。[①]

1944 年，豫湘桂战役爆发，新增 30 万湖南籍难民逃往贵州。据陈克文日记记载，这些难民“既缺交通工具，又缺粮食和医药的供应，困苦颠连，情形甚惨”[②]。1945 年秋考入西南联大先修班的湘籍学生曾建徽如是描述 1944 年豫湘桂战役给他及他的家庭带来的影响：

> （1944 年）五月初的一个早晨，我的中学所在的湖南衡山县晓岚港已听到枪炮声，学校当即宣布停课，同学们各奔东西。我的家乡平江已先期沦陷。我们兄弟已无家可归，仓芒中只拿了几件衣服就踏上逃难的征途。先是到湘西安化县桥头河我姑妈家里，他们也是逃难到那里的，住了约两个来月后，我们兄弟去了辰溪湖南大学，那里有好些原明德中学的高年级老同学，他们共同负担我们的生活。不久，我哥哥以“同等学力”考上了湖南大学水利系，得到“沦陷区学生补助金”，刚够吃饭。……我哥哥在湖大念完一个学期后，便去了昆明，他的“补助金”就由同学领了给我糊口。[③]

述者本出身湖南地主家庭，日军入湘后他们兄弟迅速沦为靠公费生活的难民。他本人在长达半年的时间里寄宿于湖南大学，靠领其兄的公费生活，而其兄在考入西南联大后又领一份公费。更可注意的是，述者曾建徽之兄曾衡英之所以离开湖南大学去昆明投考西南联大，是因为中学同学兼同乡、时在西南联大就读的彭庆遐（后来复员到北大历史系就读）来信鼓励他去昆明，说“只要他有一口饭吃，就可以分给我们半口。这使我们兄弟十分感动”。[④] 彭庆遐不只成功劝说曾家兄弟来到西南联大，还影响了曾衡英

---

① 教育部教育年鉴编纂委员会编：《第二次中国教育年鉴》，商务印书馆 1948 年版，第 53 页。

② 陈方正编：《陈克文日记：1937—1952》下册，社会科学文献出版社 2014 年版，第 861 页。

③ 曾建徽：《深切的关怀》（代序），载曾建徽主编：《彭庆遐同志纪念集》，1996 年自印本，第 2—3 页。

④ 曾建徽：《深切的关怀》（代序），载曾建徽主编：《彭庆遐同志纪念集》，1996 年自印本，第 3 页。

的另一个中学同学、湖南同乡李传信。李读了彭庆遐写给曾衡英的信，对西南联大很向往，遂在家乡沦陷时“加入了向大西南流亡的人群”，到了昆明就住在彭在联大的宿舍，“我和他同住一间挤着二十多人的草舍中，我感到一切都很自然而安全，既没有什么担心，甚至也不感到有什么困难，却又没有什么‘感激’之情。总之，一切似乎本来就是如此，本来就应该如此”[①]。可见，战争使学生们失去家庭庇护，生存境况非常脆弱，学生的身份不仅是头衔资格，也是生存的通行证，同学之间更是需要相互帮助。

为应对豫湘桂战役制造的新难民，当局改订了公费施行办法，规定1945年秋季学期入学的新生按《战时国立中等以上学校及省立专科以上学校学生给予公费办法》实行。该办法规定：“以战区生及经济来源断绝之学生为尽先核给公费之对象，不分科系”，实际就是取消了此前按文理专业确定公费比例的办法，而以救济新的“战区生”为目的。公费分为全公费和半公费两种，全公费的数额等同于抗战期间的全额贷金，即市米二斗一升，另加入副食费。半公费则为全公费的半数。全、半公费名额各占40%，其中教育系、边政系、司法组、复员青年军等一律发给全公费，且不受名额限制。[②]

公费制屡经修订，施行办法迭有更新，但每次实行新办法时，都强调旧生仍用旧法，新生改用新法。因此，尽管公费名额从抗战初期的几乎全面覆盖而有逐年减少的趋势，但因高年级学生仍袭旧法，至抗战胜利时，像西南联大这样的后方大学的公费比例仍相当高。1948年，一名学生痛陈抗战期间战区生之冒名顶替现象时说，“尤其教部把全权交付学校，但学校首长和教授们有时连学生本人也认不清楚，那里还会知道他的家庭状况。遂至调查审核成了一种形式，实际上无论贫富，只要进了大学就得公费。到了抗战末后几年许多国立大学专科学校，几乎都成了‘全面公费’”[③]。

1946年秋，对日作战虽已结束，但国共之间的军事冲突有增无减，战争并未结束，教育部规定，凡已享有公费的旧生仍维持至毕业为止，大一

---

① 李传信：《怀念庆遐兄长》，载曾建徽主编：《彭庆遐同志纪念集》，1996年自印本，第39页。

② 教育部教育年鉴编纂委员会编：《第二次中国教育年鉴》，商务印书馆1948年版，第54—55页。

③ 陈浩生：《谈公费》，《新路周刊》第1卷第11期，1948年7月24日，第12页。

新生和临大生的公费比例实行“三三四”制（即全公费比例为30%、半公费比例为30%、自费比例为40%），比例较前略有下降。

1946年秋季分发到北大的709名联大生中，有多人因各种原因未到校注册，截至12月12日，只有658人报到注册。其中，全公费生558人，占已报到的联大学生总数的85%；半公费17人，占联大学生总数2.5%。总计联大生的公费比例（包含全、半公费在内）高达87%。[①]关于联大生公费比例如此高的原因，北大秘书长郑天挺在给教育部部长朱家骅的信中写道：联大生“其未领公费者，多无力北来就学，故刻下报到人数中，享有公费者逾百分之八十”[②]。其实这只是次要原因，主要还是历史因素造成的。例如，根据1943年颁布的公费办法，工科学生无论是否为战区生，全部享有公费，文法专业学生的40%能享有公费。1945年新颁布的方案规定全公费、半公费各占40%。凡此，均明显高于战后的比例。故联大生的高公费比例是战时当局优待赴后方求学的爱国青年的结果。恰因含有政治优待，故在执行层面“不免宽滥”，申请手续较为宽松。[③]

随着战后学潮的频发，当局与学生之间日益敌对，相互埋怨，情形正如北大教授朱光潜所说的那样：“政府在这种困难时期耗费大量人力与物力来培养青年，未尝不望得到青年的用处，而事与愿违，多数青年在怨恨政府，仿佛以为现状恶劣至此，一切责任都该由政府担负。”[④]政府与学生之间日益紧张的关系，体现在公费制上就是“名额有逐年递减之规定”[⑤]。名额递减的另一原因是国民党当局面临严重的财政困难，因为公费制度的覆盖面太大，不仅面向大学生，也面向国立中学学生。抗战期间，无论大学还是中学，均呈现招生规模不断扩大的趋势。

---

① 《关于公费生问题的请示、规定、交费标准及学生人数等》，北京大学档案馆藏：BD1946016。

② 《关于公费生问题的请示、规定、交费标准及学生人数等》，北京大学档案馆藏：BD1946016。

③ 教育部教育年鉴编纂委员会编：《第二次中国教育年鉴》，商务印书馆1948年版，第53页。

④ 朱光潜：《学潮的事后检讨》，《独立时论集》第1集，1948年4月，第48页。

⑤ 《朱家骅对学潮声明 合理请求正当建议政府无不采纳 罢课游行要求请愿教育危机殊甚》，《华北日报》，1947年5月18日，第3版。

表 3　1936 年至 1947 年全国专科以上学生人数表

年度	1936	1937	1938	1939	1940	1941	1942	1943	1944	1945	1946	1947
人数（人）	41922	31188	36180	44422	52376	59457	64097	73669	78909	83498	129336	144036

资料来源：教育部教育年鉴编纂委员会编：《第二次中国教育年鉴》，商务印书馆 1948 年版，第 525—526 页。

由表 3 可见，在抗战全面爆发前的 1936 年，全国大学生总数为 41922 人，至抗战胜利后的 1946 年，因“收复区停办学校次第恢复”，即接受了大量沦陷区学校的学生，总数增至 129336 人，是 1936 年的 3 倍。① 据国民政府教育部统计，1947 年全国大学生享受全公费者共 76978 人，占大学生总数的 53.4%，享半公费者 12181 人，占大学生总数的 8.5%，中专生和中学生尚不算在内。全国大中学生享公费者总数达到 15 万人。1947 年上半年，国民政府仅大中学生的公费支出就高达 4300 亿元，占教育部支配的教育经费的 25%。② 由此可见，公费支出已成为国民党当局沉重的财政负担。因此，在战后学生人数继续大幅增长的情况下，当局不得不降低公费比例。1947 年 7 月 2 日，行政院会计长、主管各机关财政预算的陈克文参加完预算审查会议后，在日记中记道：

> 现在恃国家供养的所谓公费生只是国立学校的学生便是十七八万人，省立学校的数目也约略相等。因为粮价上涨，这些公费生的主副食费原预算所列不敷支应，追加之数全年竟达三四百亿之多，国库能力如何负担得了。预算会于通过了这几个案件之后，又建议政府，应将公费生名额逐渐予以减少。③

减少公费名额一事很快进入实际运作。1947 年 7 月 12 日，国民政府行政院公布《国立中学学校以上暨省立专科以上学校学生奖学金办法》，正式用“奖学金”取代“公费”。根据该文件，1947 年秋季入学的新生，须在考

① 教育部教育年鉴编纂委员会编：《第二次中国教育年鉴》，商务印书馆 1948 年版，第 525 页。

② 教育部教育年鉴编纂委员会编：《第二次中国教育年鉴》，商务印书馆 1948 年版，第 56 页。

③ 陈方正编：《陈克文日记：1937—1952》下册，社会科学文献出版社 2014 年版，第 1019 页。

前缴纳如下证件方有申请奖学金的资格：

（一）奖学金申请书；（二）家境清寒证明书；（三）保证书。

以上 3 点只是申请奖学金的前提条件，新生要获得奖学金，还须具备两个条件，即平均成绩位列所考取学校的前 40%，且各校必须控制奖学金比例不超过新生总数的 20%。若新生考试成绩位居前 40%，但该校的 20% 奖学金名额已满，必须自费；已获奖学金者在校期间的学业平均成绩若不满 70 分，取消奖学金。[①] 这个制度的实质是给奖学金申请设置重重障碍，一方面纾解当局的财政压力，一方面引导学生将精力用于考试，从而限制其向外发展。从战时的几乎全额、到 1943 年按不同专业来分配不同的名额，到 1945 年的“四四二”制、1946 年的“三三四”制，到 1947 年只有 20% 的学生能享受奖学金，国民党当局一方面迫于事实上的财政支绌，一方面因学潮迭起而“对于学生又怕又恨”[②]，故逐年减少公费名额。

第四节　战后学生群体构成与“黄白之争”

由于公费名额逐年减少，且在名额分配上存在南北之分，复员后的北大很快就发生了围绕公费问题的“黄白之争”。在分析“黄白之争”之前，首先需要对当时北大学生群体的来源进行分析。

1946 年 9 月底 10 月初，北上复学的联大学生纷纷抵达北平，学校规定联大旧生于 10 月 5 日报到，临大补习班分发的学生 10 月 15 日报到，一年级新生因为大多来自南方，延迟到 11 月 5 日至 15 日报到。除一年级外，全校于 10 月 28 日开始上课。[③] 因此，复员后的北大学生成分颇为复杂，大致为：联大复员北上者 600 余人、临大补习班分发而来者 1562 人、新录取

① 教育部教育年鉴编纂委员会编：《第二次中国教育年鉴》，商务印书馆 1948 年版，第 57 页。

② 《陈雪屏致胡适》（11 月 7 日），载中国社会科学院近代史研究所中华民国史研究室编：《胡适来往书信选》（下），社会科学文献出版社 2013 年版，第 1001 页。

③ 《国立北京大学教务会议第一次会议记录》，载王学珍、郭建荣主编：《北京大学史料》第四卷，北京大学出版社 2000 年版，第 534 页。

的大一新生五六百人、先修班学生（相当于大学预科）三四百人。[①] 除这几类学生之外，尚有教育部分发者、青岛补习班分发者、复员的青年军、转学生等通过各渠道而来者，无形中给学校的管理和教学带来不少麻烦，也使得学生群体内部矛盾丛生。

西南联大的旧生正式分到北大的共 709 人，实际来注册的只有 600 人左右。经济和交通困难是其中的重要原因，例如这年被北大历史系录取的新生李理因买不起船票，只好在四川教了一年书，1947 年夏才北上求学。[②] 但临大生却因本来就多为北方学生，不存在南方学生面临的交通难题，故分发的 1562 人几乎全数注册报到。截至 1946 年 12 月 12 日，北大已注册的学生总数为 3403 人。[③] 以后仍有学生陆续北上报到，但为数较少，全校实际学生人数为 3500 人左右。一两年后，许多学生去了解放区，学生人数不断下降，至 1948 年秋季学期开学时，注册总数为 2901 人。[④]

复员后的新北大是一个在数量上以临大生为主体——临大生占学生总数的 46%，但在精神上却由联大生主导的校园。临大生虽人数众多，在心理上却相当自卑。这主要是政治原因造成的。抗战期间，国家在地域上分为沦陷区、大后方、根据地三大区域，由于形势是全面抗战，国家政治生活遂分成"抗日"与"不抗日"两大阵营。无论身在根据地还是大后方，都意味着"抗日"，而留在"沦陷区"则意味着"不抗日"。如果说每个人都由各自的行动与抉择所定义，那么无论去后方还是留在沦陷区，都将要承担各自行为的后果——或"忠"或"奸"的身份认同。"忠"意味着要忍受后方的物质艰苦，"奸"意味着一旦抗战胜利就将在政治上陷入被动。这在普通百姓原无所谓，对读书人来说却是历来要思量的问题，校园中的大学生们同样因为抗日与否而有所谓的"联大生"与"临大生"之分。

一位参加学运的联大生在工作汇报中如此描述联大生的特征：

---

① 《关于公费生问题的请示、规定、交费标准及学生人数等》，北京大学档案馆藏：BD1946016。

② 李理：《俺这一辈子》，2004 年自印本，第 62—63 页。

③ 《关于公费生问题的请示、规定、交费标准及学生人数等》，北京大学档案馆藏：BD1946016。

④ 《三十七年度第一学期注册人数统计表》，载王学珍、郭建荣主编：《北京大学史料》第四卷，北京大学出版社 2000 年版，第 327 页。

联大生一般的政治水平都比较高，工作能力也比较强，因习惯了联大的自由生活，都多少具有民主自由的信念，且在联大一年多的斗争中（中间并经过“一二·一”的锻炼），都学得一些斗争艺术及斗争经验，这是好的一面。一般的都自尊心很强，具有一种特殊的优越感，对临大同学多少存有轻视态度，不肯与之广泛的接近，诚恳的结合，喜欢大场面的公开斗争形式。[①]

临大生的特征则被描述为：

共有一千六七百人，中有三青团员 200 余人，进步分子很少，中间分子占绝大多数。他们固［因］身受敌人奴化及国［民］党化两重教育，致政治觉悟普遍低落，对国［民］党仍多少［抱］有希望与信任，畏惧党派斗争，缺乏民主训练与自由信念，缺乏斗争经验与能力，养成不管闲事的心理与好玩的生活习惯，这些都是他们落后的一面。但另一方面他们因身受敌伪压迫与奴役辛酸的生活，对切身生活问题非常关切，对祖国抱有无限忠忱与热望，胸中积压有高度的民族仇视与爱国心。[②]

由于联大与临大之间隐含着政治区分，当联大生看到临大生，心里想的是“我们在昆明领公费时，你们还在汉奸学校啰！”[③]联大学生甚至以胸前别着联大校徽行走在复员后的北大校园为荣，“觉得走在路上很骄傲，了不起了”[④]。沦陷区学生对此有自知之明，某青年在国民党接收大员一来就

---

① 《罗迈向周恩来报送北平学生运动概况报告》（1947 年 12 月 19 日），载共青团中央青运史工作指导委员会等编：《中国青年运动历史资料》第 17 集，中国青年出版社 2002 年版，第 433 页。

② 《罗迈向周恩来报送北平学生运动概况报告》（1947 年 12 月 19 日），载共青团中央青运史工作指导委员会等编：《中国青年运动历史资料》第 17 集，中国青年出版社 2002 年版，第 433 页。

③ 《北平一年来学运报告和初步总结》（1947 年 2 月），载共青团中央青运史工作指导委员会等编：《中国青年运动历史资料》第 17 集，中国青年出版社 2002 年版，第 118 页。

④ 赵谨贻：《怀念“天字楼”》，载北京大学校友会编：《北大岁月：1946—1949 的记忆》，北京大学出版社 2013 年版，第 135 页。

失去了工作，却并不感到难过，因为“我想我并不曾到后方去作抗敌工作。我认为我的失业正是我赎免自己罪过的机会！甚至我想到我根本不配与八年间在艰苦中磨炼出来的人们一起工作”①。

上述对联大生和临大生的描述虽有脸谱化倾向，但亦反映了一般人对于二者的印象。联大生因经历过“一二·一”运动，又长期生活在国民党统治下，对于政治的腐败有亲身体会，故政治意识比较浓厚。相应的，他们在物质享受上要求不高，以“营养”为首要考虑。临大生则长期生活在日伪统治下，对“亡国奴”的生活有切身体会，但容易把爱国之情投注于代表“正统”的国民党政权上，政治意识比联大生弱，“养成不管闲事的心理与好玩的生活习惯”及在意“穿着、娱乐”等②，彼此间很容易区分开来。随着“黄白之争”的发生，联大生与临大生又从政治分等具化为经济分等。

所谓“黄白之争”，指复员初期临大学生的主食是黄色的窝窝头，联大学生的主食是白色的大米和馒头，由此而产生的矛盾。临大生之所以吃窝窝头，因为他们的公费名额远少于联大生。在复员之前的临大补习班时期，当局发给临大生每人每月 2 万元的维持费，勉强足够吃饭。从 1946 年 11 月开始，临大生开始按“三三四”（即 30% 的人全公费、30% 的人半公费、40% 的人自费）的比例发给公费。联大生则仍袭抗战时期“四四二”的旧例（40% 的人得全公费，40% 的人得半公费，20% 的人自费）。但联大生实际享有公费的比例还不止“四四二”，截至 1946 年 12 月，高达 85% 的联大生享有全公费，加上半公费者在内，联大学生公费覆盖比例高达 87%③，远高于临大生的公费比例。

校方自然一方面淡化矛盾，强调这只是“南北习惯不同之自然趋势，并非分阶级之表示”④；一方面竭力向国民政府争取更多的公费名额，减少矛盾。1946 年 9 月，胡适、梅贻琦、张伯苓等几位大学校长联名请求教育部给予临大生公费全额、半额各 40% 的规定，即仍照 1945 年的旧法办理。10

---

① 《青年自述：职业青年》，《周论》第 1 卷第 17 期，1948 年 5 月 7 日，第 8 页。

② 《罗迈向周恩来报送北平学生运动概况报告》（1947 年 12 月 19 日），载共青团中央青运史工作指导委员会等编：《中国青年运动历史资料》第 17 集，中国青年出版社 2002 年版，第 434 页。

③ 《关于公费生问题的请示、规定、交费标准及学生人数等》，北京大学档案馆藏：BD1946016。

④ 《清华伙食分家》，《燕京新闻》第 13 卷第 2 期，1946 年 11 月 25 日，第 1 版。

月，诸校长又向教育部提议把一部分全公费名额提出来，分为若干个半公费，以使大多数学生都能享受到公费，即实行平均主义。这两个方案都未被教育部采纳。教育部仍规定临大生实行“三三四”制。[①]

对于平均主义的方案，联大生也不能接受，他们心想：“我们在昆明就一直领公费，为什么要分我们的！”唯一支持平分公费的是校内的国民党员和三青团员。中共南系地下党担心这样下去会使学生的斗争矛头由指向国民政府变为学生内斗，换言之，担心“临大”与“联大”间的地域之争将掩盖左右之争，故立即扭转舆论导向，呼吁“不应自己争自己的，联大同学领公费是教育部允许的应该领，我们大家一起来向学校当局要求增加临大同学的公费名额”[②]。此时，联大生已由位于国会街的北大四院搬到沙滩区的西斋宿舍，与临大生住在一起，并共食于西斋膳团。他们专门成立“全校生活福利委员会”，宣称：不管校方答不答应，联大临大一起吃馒头，把伙食费吃完再向校方要，校方不发则全体停伙。三青团也派代表参加了生活福利委员会，对这一提议极力反对，使该提议未能实行。实际情形是，自 11 月 1 日开始，联大生“屈尊”和临大生一起吃窝窝头。10 天后，多数联大生吃不惯窝窝头，提议分伙，单独成立专吃馒头的膳团。于是三青团抓住机会大肆造势，谓“北平学生分甲乙两种，甲种吃馒头的，乙种是吃窝头的，我们反对这种不平等，我们要求平均公费”[③]。三青团的意图很明显，想通过强调联大与临大之间不同的伙食水平，在学生群体内部制造以经济实力为基础的分化，借以代替政治上的左右之争。

与此同时，左派学生经过不懈争取，成功向校方争取到一笔煤火补助费用于补贴临大生伙食，使其暂时也吃上了馒头。校方为平息事态起见，也继续向教育部争取。1946 年 11 月下旬，北大秘书长郑天挺致函教育部部长朱家骅，细陈临大生之困苦情形：

---

① 《关于公费生问题的请示、规定、交费标准及学生人数等》，北京大学档案馆藏：BD1946016。

② 《北平一年来学运报告和初步总结》（1947 年 2 月），载共青团中央青运史工作指导委员会等编：《中国青年运动历史资料》第 17 集，中国青年出版社 2002 年版，第 118—119 页。

③ 《北平一年来学运报告和初步总结》（1947 年 2 月），载共青团中央青运史工作指导委员会等编：《中国青年运动历史资料》第 17 集，中国青年出版社 2002 年版，第 119 页。

> 查临大分发学生泰半籍隶鲁冀晋豫东北诸省，多数来自共党活动区，经济来源断绝，较之一部分联大学生于复员后或尚可获家中接济者，尤为困难。如依部令规定比例，将有百分之四十不能领取公费，势将引起问题。此其不能不考虑者一。……遵照钧部现定办法，本校先修班学生无公费，新生中全额及半额公费各为百分之三十，临大分发学生与新生同，联大复员学生领全额公费者即占全体百分之八十以上，同为一校学生，而又两校不同标准，管理尤极困难。学生中时因误会发生纠纷事端，其不能不考虑者三。查公费之设，原为抗战期间救济沦陷区青年学生之临时措施，胜利后情形改变，学生之来自共党活动区者，与战时来自沦陷区者，其须待救济殊无区别……兹谨向钧部建议：（一）临大分发本校学生来自共党活动区者，计为百分之六十强，概给全额公费，其余公教人员子弟或家境清贫者给予半额公费。（二）先修班生来自共党活动区者，经济同感困难，请依新生享受公费比例，给予公费。（三）本校全体学生不论由联大或临大分发，或系新生，其待遇应一律均等。否则在伙食方面，仍将分成等级。[①]

对此，教育部的答复是："公费生名额仍应按全公费半公费各百分之三十之规定办理，如系难区逃出之学生确实困苦者，可酌予变通。"[②]后来教育部专门设立面向"难区"学生（即家在解放区的学生）的资助，规定："国立及省立专科以上学校学生之籍隶匪区，经核准救济者，免其学宿之费，并比照公费生膳食标准，供其膳食。"[③]因此，北大在制定公费预算时将很多申请公费的临大生概以"难区生"处理，数量达 725 人，占临大生总数（1562 人）的 46.4%。"难区生"不受所谓"三三四"比例的限制，一律全公费。在造送公费名册时，北大秘书处先以临大生总人数 1562 减去 725 名难区生，又减去其他名目的学生 23 人，剩下 814 人，再按"三三四"制乘以 30%，最终结果是全额、半额公费者各 244 人。这意味着临大生真正按"三三四"制得到公费的只有 488 人，其余 700 多人都以难区生或其他

① 《关于公费生问题的请示、规定、交费标准及学生人数等》，北京大学档案馆藏：BD1946016。

② 《关于公费生问题的请示、规定、交费标准及学生人数等》，北京大学档案馆藏：BD1946016。

③ 教育部教育年鉴编纂委员会编：《第二次中国教育年鉴》，商务印书馆 1948 年版，第 56 页。

名义得到了公费。以此 244 人加上难区生 725 人，共 969 名临大生得到全公费，占临大生总数的 62%。若加上 244 名半公费者，则临大生公费比例达 77.7%。这是 1946 年 12 月的情况。至 1947 年 2 月，北大的公费名单先后公布了 4 次，每次都增加一些名额，无论是联大生还是临大生，公费比例都较以前提高了，联大生公费比例提高到 90% 以上，临大生升至 80%。就连大一新生的公费比例也远不止教育部所规定的“三三四”的比例，因为大一新生中的教育系、青年军、司法组、由联大升学者、蒙藏及边疆生、难区生高达 561 人，全部享有全公费，不占“三三四”制的名额，故大一新生的实际公费比例也达到百分之七八十。[①]1947 年 5 月，北大训导长陈雪屏宣布全校的公费覆盖率在 90% 以上。[②]

随着临大生的公费问题得到解决，“黄白之争”很快烟消云散。但不久之后却发生了更大规模的抗议美军暴行运动，可见学潮并非靠当局提高学生待遇，解决其个人吃饭问题就可平息。毕竟，学潮迭起是整个中等阶层日益破产崩溃的结果，学生的社会来源——家庭，因连年战乱而破产，公费只是解决了学生个人的吃饭问题，而整个社会（包括他们的家人在内）却在挨饿与破败中，这却非公费所能解决。因此，学生对现状的归因思路愈来愈倾向于根本的政治变革，认为边边角角的修补无济于事。因此，“黄白之争”这篇文章很难做大。半年后的“反饥饿反内战”运动，虽以饥饿问题为号召，本质诉求却是政治性的反内战，遂发展成了一呼百应的全国性学潮，远非“黄白之争”可比。

第五节　战后初期国共政治组织的校园角逐

复员不仅是北京大学这所学校自南向北的复员，也是共产党和国民党各自组织势力自昆明到北平的复员。1946 年，国共两党均围绕战后校园政

① 《关于公费审查工作进行情形之报告及公费生人数统计》，北京大学档案馆藏：BD1946012。
② 《看！这就是我们的生活》，《燕京新闻》第 13 卷第 26 期，1947 年 5 月 19 日，第 2 版。

争进行了紧锣密鼓的布局。

1946 年 2 月，领导了“一二·一”运动的西南联大地下党负责人袁永熙到重庆向中共南方局组织部部长钱瑛汇报工作，钱瑛指示：“随校复员，把联大的党组织和民青组织带到北方去，继续战斗。”[①] 同样是 1946 年 2 月，由于“一二·一”运动后联大民青人数激增——从 160 余人增至 270 余人，此时已加入中国共产党的民青一支负责人洪季凯成立了以民青一支为基础的联大第一党支部，由袁永熙任该支部与云南省工委之间的联系人。马识途领导的联大党支部则改称为联大第二党支部，由李凌担任书记，以民青第二支部为基础。[②] 回到昆明后，袁永熙立即贯彻钱瑛的指示，着手安排党组织随校复员北上。两个支部到达北平后，彼此互不发生组织联系，继续对南方局钱瑛负责，也不与北系党发生联系。袁永熙带领北上的党组织因从南方复员而来，且继续受南方局（后先后改名为“南京局”“上海局”）领导，史称为“南系党”。

与此同时，北平还有另一支由中共晋察冀分局城工部部长刘仁领导的党组织，史称“北系党”。南北两个系统直至 1948 年 11 月才正式合并，统归刘仁领导。全民族抗战爆发后，北大南迁，日伪在北平成立伪北京大学。原北大的地下党员及“民先”队员大多离开北平，至 1939 年，留在北平的党员仅剩 30 多人。[③] 日伪当局对伪北大实行高压统治，严厉禁止抗日思想和左翼思想，红楼一度住进了日本宪兵队，红楼后的广场东侧还设有焚尸炉。[④]1944 年，时在伪北大文学院教书的张中行因与学生有所接触，被日本宪兵队囚禁了 6 星期，出狱后又多次被传唤。[⑤] 由此可见，伪北大的政治气氛相当压抑，师生不敢多谈国事。因此，伪北大原有的地下党员多转学

---

① 王汉斌、袁永熙：《回忆钱瑛同志对我们的教导》，载帅孟奇编：《忆钱瑛》，解放军出版社 1986 年版，第 134 页。

② 王效挺、黄文一主编：《战斗在北大的共产党人：1920.10—1949.2 北大地下党概况》（增订本），北京大学出版社 2003 年版，第 163—164 页。

③ 王效挺、黄文一主编：《战斗在北大的共产党人：1920.10—1949.2 北大地下党概况》（增订本），北京大学出版社 2003 年版，第 356 页。

④ 原北京大学地下党部分同志：《沙滩红楼的斗争——怀念我们的老领导刘仁同志》，载《缅怀刘仁同志》，北京出版社 1979 年版，第 68 页。

⑤ 张中行：《流年碎影》上，北方文艺出版社 2016 年版，第 294 页。

到燕京大学。太平洋战争爆发后，日军包围燕京大学，搜捕抗日人士，燕大被迫迁到成都。[①] 此后中共在北平几乎停止活动，尽管中共晋察冀分局在1942 年成立了城市工作委员会并陆续从根据地派干部到北平投考学校，却没有实际活动，当时的口号是“存在就是胜利”。1943 年，北平只剩 9 名地下党员。[②]

1944 年上半年，全国政治形势开始发生有利于中共的变化，中共中央在同年 6 月发出《中共中央关于城市工作的指示》，提出要占领大城市与交通要道，城市工作日益重要。晋察冀分局为贯彻这一指示，在城市工作委员会的基础上组建了城市工作部（下文简称城工部），规定县以上各级党委均须成立城工部，标志着城市工作进入一个新的阶段，即不再“只是分局城工委一个机关的事情，而是各级党委都要做的事情”[③]。此后，这一工作开始取得实际进展，至 1945 年抗战胜利时，伪北大共有 41 名地下党员。[④]

自 1945 年秋抗战胜利到 1946 年夏全面内战爆发前的这段时间，是北系党大发展的阶段。1945 年 8 月，日军投降。8 月 11 日，中共中央指示各地立即“占领一切可能与必须占领的大小城市与交通要道，夺取武器与资源”[⑤]。此时，国民政府与苏联订立的《中苏友好同盟条约》尚未公布（8 月27 日才公布），美国总统杜鲁门亦尚未指示远东盟军统帅麦克阿瑟：除中国东北的日军以外，凡在中国（包括台湾）以及北纬十六度以北的法属越南境内的日军“应向蒋委员长投降”[⑥]，故中共对战后形势的估计比较乐观。8 月

① 王效挺、黄文一主编：《战斗在北大的共产党人：1920.10—1949.2 北大地下党概况》（增订本），北京大学出版社 2003 年版，第 356 页。

② 中共北京市委党史研究室编：《中共中央华北局城工部》，中共党史出版社 1995 年版，第8—12 页。

③ 中共北京市委党史研究室编：《中共中央华北局城工部》，中共党史出版社 1995 年版，第18—19 页。

④ 王效挺、黄文一主编：《战斗在北大的共产党人：1920.10—1949.2 北大地下党概况》（增订本），北京大学出版社 2003 年版，第 356 页。

⑤ 中共中央党史和文献研究院编：《毛泽东年谱》第 3 卷，中央文献出版社 2023 年版，第1 页。

⑥ 韩信夫等编：《中华民国大事记》第五册（第 34—39 卷），中国文史出版社 1997 年版，第278 页。

15 日，朱德以“中国解放区抗日军总司令”的名义，向美、英、苏三国驻华大使发出说帖：“中国国民党政府及其统帅部，在接受日伪投降与缔结受降后的一切协定和条约时，不能代表中国解放区、中国沦陷区。”[①] 朱的说帖实是公开挑战国民党的正统地位，意即国民政府不是中国唯一的政府，不能在政治上代表解放区和沦陷区人民。

很快，随着盟军关于日军只能向蒋介石投降的指示得到公布，以及《中苏友好同盟条约》的公布，中共意识到形势没有预想的那么乐观，很快转向收缩，于 8 月 22 日发出指示：“我军应改变方针，除个别地点仍可占领外，着重于夺取小城市及广大乡村……对大城市仍应积极派人去发动群众，争取伪军，出版报纸，布置秘密工作。”[②] 这个指示的要点就在于暂时放弃了武装夺取大城市的计划，而改为在大城市开展地下工作，武装斗争的重点放在小城市及乡村。

从 8 月 11 日指示占领大城市与交通要道，到 8 月 22 日改为着重夺取小城市及乡村，短短 10 天内中共的政策经历了巨大转变。8 月中上旬，晋察冀分局城工部正举办面向城市青年学生的暑期政治训练班，学员训练完毕后仍回各自的城市从事校园地下工作。8 月 10 日夜，城工部部长刘仁赶到晋察冀分局开会，会议认为苏军将很快开入北平，中共军队也即将进城。于是，刘仁命令训练班学员立即回到所在城市，准备接管。[③] 从北平来的 100 多名学员在张大中的带领下回到北平。8 月 21 日，张大中与 10 名党员乘火车先期到达北平，准备发动武装起义。为此，他们自作主张将原来没有横的关系的党员集合在一起，并与八路军总部和晋冀鲁豫地区在北平的相关人士打通了关系，又于 8 月 31 日夜全体出动，张贴北平卫戍司令郭天民的布告 3000 多份。8 月 31 日，张大中得知中共军队暂时无法进城，“但是还是觉得这只是两三个月的事，思想上没有很快转变，工作上仍然是为短期内迎接解放做准备”，于是在各大学成立党支部，忙于搭架子，打通了不少

---

① 《中国解放区抗日军朱总司令致美英苏三国说帖》，《解放日报》1945 年 8 月 16 日，第 1 版。

② 中共中央党史和文献研究院编：《毛泽东年谱》第 3 卷，中央文献出版社 2023 年版，第 9—10 页。

③ 中共北京市委党史研究室编：《中共中央华北局城工部》，中共党史出版社 1995 年版，第 27 页。

横的关系。9 月，张大中回到城工部驻地所在的平西，向刘仁汇报工作。刘仁严厉批评了这种过于张扬的做法，一旦形势恶化，几年来所积蓄的力量有可能被一网打尽，叮嘱张大中继续坚持长期隐蔽的方针。[①] 与此同时，晋察冀中央局（晋察冀分局于 1945 年 8 月改称为晋察冀中央局）决定撤销城工部，组建北平市委，刘仁任书记，原冀察区城工部部长武光任副书记兼组织部部长。北平市委下设学生工作委员会（下文简称北平学委），专门领导学生运动。[②]

北平市委成立不久，国民党军队陆续到达北平，统治日渐严密。但这期间北平市委仍然成功领导了“反甄审”运动，从 1945 年 10 月至 1946 年 6 月，持续进行了一年的斗争，终于使“甄审”不了了之。[③]1946 年秋，伪北大在校生均按各人志愿分入清华、北大等校，应届毕业生则发给毕业证书。

1945 年 8 月日本投降后，国共之间时战时和，导致中共的政策也屡次发生变化。如前所述，一开始中共想占领大城市与交通要道，8 月下旬又改为占领小城市与乡村地区。10 月，毛泽东赴重庆谈判，签订《双十协定》。12 月，美国总统特使马歇尔来华调停国共冲突。1946 年 1 月 11 日，国共同时下达停战令，与此同时，政协会议也终于开幕，军事调处执行部在北平成立。因此，从 1945 年底到 1946 年春的半年间，国共之间大体停战，中共当时估计总的形势是和平。1946 年 1 月 29 日，刘仁对北平市委的各级干部说：“今后的斗争是合法的政治斗争，是争取民主的斗争。北平的斗争重点要放在学生上”，他强调“时代需要我们公开”。[④] 循着这一精神，北平市委设立城内城外两套机关，城内的北平市委是公开领导学生运动的机关，由市委副书记武光领导；另外一部分人留在根据地组成城外市委，领导城内的工作，由书记刘仁领导。城外市委先是驻在平西，后来抵平的国军越

---

① 中共北京市委党史研究室编：《中共中央华北局城工部》，中共党史出版社 1995 年版，第 32 页。

② 中共北京市委党史研究室编：《中共中央华北局城工部》，中共党史出版社 1995 年版，第 30 页。

③ 中共北京市委党史研究室编：《中共中央华北局城工部》，中共党史出版社 1995 年版，第 44 页。

④ 刘仁：《当前城市工作的方针》（1946 年 1 月 29 日），载中共北京市委党史研究室编：《解放战争时期第二条战线：学生运动卷》（上册），中共党史出版社 1997 年版，第 6—7 页。

来越多，遂迁至门头沟斋堂附近，1946 年 2 月全体迁至张家口。[①]

城内北平市委的负责人武光于 1946 年 2 月进入北平。他认为，北平地下党长期“隐蔽不敢动，以保存组织关系为满足，对新的形势认识不足”，应该将“不敢动的思想变为动的思想，变为能主动、大动、积极动的思想”。因此，他进城后很快开始统一北平的党组织，将同一个学校的几条不同的线统一由一个工作组领导。[②]一些人事后检讨认为：“当时，我们某些同志对形势的估计过于乐观，对蒋介石的反动性残忍性认识不足，提出‘大干’的口号，准备公开活动。”[③]“大干”的表现，一是 1946 年春组织北平学生赴张家口参观，二是临大补习班兴起了壁报热。

北平虽有一部分学生思想倾向于中共，但对共产党和解放区缺乏了解。一名学生在 1948 年时仍然表示对中共“太缺乏了解了，我仅仅听到些动听的宣传，却没有能使我相信的更可靠的证据，虽然，我的同学朋友，他们很多都已经过去，可是，他们却没有带回来一点信息”[④]。

在北平市委组织学生赴张家口参观之前，已有个别北平大学生出于对解放区的好奇而自发去了张家口。先在伪北大求学、后来考入燕京大学的左翼学生高庆琮和同学吕飞前于 1946 年 2 月结伴去张家口，是最早去张家口的北平学生。高庆琮回忆：

> 我们没有党的关系，没有书面的介绍，也没有口头的介绍，怎么去呢？最后我们决定去闯一闯再说。商量好了，我们两个人就到了清华大学旁边的清河站。燕京离清华很近，那里有运煤的火车通到南口和青龙桥，詹天佑修的那条京张铁路就通到南口北边的青龙桥，还没到张家口。一天早晨，火车在清河站停下来的时候，我们就偷偷爬到车顶上去，坐在煤堆上。火车到了青龙桥，我们下车，国民党军在那

---

① 中共北京市委党史研究室编：《中共中央华北局城工部》，中共党史出版社 1995 年版，第 33 页。

② 中共北京市委党史研究室编：《中共中央华北局城工部》，中共党史出版社 1995 年版，第 43—44 页。

③ 原北京大学地下党部分同志：《沙滩红楼的斗争——怀念我们的老领导刘仁同志》，载《缅怀刘仁同志》，北京出版社 1979 年版，第 70 页。

④《青年自述：在校青年》（一），《周论》第 1 卷第 17 期，1948 年 5 月 7 日，第 10 页。

里设有关卡。我们两个人装作是放寒假的学生，家在张家口那边，回家去团圆、探亲。可能因为正是旧政协开会期间，国民党的哨兵没有太注意我们，很容易就放行了。①

到张家口后，高庆琮等人受到晋察冀中央局的高度重视，被当成访问解放区的国统区大学生代表，待以“上宾”之礼。他们回北平时，随身带回了《新民主主义论》《论联合政府》《论解放区战场》等革命宣传物，过关卡时，居然没被国军搜查出来。②

继高庆琮等人之后，1946 年 3 月，刘仁领导的北平市委组织了几百名北平大中学生到张家口参观。当时正值一月停战令生效不久，政协会议也圆满闭幕，北平军调部的存在也让国民党有所顾忌，故从北平到张家口一度没有受到有力干涉。第一批参观于 1946 年 3 月底启程，4 月 14 日、15 日返回，参加者以临大七分班（伪师范学院）学生为主，临大二分班（原伪北大文学院）也有人参加。第二批参观从 1946 年 4 月 18 日持续到五一前后，这次人数较多，近 200 人，基本上都是临大补习班的学生。这些人在张家口见到晋察冀中央局领导聂荣臻、姚依林、成仿吾等人，了解了解放区各方面的情形，参观八路军一个连队，“亲眼看到八路军和周围群众亲如一家的情景，再和我们在北平接触到的国民党军队相比，使我们都产生了八路军不可战胜的印象”。他们还在张家口学会了扭秧歌，第一次听到《黄河大合唱》，“把我们每一个人都惊呆了”。③ 这些左翼文艺表演在北平大学生看来极其新鲜，后来在北大、清华等校园推广开来成为时尚，连北大史学系教授向达也跟着学生扭起了秧歌。

赴张家口的学生人数太多，引起北平国民党当局的注意。6 月，北平市教育部密令各校，查中国共产党“在张垣设立华北大学，引青年学子前往

① 宗道一等编著：《周南口述：遥想当年羽扇纶巾》，齐鲁书社 2007 年版，第 64 页。

② 宗道一等编著：《周南口述：遥想当年羽扇纶巾》，齐鲁书社 2007 年版，第 65—66 页。

③ 程璧等：《难忘的塞外之行——一九四六年春北平大学生参观张家口解放区回忆》，载中国人民政治协商会议北京市委员会文史资料委员会编：《文史资料选编》（第十辑），北京出版社 1981 年版，第 166—167、169—172 页。

受训，我方南口驻军曾予阻止”，“即希饬属设法劝阻”。[①]

从张家口参观回来的学生，原来尚在观望的变得积极起来，原本就积极的学生此后更加积极，有些人当即在张家口申请入党。他们回来后在临大二分班（文学院）的壁报“汉园”出了“塞外行”专辑，向同学们介绍解放区的情况。[②]

除组织大批学生赴张家口参观，1946 年春中共北平市委在大学校园的“大干”策略的第二举措是大办壁报。临大补习班的壁报数量一度达 180 个[③]，左右双方都办了大量壁报。1946 年五四期间，三青团也出了很多壁报，一位左翼学生在一年后回忆当时情形：

> “正统”的壁报看了以后叫你莫名其妙，不知五四是怎样的一个日子了。更奇怪的是墙上贴满了小张的印刷，其中多对文学院自治会里的人加以造谣污蔑。人家明明在教室里上课，他们却造谣说人家去某地开会，策划在五四暴动。……有一节目中上演了殉情，经敌人统治了八年，一些同学还不知道五四是怎样的一回事。这一下还以为牵涉到爱情问题了呢，此外还有几段昆曲。[④]

显然，如同一年前西南联大三青团以“娱乐化”对付五四的策略一样，临大三青团亦尝试以爱情、昆曲、电影等主题转移对政治的注意。与三青团壁报的“娱乐”旨趣相反，左派壁报的政治气味相当浓，“一般的每期都有政治述评，国内外大事，理论文章，学生中间的社会活动与学生中生活要求与反应登载的很少”，“弄得大家谁也不去看了，因为看也看不过来”。

---

① 《国民党北平市党部、北平市警察局教育局为平息学潮防范学生活动密令、训令》，北京市档案馆藏：J030-001-00038。

② 程璧等：《难忘的塞外之行——一九四六年春北平大学生参观张家口解放区回忆》，载中国人民政治协商会议北京市委员会文史资料委员会编：《文史资料选编》（第十辑），北京出版社 1981 年版，第 172—173 页。

③ 《北平一年来学运报告和初步总结》（1947 年 2 月），载共青团中央青运史工作指导委员会等编：《中国青年运动历史资料》第 17 集，中国青年出版社 2002 年版，第 111 页。

④ 女同学：《去年的五四圣地》，载北大壁报联合会委托风雨社编印：《五四在北大》，1947 年版，第 39 页。

中间分子所办的壁报不到1/4，加入左派控制的壁报联合会的就更少。一般的中间分子知道壁联的党派政治色彩，不敢参加，有的甚至说："人家办壁报，有拿法币的，有拿边币的，咱们干吗白尽义务。"[①]因此，临大时期壁报数量虽多，却像左右两派在各说各话，并未在大多数中间学生中产生多大影响。但大办壁报的结果是使许多左翼学生暴露了。

1946年6月下旬，国共即将全面开战，形势日益紧张。中共北平地下党得到国民党即将抓人的情报，决定把比较暴露的党员撤回解放区。撤退最早的是临大七分班支部（师院支部），6月18日期末考试前，该校地下党员就离校去了张家口。其次是中国大学支部，于6月底离校。这两个学校的自治会当时都被中共掌握，党员撤走之后，自治会立即被三青团控制，从此"革命"力量一蹶不振。[②]直至1948年4月，师院的左翼势力才得复兴，中国大学此后几年则被左派学生视为"北平各校特务指挥部"[③]，成为北平右翼势力的大本营。

与此同时，早在临大补习班时期，国民党也有意在北大安插党团势力。战后国民党在北平学界的总体布局是"孤立清华与燕大，然后以北大为中心，团结平市各大中学"。从1945年下半年开始，补习班主任陈雪屏"将各校学生集中在临大补习班，进行了一年的特务训练，并有计划的［地］开［发］展了许多三青团员，布置了一个特务网"[④]。陈不但从西南联大调了一些三青团员到临大补习班，而且从三青团中央团部调来许多人担任补习班训导人员。郑天挺在日记中记道："补习班中训导人员之不称职，只知自己享受，不顾班中困难，事事自己，均有优越感，不胜忧。此次训导人员大半由中央团部调来，年少新进，不意如此不知振作，将来北大务宜谨慎，

---

① 《北平一年来学运报告和初步总结》（1947年2月），载共青团中央青运史工作指导委员会等编：《中国青年运动历史资料》第17集，中国青年出版社2002年版，第110—111页。

② 中共北京市委党史研究室编：《中共中央华北局城工部》，中共党史出版社1995年版，第55页。

③ 《罗迈向周恩来报送北平学生运动概况报告》（1947年12月19日），载共青团中央青运史工作指导委员会等编：《中国青年运动历史资料》第17集，中国青年出版社2002年版，第436页。

④ 《罗迈向周恩来报送北平学生运动概况报告》（1947年12月19日），载共青团中央青运史工作指导委员会等编：《中国青年运动历史资料》第17集，中国青年出版社2002年版，第436页。

最好不使杂人。”[①]

临大补习班训导处几被三青团干部包办，因此也受到三青团内部派系之争的侵染。补习班训导长张富岁原为三青团中央团部组长，在团内属于桂永清系，为人颇为陈雪屏欣赏，故委以训导长一职。后来陈雪屏又调来康泽系统的十来人到训导处。这些人在三青团内部资历与张富岁相等，来此却屈居其下，极为不满，遇事常常不配合，其中尤以训导处指导科科长彭家瑞为甚。彭对补习班的三青团学生诋毁张富岁，使张未能选上三青团第二次全国代表大会代表，还向三青团中央团部控告张富岁贪污，气得张郁郁而亡。[②]

对党团势力渗入临大补习班一事，远在昆明的联大教授们耳闻后也极为不满，“尤以请叶青到班讲演多次一事最为不满，以其学术地位较差，长此下去，不惟党团侵入校内，且将学术标准降低”[③]。1946 年 6 月清华复员之前，梅贻琦向教育部部长朱家骅所提的两点是：“1. 大学可否不设训导长？2. 青年团可否不在校内设分团？”[④] 可见，梅所虑的也是党团势力侵入校园。但是清华的情况远胜北大，国民党当局以北大为主力学校，故陈雪屏在分发补习班学生的时候，把大部分左翼学生分到清华，把很多三青团员分到北大。[⑤] 后来清华解放的时候，有人写大字报批评清华的党团势力，清华教授浦江清不以为然地在日记中写道：“党团势力一层，或者夸张太过，清华比南京上海的国立大学好得多，而且比北大也好些。”[⑥] 清华的党团势力确实不如北大，1947 年 3 月，国民党组织“爱国护权大游行”，从城内派车去清华接人参加游行，清华无人参加，北大却有 60 余人参加，还高举北大校旗走在游行前列。[⑦] 除在训导处和学生中安插许多三青团员，陈雪屏趁联大学

---

① 郑天挺：《郑天挺西南联大日记》下册，中华书局 2018 年版，第 1150 页。

② 郑天挺：《郑天挺西南联大日记》下册，中华书局 2018 年版，第 1191—1192 页。

③ 郑天挺：《郑天挺西南联大日记》下册，中华书局 2018 年版，第 1131 页。

④ 梅贻琦著，黄延复、王小宁整理：《梅贻琦西南联大日记》，中华书局 2018 年版，第 264 页。

⑤《北平一年来学运报告和初步总结》（1947 年 2 月），载共青团中央青运史工作指导委员会等编：《中国青年运动历史资料》第 17 集，中国青年出版社 2002 年版，第 118 页。

⑥ 浦江清：《清华园日记 西行日记》，生活·读书·新知三联书店 1987 年版，第 246 页。

⑦ 罗荣渠：《北大岁月》，商务印书馆 2006 年版，第 87 页。

生复员来平之前，还预先在北大各宿舍的管理员及工友中进行布置，“从办事员到工友老妈子多有‘任务’，同学的一举一动一言一语，都有人注视，寝室中有人睡迟了点，几个人在一起讲话，就有人偷听”[①]。

为控制战后大学校园，1946 年夏，三青团中央团部斥资 6 亿元同时在南京、北平、庐山三地举办大型夏令营。[②] 其中，北平夏令营于 7 月 21 日开营，在颐和园北面举行，为期两月，参加的学生达 1305 人。[③] 夏令营的日程安排为，上午由国民党党务官僚进行精神讲话，例如由国民党宣传部副部长李惟果、国民党中央委员叶青对学员进行政治教育；下午是体育训练，如骑马、射箭、田径赛、球类赛、打靶、爬山等。[④] 据打入三青团的中共地下党员沈同回忆，这次夏令营的入营条件为：“一是国民党员、三青团员；二是富家子弟；三是好好念书，不反国民党的大学生。”[⑤]

夏令营的衣食供应相当优越，学员一律着美式军装，十分神气。吃饭更是无限量供应，学员吃馒头“中常个儿都能吃它七八个，甚而有吃十六七个者，真叫教官或兵士们惊讶”[⑥]。一位北大农学院学生结束两个月的夏令营生活回到学校，让在校同学“相形见绌”，遂问他：“你们竟吃些什么？”答以“大米，白面，每日不离肉。”“那我们每天吃窝头，当日比不起你们，难怪吃得又肥又胖了。”[⑦] 营址所在的颐和园北风景优美，以致“昆明湖就是夏令营的行营，每天除去正式课程要到那里去游泳外，午睡的时间，课余的时间或是假日，大部分同学都到那里去泡”。学员甚至一天去昆明湖游泳四五趟，让守门的军警很是眼红，酸酸地说：“大馒头吃饱干什么。”生活非常舒适，夏令营的男女学员之间有人开始恋爱。[⑧] 这一时期北平三青团所办的刊物明显鼓励物质享受和青年恋爱生活，希望以此来转移

---

① 高盈：《半年来的北平学生运动》，《燕京新闻》第 13 卷第 20 期，1947 年 4 月 7 日，第 2 版。

② 《夏令营经费规定六亿》，《立报》1946 年 7 月 2 日，第 2 版。

③ 《平夏令营结业》，《益世报》（上海）1946 年 9 月 16 日，第 2 版。

④ 《平夏令营今日开训》，《青年营》第 5 期，1946 年 7 月 20 日，第 1 版。

⑤ 高红十：《采访老学长沈同》，北京大学校友会编：《北大岁月：1946—1949 的记忆》，北京大学出版社 2013 年版，第 544 页。

⑥ 雨：《夏令营生活片段》，《中国学生》第 3 期，1946 年 7 月 15 日，第 15 页。

⑦ 《农学院入夏令营的同学细胞都变了》，《中国学生》第 6 期，1946 年 10 月 15 日，第 16 页。

⑧ 雨：《夏令营生活片段》，《中国学生》第 3 期，1946 年 7 月 15 日，第 15 页。

学生的政治热情。潜入夏令营的地下党员沈同在夏令营结束时，提议“做一本学员名录，把陈司令（陈继承）的相片放第一页，学员的名字、学校、地址、电话放后边”，获得同意。沈同后来把这个名录给了中共北系地下党负责人项子明，中共遂得掌握北平各大学三青团名单。[①]

1946 年春夏，各方政治势力都在北大紧锣密鼓地布置人马，等待着战后的较量。国民党方面，陈雪屏在北大安插了许多眼线。中共方面，南系党组织复员到了北平，北系党虽仓促从校园撤走了一部分党员，也留下了一部分未暴露者。南北两系虽未打通组织关系，但因南系党负责人袁永熙与北系学委杨伯箴是战前北平师大附中同学[②]，袁与北系党员孙国梁是亲戚，故南北两系之间通过个人关系取得了联络。[③]

---

① 高红十：《采访老学长沈同》，载北京大学校友会编：《北大岁月：1946—1949 的记忆》，北京大学出版社 2013 年版，第 545—546 页。

② 项子明：《回忆北大地下党的一段组织史》，载北京大学校友会编：《北大岁月：1946—1949 的记忆》，北京大学出版社 2013 年版，第 361 页。

③ 萧松、马句、宋柏：《沸腾的沙滩——解放战争时期北京大学地下党领导文、理、法学院学生民主运动的回忆》，载中国人民政治协商会议北京市委员会文史资料研究委员会编：《文史资料选编》（第二十辑），北京出版社 1984 年版，第 18 页。

第四章　形成：革命与校园日常

北大复员不久，很快发生抗议美军暴行运动，北平学生运动随之高涨。毛泽东在第一时间肯定了抗暴运动："此次平、津、京、沪学生的反美示威，成绩甚好，影响甚大。"[①] 在1947年元旦的《新年祝词》中，他说："中国人民仍在经过两种努力来继续争取和平，即解放区各阶层人民粉碎反动派进攻的艰苦卓绝的奋斗，和国民党统治区各阶层人民争取民主、自由的日渐高涨的群众运动。"[②] 在这里，他已将国统区群众运动视为"两种努力"之一。到1947年2月1日，他进一步谈道："这次革命的动力是两条战线，就是解放区和蒋管区的人民运动"[③]，"第二条战线"可谓呼之欲出。1947年5月30日，毛泽东正式提出"第二条战线"："中国境内已有了两条战线。蒋介石进犯军和人民解放军的战争，这是第一条战线。现在又出现了第二条战线，这就是伟大的正义的学生运动和蒋介石反动政府之间的尖锐斗争。"[④] 至此，第二条战线历经抗战期间的压抑沉寂、蓄积酝酿、复兴再起、转移北上而正式形成，成为与军事战线并行的战线。在第二条战线的形成和发展期（1946年秋至1948年夏），大学校园的革命化程度日益加深，校园组织、

---

① 中共中央党史和文献研究院编：《毛泽东年谱》第3卷，中央文献出版社2023年版，第159页。

② 毛泽东：《新年祝词》（一九四七年一月一日），载中共中央文献研究室编：《毛泽东文集》第4卷，人民出版社1996年版，第211页。

③ 毛泽东：《对中国革命新高潮的说明》（一九四七年二月一日），载中共中央文献研究室编：《毛泽东文集》第4卷，人民出版社1996年版，第220页。

④ 毛泽东：《蒋介石政府已处在全民的包围中》（一九四七年五月三十日），载《毛泽东选集》第4卷，人民出版社1991年版，第1224—1225页。

学生间的关系、师生关系以及学生的学业均不可避免地受到革命的影响。

第一节 革命与校园组织：从系会、社团到学生自治会

复员后，校园组织迅速革命化。无论是政党及其外围组织等秘密性组织，还是系会、级会、社团、学生自治会等公开组织，均带有政治性质。在各种各样的组织中，中共认为，学生自治会是“全校性的、政权性的、合法的机构，是公开工作的枢纽”①，因此必须先掌握学生自治会，然后通过自治会来开展活动。然而，由于陈雪屏在北大复员前后有意培植三青团势力，导致复员初期北大左派力量并不占优势。在这种情况下，如果左派坚持进行校级学生自治会选举，取胜的把握并不大。如同一位左派学生所说：“在目前的北京大学里，乌烟瘴气，情形复杂，想要发动全校普选，投票的人数能否到二分之一？票箱会不会被抢劫或者不翼而飞？这都是值得考虑的问题。”② 因此，中共地下党决定暂不成立校级学生自治会，而以“系”和“年级”为单位成立系会和级会，与此同时，也通过各类社团来组织学生。

一、系会和级会的成立

抗暴运动前，北大已成立的系会有中文系系会、西语系系会、哲学系系会、史学系系会等。以上均是左派力量较强的系，约占北大所有院系的一半左右。其中，“在各系级会中以史学会最健全”③，故抗暴运动最初就是以史学系系会的名义召集学生开会。关于史学系的政治活跃程度，下引文字中可反映一二：

---

① 《关于天津学运目前形势任务及工作方针》（1948 年 2 月），载共青团中央青运史工作指导委员会等编：《中国青年运动历史资料》第 17 集，中国青年出版社 2002 年版，第 641 页。

② 《北大文学院院会成立前后》，《燕京新闻》第 13 卷第 12 期，1947 年 2 月 10 日，第 2 版。

③ 《罗迈向周恩来报送北平学生运动概况报告》（1947 年 12 月 19 日），载共青团中央青运史工作指导委员会等编：《中国青年运动历史资料》第 17 集，中国青年出版社 2002 年版，第 441 页。

> 史学系同学在北大是颇为活跃的，他们多半都加入了社团，参加各种活动，有的是理事会的理事，有的是歌剧团的台柱，有的是生活福利的健将。……他们迫切的渴求着新的知识，他们希望能从历史的发展里发现新的道路。[①]

1946年秋季还成立了由大一新生组成的大一学生会。1946级大一新生多来自抗战期间的大后方，革命性较强，其中有60人直接来自西南联大先修班，如周桂棠、何璞荪等。这些从先修班直接升入大一的学生大多在昆明参加过“一二·一”运动，有的甚至已经入党，负有将联大党组织移植到北大的使命。因此，1946级新生是一个在学运中极其活跃的群体。

为加强以系级为中心的纽带，一些富于组织才能的地下党员首先开展班级内部的联谊。1946年秋季开学不久，南系地下党员、中文系1946级新生何璞荪发起所在班级的联欢会，让班上的同学在会上介绍自己，表演才艺，从而打破了彼此间一盘散沙的状态。据同学白婉如回忆，有人在班会上表演解放区民歌“兄妹开荒”，有人用钢丝在锯上拉出音乐来，“令我们进入到一个新鲜的神奇的世界（那时代，我们刚由中学走出来，由一个封闭的、沉闷的世界跨入到北大，充满着向往）”。翌年春天，何璞荪又组织全班游览卢沟桥，使同学们之间的距离更近了。白婉如评价何璞荪：“他在哪里，哪里的气氛就会活跃起来。”[②] 班上另一位同学杜槐林也记得何璞荪组织开班会的情景：

> 记得是在红楼的一间教室里，大家随便坐在课椅上，围成一圈，互相自报姓名、籍贯、亲切地交谈着。好像还做过“抢椅子”之类的游戏，玩得很开心。何璞荪提议：咱们谈谈为什么要报考北大中文系，好不好？大家说好，就轮流着发言，或长或短，气氛轻松，欢快。记得黄炜生（后来改名陈明）谈到他喜欢何其芳的诗，还背了几句，那种

---

① 北京大学学生自治会北大半月刊社编印：《北大1946—1948》，1948年7月2日，第16—17页。

② 白婉如：《忆何璞荪》，载黄大用、何祚宏整理：《宛若流星：何璞荪纪念文集》，2008年自印本，第93页。

> 天真、痴迷的样子，引得大家笑声一片。何璞荪谈到他当过兵，好像还在社会上流浪过什么的，总之让人觉得多少有些沉重。我在发言中说，我报考北大中文系是受我父亲（长期在开封女师做语文老师）的影响，喜欢鲁迅的作品，对汉字改革有浓厚兴趣的缘故。何璞荪问我是主张拉丁化新文字吗？我说不是，是主张国语罗马字。看来，他很懂行。①

何璞荪能通过班会这种不带政治色彩的组织形式来了解同学的思想生活状况，确实有过人的组织才能。据杜槐林回忆："在当时的北大，采取这种方法开展班级工作的，并不多见（当时在北大主要采取组织社团的方式开展进步活动），这表明何璞荪很会灵活地做工作。"②

二、社团的公开活动：壁报、歌咏及服务

除系会、级会之外，左派还成立了基于多种兴趣爱好的社团，借此将学生们组织起来。社团活动分公开和半公开两种，公开活动主要是办壁报、演剧、唱歌、提供各种学习和生活性质的服务，半公开的活动则是读书会。在众多社团中，有的源自西南联大时期，如实学社、新诗社、文艺社、北星体育会等，也有的是从临大补习班时期的旧社团发展而来，例如希望社的前身就是临大时期很活跃的"汉园"壁报，参加者也多是临大生。③还有的社团是复员后由南系党和北系党共同组织的，例如，大众社就是临大生曹余祥与联大生邓特商议成立的，以临大生为主。④

社团的主要公开活动是编写壁报。当时较活跃的左派壁报有"北京人""实学""风雨""生活""南北""呐喊""黄河""扬子江""奔流""希

---

① 杜槐林：《回忆何璞荪点滴往事》，载黄大用、何祚宏整理：《宛若流星：何璞荪纪念文集》，2008年自印本，第108—109页。

② 杜槐林：《回忆何璞荪点滴往事》，载黄大用、何祚宏整理：《宛若流星：何璞荪纪念文集》，2008年自印本，第109页。

③ 宋柏：《沙滩琐忆》，《北京大学校友通讯》第11期，1993年5月，第17页。

④ 曹余祥：《追忆英勇战士邓特》，北京大学校友会编：《北大岁月：1946—1949的记忆》，北京大学出版社2013年版，第351页。

望”“大众”，“上至世界大事，下至校政、个人生活，无所不谈”[①]。在这些壁报中，“尤以《风雨》为最，因其编排工整，抄写清楚，内容多谈同学切身生活”[②]，其发起人就是何璞荪。此外，还有一些壁报由系会主办，讨论的内容也多围绕专业展开，无关政治，如经济系的“经济论坛”、法学系的“法声”、地质系的“火山”、工学院的“工力”等。[③]也有一些站在当局立场的壁报，例如“红楼”和“解放”。“五二〇”运动期间，这两家壁报鼓吹“美国应帮助中国进行建设，而苏联则应退出中国的旅大”[④]，力图把矛头由美蒋转向苏联和中共。政治系学生金承艺、刘沛高等主办的“独立评论前锋”是校内有名的右派壁报。总体而言，1946—1948年期间北大壁报界可谓清一色的左，右派壁报的影响力微乎其微。

为管理这些壁报，陈雪屏领导北大训导处制定了《国立北京大学学生壁报登记及管理办法》，规定：各壁报须将办报宗旨、刊期及负责人姓名向训导处登记，取得登记号方为合法，否则学校可随时撤去；每期出刊时，壁报必须在封面注明登记号数及主编人之真实姓名；登记号的有效期为一年，期满后另行申请登记。[⑤]该办法用意显明，就是用“实名”的方法来限制学生言论，被学生讽刺道：“严格得像新闻检查法一样。”[⑥]向来奉行言论自由的北大学生对此进行了坚决抵制，最终只交出壁报负责人的姓名（一般是挂名的负责人，非真实负责人），至于宗旨，大都填上“砥砺学业”或“补习功课”。[⑦]清华大学也要求壁报须在训导处登记，但真正登记的壁报只有一种。大家之所以不愿登记，是因为“如经登记，则有名可查，以后偶尔发表稍为激烈意见，必遭他人误会，故不愿登记”。清华大学训导长褚士

① 北京大学学生自治会北大半月刊社编印：《北大1946—1948》，1948年7月2日，第49页。

② 《罗边向周恩来报送北平学生运动概况报告》（1947年12月19日），载共青团中央青运史工作指导委员会等编：《中国青年运动历史资料》第17集，中国青年出版社2002年版，第438页。

③ 北京大学学生自治会北大半月刊社编印：《北大1946—1948》，1948年7月2日，第50页。

④ 罗荣渠：《北大岁月》，商务印书馆2006年版，第118页。

⑤ 《国立北京大学学生壁报登记及管理办法》，载王学珍、郭建荣主编：《北京大学史料》第四卷，北京大学出版社2000年版，第898页。

⑥ 尚土：《青年部长陈雪屏〈往事记〉》，《人物杂志》第2卷第12期，1947年，第28页。

⑦ 北京大学历史学系《北京大学学生运动史》编写组：《北京大学学生运动史（1919—1949）》，北京出版社1979年版，第194页。

荃认为学生的担心并非毫无道理，且为维护学校的自由精神起见，决定任其各自发表意见，不予过问。[①]

由于学校并不强迫登记，而言论权又被左派控制，右派“笔战”不过，只好采取“撕”的办法。“撕”风早在抗暴运动前就已存在。1946 年 12 月初，三青团因其所办的《学生报》遭“大众”壁报讥讽而恼羞成怒地将后者撕去。抗暴运动后，左派在校内的实力愈发壮大，在壁报界的声势也更盛于前，于是引发右派学生在 1947 年三四月间采取更大规模的“撕”。“黄河”“奔流”“风雨”“仙人掌”等左派壁报先后被撕，学生要求训导长陈雪屏表态，陈雪屏表示，学校所能做的只是出一张禁止撕毁壁报的布告。当被问到能否派校警看守壁报，陈答：“不可能。”学生又追问：“这样说来，北大的言论自由不是失去保障了？”陈答：“如果抓得到撕毁壁报的人，自然惩办，除此之外，实无他法。”[②]事后北大校方出了禁止撕壁报的布告，但先修班学生孙兆金置之不理，仍旧撕去左翼壁报“仙人掌”。陈雪屏对孙处以记大过一次，但同时也批评左派学生呈文中“指同学为凶手，措词亦属失当，应予纠正”[③]，可谓各打五十大板。

在战后校园政治分化日益严重、几至于撕裂的情形下，校当局无论怎样摆出“不予过问”或严守中立的姿态，都不能让左右两派的笔战稍为平息。1947 年秋，“撕”风愈吹愈大，11 月 10 日晨，学生们发现民主墙上的一切布告、壁报均被撕得精光，“过去撕风虽在北大盛行，但最彻底的是这一次”。左派壁报愤怒了，立即贴出一篇冯玉祥在“双十节”那天对纽约中国留学生所说的中国除了革命别无他路的讲话。政治系右派学生、“独立评论前锋”主笔金承艺立即回敬一篇千字长文，他认为北大不该参加华北学联，追问学联主席到底是谁，并谓如不告诉他，“就要‘呼吁’他的‘校内外好友’‘采取步骤’了”。对于金承艺的质问，左派刊物《燕京新闻》称

① 《壁报辩论激烈，校方不愿干涉》，《燕京新闻》第 13 卷第 19 期，1947 年 3 月 31 日，第 4 版。

② 《壁报相继被撕，学校无法保护》，《燕京新闻》第 13 卷第 20 期，1947 年 4 月 7 日，第 1 版。

③ 《第三十九次行政会议》，载王学珍、郭建荣主编：《北京大学史料》第四卷，北京大学出版社 2000 年版，第 42 页。

之为“杀气腾腾”。[①] 呐喊社员周绪平改头换面以所谓“夜星”壁报的名义写文章加以批驳。[②]

事情没有就此完结。1947 年 12 月中旬，金承艺投稿国民党在北平的官报《华北日报》，称 12 月 16 日夜接到一封署名 C.M.P 的恐吓信，信上绘有两把匕首，信中说：“如不立即改变作风，仍旧为国民党讲话，将有生命之忧。”金承艺称接信后感到害怕，经同学再三宽慰，决定在民主墙上披露此事。金承艺在投稿中这样说：

> 昨晚（十六日）我接到了这样的一封信，当我看完以后，我痛心民主北大竟有这样的恐怖手段出现，以施展其法西斯统治的阴谋。告诉你 C.M.P 先生，我虽然是一介书生，但是我不怕你，更不怕你们这种作风，真理既应之于前，我不怕任何的恫吓。如果你是君子，愿意和我在理论上研辩，我欢迎你。如果你是男士，愿意和我做公开的决斗，我虽然不愿奉陪，但我觉得你的行为也还不失光明磊落。如果你是卑劣成性，一定要把这种迫害的手段对我，即或你成功了，但我相信你也难逃出真理和正义的最后审判。[③]

金承艺还在投稿中公布了恐吓信原文：

> 老兄：你晓得吗？国民党在实行民死主义，革命的都要从左边来，你老兄的年龄也不小了，你的脑筋也应该会思考，你又是学政治的，你为什么看不清呢，你知道吗？你的言论作了统治者法西斯的帮凶，你不改变作风的话，就小心你的生命。但是我们愿意作你的朋友，不愿做你的送葬者，朋友再见。[④]

---

① 《撕风吹不尽人民的呼声》，《燕京新闻》第 14 卷第 5 期，1947 年 11 月 17 日，第 4 版。

② 冯军：《为人民的解放而呐喊——记解放战争时期的北大“呐喊”社》，《北京大学校友通讯》第 4 期，1988 年 5 月 4 日，第 56 页。

③ 《北大学生金承艺接到奸党恫吓信》，《华北日报》1947 年 12 月 18 日，第 5 版。

④ 《北大学生金承艺接到奸党恫吓信》，《华北日报》1947 年 12 月 18 日，第 5 版。

《华北日报》在披露此事的同时，称北大已有 11 人实名在民主墙上声援金承艺："北大是民主的，在民主北大里，每个同学都应该有自由发表言论的权利，然而今天丑恶的事实摆在我们眼前，那就是金承艺同学在自由民主的北大里，说了几句他自己要说的话，便受到了威胁恫吓，这种卑鄙的行为，不但不许我们有说话的自由，更直接威胁了我们生命的安全，同学们受特务的威胁，已经不只这一次了。"①

金承艺是否真的接到了恐吓信，限于资料无法证实。但金承艺当时在北大校内的特立独行却是事实，左右两方的资料均可证明。后来渡台的北大学生余传韬相当佩服金的勇气："民主墙有关现实或政治的言论，几乎全是左派的天下，唯一的例外，就是署名金承艺的大字报'独立评论'，经常为政府说话。'独立评论'是用毛笔写得漂亮、真正的大字报。……我在一个只有十来个人的小组会议上，讲了几句不过是对中国知识分子'定位'的看法，就被认为是有'敌意'，金学长居然能在'民主广场'的'民主墙'上，屡次反驳'进步'言论，真有'虽千万人吾往矣'的气概。"②

金承艺的立场笔者并不认同，但其在众人向左时逆流而动，确实需要极大的勇气。如前所述，当金在 1946 年秋季北大开学典礼上听到胡适说"善未易明，理未易察"时，是"不知其所云如何"的。他晚年自承立场偏向于自由主义，并不如何右，同时也不赞同左。因此，在复员初期尚不了解校内左右之争的情况下，他对胡适的话自然不知所云。此后，随着左派学生逐渐主导校内舆论，他"不禁惊愕了。这时我才体味到适之先生在接管北大后第一次演讲中，强调'善未易明，理未易察'这句话，是有'深意存焉'了"③，随后便以"独立评论前锋"壁报为阵地与左派展开笔战。

社团的公开活动除编写壁报之外，也包括歌咏、演剧、文学写作等文娱活动。事实上，北大有许多依照兴趣爱好而成立的社团。这些社团的基础看似是兴趣，实际上并非"为兴趣而兴趣"，而是通过兴趣的外衣进行政治性动员。早在 1946 年 2 月，中共就在一份青年运动文件中要求"组织文

---

① 《北大学生金承艺接到奸党恫吓信》，《华北日报》1947 年 12 月 18 日，第 5 版。

② 余传韬：《民国三十八年北平"解放"前后的回顾（上）》，《传记文学》第 104 卷第 6 期，2014 年 6 月，第 14 页。

③ 郭存孝：《胡适与门人金承艺》，《传记文学》第 100 卷第 3 期，2012 年 3 月，第 85—86 页。

化的、职业的、科学学习的、体育的、游艺的、生活互助的、服务的、业余学习的、半工半读的、职业保障的等等各种自主、互助、求助、升学就业的组织”，借此把不同兴趣的群众尽量都吸收进来。[①]

沙滩合唱团就是这样一个“不标榜政治，实际是政治”的社团，表面上只是组织社员们一起唱唱歌，但“要是真的有一位全能的上帝保证：‘只要你放下音乐，光明就会到来’，它会毫不犹豫地将音乐弃之如革履！”北大的另一音乐社团大地合唱团亦是如此。该合唱团由1946年入学的大一学生组成，最初名为“大一合唱团”，1947年秋，这批学生升入大二，遂改名为大地合唱团。与沙滩合唱团一样，大地合唱团并不追求音乐本身，成立之初曾讨论唱什么歌的问题，有的社员主张唱艺术性较高的歌曲，有的社员主张唱反映现实的歌曲，最终以后一种意见占上风。因此，两个合唱团的演唱水平均不高，大地合唱团坦言：“北大五四纪念周里我们唱出过两次，由于练习时间的不充分和演唱经验的不够，效果不算太好。”沙滩合唱团亦承认：“得到听众喝彩的次数并不多。”[②]曾有幸欣赏沙滩合唱团演出的罗荣渠在日记中抱怨：“唱的一塌糊涂，一时座中喝倒彩之声大起，实在有点窘人太甚，事后有人讥之为‘沙歌合唱团’。”[③]

加入社团的通常情景是：本专业相熟的同学互相介绍加入某一社团，如罗荣渠被同班同学龙丽侠盛情邀请加入大地合唱团，罗以在“大地”认识的熟人太少及不喜欢唱歌为由婉拒。与此同时，还有人拉他加入寒假补习班，为中学生补习功课，罗也谢绝了。他不禁感慨在这个革命年代，“别人都在浪潮的高尖的时候，我反在低暗的波谷中”，对五花八门的社团活动提不起兴趣。两个月后，他终于碍不住龙丽侠的再三邀请，加上自己“正闲着无聊”而加入大地合唱团[④]。在这种情境中，罗荣渠成了各社团竞相争取和拉拢的对象，起始是碍不过情面，尔后则不知不觉融入到革命的洪流中。

① 《关于国民党区青年工作几个问题的讨论意见》（1946年5月20日），载共青团中央青运史工作指导委员会等编：《中国青年运动历史资料》第16集，中国青年出版社2002年版，第468—469页。

② 北京大学院系联合会编印：《北大一年》，1947年版，第69—70页。

③ 罗荣渠：《北大岁月》，商务印书馆2006年版，第97页。

④ 罗荣渠：《北大岁月》，商务印书馆2006年版，第231—232、258页。

为争取更多学生加入社团，中共地下党除成立具有抛头露面性质的合唱团之外，还成立了一些带有生活服务性质的社团，以吸引那些比较内向的学生。这类社团以孑民图书室最具代表性。

1947 年春，因北大图书馆馆长毛子水不愿订购进步书刊，迫切渴望学习革命理论的学生们便将各自的左翼书刊相互交换。这样，在沙滩区大一左派学生中便流传着一批左翼书刊，名义上归大一学生会所有。1947 年夏秋，大一学生即将升入大二，大一学生会即将解散，该会负责人周桂棠（中共地下党员）就让素来喜爱阅读的史学系同班同学戴秉衡（1948 年去解放区后改名戴逸）负责保管这批书刊。① 这时，周桂棠的另一好友，曾在 1941 年夏与周结伴从北京奔赴大后方的史学系同学陈宗奇（中共地下党员）提议干脆办一个图书室，以满足大家想读左翼书刊的愿望。② 周桂棠很赞同这一提议，随后，陈宗奇、戴秉衡等人便开展创办图书室的行动。1947 年 10 月 21 日，孑民图书室正式成立。③

孑民图书室的发起人周桂棠、陈宗奇、戴秉衡是史学系学生，田觉狮是中文系学生，他们又发动各自相熟的同学来帮忙，故该社团的大部分成员都来自文史二系。据社员李德文回忆，他们“以原有的工作人员为核心，分别发动、串联个人生活圈子里的同学来临时帮忙：同寝室的、同社团的、同乡、原中学同学等等，我找你，你找他，滚雪球似的人越来越多”④。李德文、顾文安、杜槐林被中文系同班同学田觉狮发动加入孑民图书室，裘祖逖被史学系同学戴秉衡发动加入。和其他社团相比，孑民图书室的特点是提供借阅服务，“不像当时的一些革命的社团那样大喊大叫、崭露头角，而是默默地工作着，像春天的毛毛雨似地‘随风潜入夜，润物细无声’，但对

---

① 戴逸：《回忆孑民图书室的草创》，载李庆聪、吴晞编：《北京大学孑民图书室记实》，北京大学出版社 1992 年版，第 26 页。

② 沙叶（原名周桂棠）：《我所了解的孑民图书室创办经过》，载李庆聪、吴晞编：《北京大学孑民图书室记实》，北京大学出版社 1992 年版，第 23—24 页。

③ 萧漪、萧风：《孑民图书室概况》（1948 年 6 月），载张莉莉选编：《关于北京大学“孑民图书室”的有关档案史料》，《北京档案》1987 年第 4 期，第 34 页。

④ 李德文：《忆陈宗奇同志》，载李庆聪、吴晞编：《北京大学孑民图书室记实》，北京大学出版社 1992 年版，第 36 页。

人们思想上的潜移默化却是非常深远的”[①]。这就决定了乐于参加孑民图书室工作的学生多为不喜从事抛头露面工作的人，而普遍具有踏实做事的作风。社员李德文精辟地总结道：

> 参加过孑民图书室工作的同学很多，前前后后有几百人。其中一部分人在政治上处于中间状态，对政治斗争不感兴趣而愿意到图书室来做点事。但这只是一部分，还有很多人是由于其他种种原因而来的：有的喜欢读书；有的性格好静；有的不善于或不愿意在公众场合出头露面进行活动；有的参加过一段轰轰烈烈的群众运动，感到需要坐下来读点书充实提高自己；有的甚至看不惯那些跳跳唱唱、大喊大叫的人，认为是在出风头，而愿意做点要静一点但实实在在的工作；等等。他们喜爱“孑民”丰富的藏书和安静的环境，自愿来工作，工作起来是那样的踏实、认真、负责。[②]

由这段文字可见，该社社员的共同特点是内向、踏实、喜爱阅读，乐意在服务别人的同时增长自己的知识。对此，最初负责保管图书的戴秉衡自承：“我素性爱书，在中学时代，就以零用钱购买、积聚了近二百册的线装书、平装书，保管这点书籍不是什么负担、而是一种乐趣。”[③]可见，社团虽大多含有政治性质，但个人具体选择加入哪个社团，则取决于各自的天性。

1948 年 3 月，孑民图书室对其社员的构成及政治倾向、所藏图书的种类、征集图书的渠道及出借书籍的种类做了统计，具体见表 4 至表 8。由表 4 可见，在最初加入孑民图书室的社员中，60% 是中间及中间偏右分子，至少并无明显的左翼倾向。这说明社员李德文所回忆的“一部分人在政治上处于中间状态，对政治斗争不感兴趣而愿意到图书室来做点事”是符合当

---

① 杜槐林：《回忆孑民图书室二三事》，载李庆聪、吴晞编：《北京大学孑民图书室记实》，北京大学出版社 1992 年版，第 47 页。

② 李德文：《忆陈宗奇同志》，载李庆聪、吴晞编：《北京大学孑民图书室记实》，北京大学出版社 1992 年版，第 38—39 页。

③ 戴逸：《回忆孑民图书室的草创》，载李庆聪、吴晞编：《北京大学孑民图书室记实》，北京大学出版社 1992 年版，第 26 页。

时实际情况的。

表 4　孑民图书室社员政治倾向统计表

时间＼政见	偏左	中间及中间偏右	偏右
1947 年 10 月	40%	60%	0
1948 年 3 月	70%	30%	0

资料来源：《正在成长中的孑民图书室》（1948 年 3 月），载张莉莉选编：《关于北京大学“孑民图书室”的有关档案史料（续）》，《北京档案》1987 年第 5 期，第 31 页。

表 5　孑民图书室书刊类别表

图书				期刊		
反动图书	古书	国统区出版物	解放区出版物	反动	中间	激进
0.5%	0.3%	89.2%	10%	10%	70%	20%

资料来源：张莉莉选编：《关于北京大学“孑民图书室”的有关档案史料（续）》，《北京档案》1987 年第 5 期，第 30—31 页。

表 6　孑民图书室书刊征集渠道表

捐书来源			期刊来源		
校外人士	校内教授	校内学生	上海	香港	南京
30%	10%	60%	70%	10%	20%

资料来源：张莉莉选编：《关于北京大学“孑民图书室”的有关档案史料（续）》，《北京档案》1987 年第 5 期，第 31 页。

表 7　孑民图书室读者来源表（1948 年 2 月）

思想倾向			学历		职业身份			
左	中	右	大学生	中学生	学生	教授	职员	工人
40%	50%	10%	80%	20%	88.8%	0.5%	10%	0.2%

资料来源：张莉莉选编：《关于北京大学“孑民图书室”的有关档案史料（续）》，《北京档案》1987 年第 5 期，第 31 页。

表 8　孑民图书室出借图书类别表

文学	哲学	社会科学
60%	20%	20%

资料来源：张莉莉选编：《关于北京大学“孑民图书室”的有关档案史料（续）》，《北京档案》1987 年第 5 期，第 31 页。

由表 5 可见，孑民图书室所藏书刊种类以国统区公开出版物为主，解放区出版的左翼书刊只占 10%。这是孑民图书室有意“兼容并包”的结果，目的是避免过于突出。也是出于这个原因，该社以北大老校长蔡元培的字“孑民”为名。[①] 由表 6 可见，书刊的征集渠道以学生捐赠为主。此外，该社社员还成功发动沈从文等教授写信给作家朋友及各出版社以获得赠书，教授也捐了一些自藏图书。沈从文在 1948 年夏一连写了多封信给他的朋友巴金、黄炎培、刘北汜等人，为图书室争取赠书[②]。训导长贺麟捐了一大批自藏图书，以致负责募书的社员戴秉衡搬了几次才搬完。[③] 除教师和学生捐书外，表 6 中还提到一个占比 30% 的征书渠道——校外人士，这即是北大的另一社团“文化服务社”。

文化服务社位于民主广场附近的一间平房，是中共地下党主办的专售左翼书刊的书店。1947 年，进步书店“中外出版社”被国民党查封。书店工作人员通过并未封死的窗户把剩余的左翼书刊运出，与北大地下党员朱彤商议把这些书转移到北大。他们认为，首先，北大学生有强烈的阅读革命书刊的愿望；其次，北大比较安全，国民党军警不敢轻易闯入北大搜查，故决定在北大开设书店脱售这些图书。这些书籍包括数千本《新民主主义论》《论联合政府》《整风文献》等，共有 20 多麻袋。文化服务社以这批图书为最初的“本钱”，卖给北大学生赚取差价。[④] 孑民图书室的书刊中有 30% 来源于文化服务社。由于这两个社团都由北大学生自治会领导，文化服务社便将售书所得分润一部分给孑民图书室，成为该室经费和书籍的重要来源。[⑤]

由表 7 可见，孑民图书室的主要读者群是大学生（占 80%），其次是中

---

① 萧漪、萧风：《孑民图书室概况》（1948 年 6 月），载张莉莉选编：《关于北京大学“孑民图书室”的有关档案史料》，《北京档案》1987 年第 4 期，第 34 页。

② 顾文安：《沈从文先生伸出了热情援助之手》，载李庆聪、吴晞编：《北京大学孑民图书室记实》，北京大学出版社 1992 年版，第 45 页。

③ 戴逸：《回忆孑民图书室的草创》，载李庆聪、吴晞编：《北京大学孑民图书室记实》，北京大学出版社 1992 年版，第 27 页。

④ 朱彤：《北京大学文化服务社战斗的日日夜夜》，载北京大学校友会编：《北大岁月：1946—1949 的记忆》，北京大学出版社 2013 年版，第 591—593 页。

⑤ 王立行：《对孑民图书室的片断回忆》，载李庆聪、吴晞编：《北京大学孑民图书室记实》，北京大学出版社 1992 年版，第 33 页。

学生（占 20%）。自抗暴运动以来，北平中学生的革命积极性并未调动起来，中共地下党也注意到了这一问题。但中学生面临迫切的升学压力，又多在北平住家，不易被发动。中共北系地下党为加强对中学生的革命动员，曾于 1948 年初举办寒假补习班，由北大、清华、燕京等校大学生利用寒假时间给中学生补习功课，借此传播革命思想。寒假补习班很快遭到北平当局的镇压。1948 年 2 月，孑民图书室成立了专门为中学生读者服务的“基本读者股”。随后，该室先是通过华北学联联络部、寒假补习班教师等关系，调查各中学中较为积极的学生，发给他们“基本读者证”作为借书凭证，再由他们将书刊分给本校进步学生。[①] 为保障中学读者安全，读者证上仅印有编号和图书室章印，其他关于读者姓名、学校、住址等信息均登记在另一笔记本上，由一位同学专门保管。每当学校面临国民党当局镇压的危险时，就把这个笔记本藏起来或者销毁。[②] 此外，图书室还编印一份辅导中学生功课的刊物《学习》。孑民图书室中学生读者人数最多时有 800 名。[③]1948 年 4 月反迫害运动期间，北大面临被军警闯入抓人的危险，一度在 4 月 6 日夜和 4 月 11 日被军警袭击，虽未造成学生死伤，却也吓得中学生不敢来北大借书。[④] 此后，孑民图书室侧重服务本校师生。表 7 所显示的中学读者占 20% 只是 1948 年 2 月的情形。[⑤]

由表 7 可见，北大校内读者以中间立场的居多（占 50%）。尽管中间分子对左翼思想还未彻底认同，但迫切地想要了解。罗荣渠在 1948 年 7 月的日记中记到自己到孑民图书室借阅《马克思传》。[⑥] 中间派学生艾治平也常到孑民图书室看书：“得到任何政治违禁的书，往往来这里挤进一个角落里阅

---

① 萧漪、萧风：《孑民图书室概况》（1948 年 6 月），载张莉莉选编：《关于北京大学“孑民图书室”的有关档案史料》，《北京档案》1987 年第 4 期，第 35 页。

② 萧漪：《在“孑民”的日子里》，载李庆聪、吴晞编：《北京大学孑民图书室记实》，北京大学出版社 1992 年版，第 54 页。

③ 《一年历程缩影——孑民图书室一年来工作报告》，载李庆聪、吴晞编：《北京大学孑民图书室记实》，北京大学出版社 1992 年版，第 179 页。

④ 萧漪、萧风：《孑民图书室概况》（1948 年 6 月），载张莉莉选编：《关于北京大学“孑民图书室”的有关档案史料》，《北京档案》1987 年第 4 期，第 35—36 页。

⑤ 《一年历程缩影——孑民图书室一年来工作报告》，载李庆聪、吴晞编：《北京大学孑民图书室记实》，北京大学出版社 1992 年版，第 180 页。

⑥ 罗荣渠：《北大岁月》，商务印书馆 2006 年版，第 334 页。

览。有时为赶还书的时间，怀里揣着两个窝窝头，便是一顿午餐”[①]。甚至立场偏右的余传韬也常来此看书。[②]

值得注意的是，教授在读者总数中只占 0.5%，比例极低。许德珩是其中之一，曾到图书室借阅《群众》。[③]但北大校方，尤其是校长胡适不支持成立孑民图书室。胡适认为，北大图书馆馆藏丰富，学生自办图书室是多此一举，故“站在反对的立场，所以使她的发展受到地方的限制”[④]。至 1948 年 2 月，孑民图书室仍局促于红楼 167 号房，阅览室、书架及社员的工作间都挤在一间。红楼 167 号原为大一学生自治会的活动间，孑民图书室成立后，这间房转归图书室使用。随着藏书逐渐增多，孑民图书室多次向学校请求再分一间房，软磨硬泡，均被学校答以“没有房子”或“红楼宿舍调整以后再说”。由于校长反对成立孑民图书室，训导长贺麟自不便拨分房屋给图书室。1948 年暑期正是风气最紧之时，由于学校不支持，图书室只好做同学的工作，劝住在红楼的同学搬到别处，如此才腾出了一间房。1948 年秋季开学后，训导长贺麟把红楼 160 号房拨给了孑民图书室。[⑤]

三、社团的半公开活动：读书会

渴望从个人的小世界伸向远方，伸向宇宙人生、国家社会，这是每个人在青年阶段多少有过的超越性冲动，在那一代青年中则尤为突出。毕竟，时代的主题是政治，若时代的主题置换为“资本”，人人为金钱而发狂，就无暇思考宏大问题了。此外，一旦个体结束了青年阶段，身陷“成家立业”的重重束缚中，也就接受了人生的有限性，超越性冲动就消失了。

正是在超越性冲动的驱使下，那代青年们如饥似渴地学习“主义”，但

---

① 艾治平：《人生自是有情痴》，作家出版社 2007 年版，第 57 页。

② 余传韬：《北京大学学生生活回顾与感想——北京大学五十周年及一百周年校庆亲历记》，《传记文学》第 73 卷第 3 期，1998 年 9 月，第 35 页。

③ 《第四十次干事会记录》（1948 年 11 月 7 日），载李庆聪、吴晞编：《北京大学孑民图书室记实》，北京大学出版社 1992 年版，第 166 页。

④ 《正在成长中的孑民图书室》（1948 年 3 月），载张莉莉选编：《关于北京大学“孑民图书室”的有关档案史料（续）》，《北京档案》1987 年第 5 期，第 29 页。

⑤ 《一年历程缩影——孑民图书室一年来工作报告》，载李庆聪、吴晞编：《北京大学孑民图书室记实》，北京大学出版社 1992 年版，第 181 页。

“主义”并不那么容易理解。事实上，许多左翼青年对社会主义理念的了解极其有限。因此，社团常常举办由党员或民青成员担任主持人的半公开性质的读书会，一起阅读革命理论读物或左翼文学作品，例如《大众哲学》《共产党宣言》《土地法大纲》《新民主主义论》《论联合政府》《钢铁是怎样炼成的》《母亲》等。也有一些读书会并不隶属于某个社团，仅由一群志趣相投的学生自发组织而成，乐黛云就参加过这类读书会。

因为读书会相较于社团更加隐蔽，故对于参加者的筛选更加严格，平时在社团或学生运动中表现积极的人会被邀请加入读书会。通过在读书会上的交流，各自的思想倾向进一步展露，因此，有些人在参加过一两次读书会之后就被剔除在外了。农学院学生余传韬（农学院一二年级均住沙滩区，自称“沙农”，三年级始迁往罗道庄校区）于 1947 年秋季入学不久，就被本系学长介绍加入沙滩合唱团，除每周练唱两次外，还参加了该社团的读书会。某次读书会讨论的话题是中国知识分子是否是统治者的帮凶，余传韬在会上说，知识分子中确曾有这类“帮凶”人物，但不是大家尊重的对象，不应以偏概全，孟子的民贵君轻思想才是中国传统思想的主流。自发表这番言论后，余传韬再也未被邀请参加读书会，并被一众左翼社团排斥在外。他曾两度向班上一位女生表示想加入“文化服务社”，均遭拒绝，晚年回忆起来，还记得“两次她的沉默、不发一言、冷峻的表情”[①]。

余传韬因思想“落后”而被左翼社团拒之门外，说明“社团还是有些小圈子气的”[②]，对“落后”分子不是加以启发，而是采取“关门主义”。恰因为此，中共对国统区学生的思想启蒙工作一直不够满意。1948 年 10 月，李维汉认为国统区学生运动尚待加强的方面是：

> 一方面帮助尚缺乏这种觉悟的大学生和中学生，其中主要是中间分子逐步觉悟过来。又［一］方面帮助已有这种觉悟的学生，其中主要是进步分子和中间偏左分子，使之对新民主主义革命的各种基本问

---

① 余传韬：《民国三十八年北平“解放”前后的回顾（上）》，《传记文学》第 104 卷第 6 期，2014 年 6 月，第 13—14、21 页。

② 北京大学学生自治会北大半月刊社编印：《北大 1946—1948》，1948 年 7 月 2 日，第 50 页。

题获得进一步的认识。这种提高工作长时期未被注意，这种普及工作也注意得不够。[①]

从上可知，直到临近解放时，中共仍然认为即便是“进步分子”的革命觉悟也是不够的，故要“帮助党员和非党骨干学习唯物史观、左派幼稚病、《新民主主义论》、《中国革命与中国共产党》、党章报告等马列主义著作及党的当前基本政策”[②]。

那么，党员和非党骨干的马列理论素养到底如何呢？

高庆琮于1944年考入伪北大，1945年秋因“甄审”而重新投考燕京大学，不久加入中共，成为燕大学生运动领袖。据他晚年回忆，当初他对中共理念的理解就是走新民主主义道路：

我当时虽然也看过《共产党宣言》，但是没有什么共产主义觉悟，就是简单地认为国民党不行，只有靠共产党，才能实现我们希望的两条：一条就是改变社会严重不公平的现象。……第二就是对外改变自鸦片战争、香港割让以来一百多年受列强欺负的不公平现象。……谁能够领导人民达到这个目标呢？国民党不行，其他任何党派也不行，只有共产党。当时就是这么一个觉悟。[③]

除混淆新民主主义与社会主义之外，当时左翼青年的思想中还有另一种倾向，即喜读晦涩的马列理论并以此炫耀：

从北国来的同学大都是读书相当多，谈起来头头是道，可是有些只会就书本上谈论，遇到问题就请教书本，从《政治经济学批判》或

---

① 《罗迈关于国民党区学生运动的情况向毛主席的报告》(1948年10月14日)，载共青团中央青运史工作指导委员会等编：《中国青年运动历史资料》第18集，中国青年出版社2002年版，第580页。

② 《罗迈关于国民党区学生运动的情况向毛主席的报告》(1948年10月14日)，载共青团中央青运史工作指导委员会等编：《中国青年运动历史资料》第18集，中国青年出版社2002年版，第581页。

③ 宗道一等编著：《周南口述：遥想当年羽扇纶巾》，齐鲁书社2007年版，第73页。

> 《资本论》上引用一段。听的同学除了对他羡慕并自觉惭愧外，问题并没有解决；而讲的人也只能拿背诵来炫耀自己，对于问题本身也是模模糊糊的。[①]

即便是一些党龄很长、理论修养亦较高的党员对马列主义的理解也难称深刻。项子明是中共北大北系地下党负责人，1936 年加入“民先”，1938 年入党，抗战期间在华北联合大学担任政治课教师。无论是资历还是理论修养，项子明都远高于多数左翼学生。据他的表弟余英时回忆，项子明尝试着说服他接受马列主义：

> 我记得他有一次向我宣扬“宇宙一切皆变”的“真理”。我问他：这样的“真理”也应是宇宙之一事，它本身变不变呢？他冷不防有此一问，便很坦率地说，他的理论修养还不能立刻对这个问题作出满意的回答。这是他“不知为不知”的具体表现，但我也因此悟到：他的信仰并不建立在理智的认识上，甚至可以说，他对“共产主义”的整个体系实在不甚了了。[②]

余英时进而推论，项子明的情况可以代表同时代多数党内知识人。这在许多其他资料中得到印证。例如，时在金陵大学读书的章开沅在读书会的公用笔记本上阐发了一段关于“唯情论”的议论，大意为人生动力实来源于情感的羁绊，如对父母、亲人、爱人的感情。这种唯心主义思想居然得到同学的赞赏，“以为是我学了什么新的马列原理”。因此，章认为“在那个时候，参加进步学运的青年知识分子，马列水平并非都有多高”[③]。然而，这是他事后多年的评价了。在当时，左翼青年均自视甚高。曾参加左翼读书会的北大学生乐黛云坦言：“当时，我认为矛盾斗争，普遍联系，质量互变，否定之否定，经济基础决定上层建筑等等都是绝对真理，并很以自己

---

① 以空：《大江流日夜》，香港真知书店 1948 年版，第 36 页。

② 余英时：《余英时回忆录》，允晨文化 2018 年版，第 46 页。

③ 章开沅口述，彭剑整理：《章开沅口述自传》，北京师范大学出版社 2015 年版，第 95 页。

会用这些莫测高深的词句而傲视他人。”[①]这些回忆资料虽然多少掺杂了忆者后来人生经历的底色，并不全然客观，但不失为一种互证与参考。由这些例证可知，胡适在1946年北大开学典礼上说“善未易察，理未易明”，富有深意。面对纷至沓来的资本主义、社会主义、自由主义、经济民主、政治民主等五花八门的政治名词，知识阅历俱浅的青年人很难作出理性判断。即便是立场相当鲜明的余英时，当置身于40年代后期中国思想前沿的北平时，也发生过剧烈的思想挣扎，即使晚年回想起来也承认，当初感到“很难判断”。[②]

四、全校学生自治会的成立

经过1946年底的抗暴运动和1947年5月“五二〇”反饥饿反内战运动后，左派势力大为增长，左倾的学生日益增多。抗暴运动结束后，北大南系党负责人袁永熙专程去上海向钱瑛汇报工作，钱瑛认为北大党组织存在“关门主义”，即党员数量太少。袁永熙回到北平后，就把南系地下党内部原有的“民青一支”和“民青二支”予以合并，并发展积极分子入党。尤其在“五二〇”运动后，许多积极分子加入了民青，民青从八九十人增至170余人，增加了一倍。[③]于是，成立校级学生会一事又提上日程。

这经历了一个不长不短的过程。北大学生自治会的最初雏形是1947年五四期间成立的院系联合会。在此之前，地下党先是在左翼力量最强的北大文学院成立文学院自治会。为保证文学院的选举不被“特务”破坏，左派学生轮流负责看守投票箱。1947年1月21日，文学院自治会成立。[④]与此同时，理学院因功课任务重，又面临期末考试，仅成立了代表会。1947年4月初，理学院学生会正式成立。1947年五四前后，北大院系联合会在文学院、理学院、人一、先修班、医学院、经济系系会、政治系二年级级会

---

① 乐黛云：《1948年，我上北大中文系》，载北京大学校友会编：《北大岁月：1946—1949的记忆》，北京大学出版社2013年版，第42页。

② 余英时：《余英时回忆录》，允晨文化2018年版，第48页。

③ 《周恩来询问上海对平津学运指示详情给冯文彬电及冯文彬的复电》，载共青团中央青运史工作指导委员会等编：《中国青年运动历史资料》第17集，中国青年出版社2002年版，第420—421页。

④ 《北大文学院院会成立前后》，《燕京新闻》第13卷第12期，1947年2月10日，第2版。

的基础上宣告成立，相当于沙滩区学生自治会。[①]北大院系联合会成立不久，就发生了“五二〇”运动。该会就成为“五二〇”运动的领导机构。

此后经过1947年暑假的助学运动、秋季开学后营救被捕学生的保障人权运动，以及随着解放战争的节节胜利，北大左派力量大为增强，遂在1947年11月中旬发起选举全校自治会。这次选举除“反动”力量最强的农学院没有参加外，各院系都参加了，投票人数占学生总数的75%。1947年11月23日，北大学生自治会正式成立，华顺等19人当选为自治会理事。这些理事们大多是左派社团推荐的人选，各系系会推荐的人选则支持者寥寥，由此也可见得当时校内斗争主要以社团的形式进行。[②]直到1948年秋“八一九”大逮捕后，地下党才出于安全考虑而将活动单位由社团转变为“系级”。

第二节　革命与学生人际关系

随着校园的革命化，同学间的关系愈来愈被革命所定义。首先，学生群体的政治分化愈来愈显著——有的加入了中国共产党，有的持中间意见，有的支持国民党和三青团。其次，在政治分化的基础上，同学间的友谊愈来愈取决于彼此政见是否相近，政见相近的才能成为朋友，否则即便是朋友，也是次一级的朋友。

一、学生的政治分化

学生的政治分化在“反饥饿反内战”运动（即“五二〇”运动）中可见一斑。自1947年4月下旬开始，物价上涨极快。北大学生90%均有公费，且公费随每月物价水平的变化而相应调整——1947年3月的全公费是10万

---

① 《罗迈向周恩来报送北平学生运动概况报告》（1947年12月19日），载《中国青年运动历史资料》第17集，中国青年出版社2002年版，第447—448、452页。

② 《北大自治会普选产生》，《燕京新闻》第14卷第6期，1947年11月24日，第4版。

6千元，4月增至14万4千元[①]，5月增至26万元。[②]尽管如此，公费的增加仍跟不上物价的增长。3月，公费除维持两菜一汤白米饭的伙食之外，还可剩下一些用于零用。从4月下旬开始，“物价由‘扶摇直上’一变而为‘载驰载驱’，再变而为‘一行白鹭上青天’，三变而为‘云深不知处’”，两菜一汤已成泡影。罗荣渠在日记中抱怨：“近来物价不断上涨，一天胜似一天，而伙食却一天比一天坏，营养一天不如一天。奈何？”[③]5月的全公费虽达26万元，但吃米饭膳团即需16万元，剩下的10万不够零用，许多人遂改吃窝窝头，只需7万元。[④]当时，北大学生潘齐亮拟发动罢课游行，遭到各壁报反对，他只好在民主墙上表达“我们的态度”，即饥饿源于内战，实则为“反饥饿反内战”造势，但响应者不多。

这时，清华走在了北大的前面。1947年5月15日晚上，清华大学学生自治会以要求增加公费名额为由罢课1天。这主要是民青的意思，比民青更激进的除夕社要求罢课3天，理由是“三天好玩一些”。为达到罢课三天的目的，除夕社再次使出“一二·一”运动期间的办法，威胁民青，如不同意罢3天，就散布说民青把持学生会。民青只好同意罢课3天，并到各宿舍征集签名，很快就有1200多人签名，于是清华决定罢课3天。[⑤]5月17日，清华学生已开始在海淀一带宣传反饥饿反内战。

清华罢课3天的消息立即刺激了北大。5月17日，北大院系联合会决定响应清华，从19日开始罢课3天。[⑥]此时北平其他各校尚未有任何表示。5月18日，清华学生300多人进城宣传反饥饿反内战，北大原不同意，但也未积极阻止。等到清华队伍已经进城，北大便临时组织了一些人一起上街宣传，罗荣渠在其中担任纠察队员。[⑦]

---

① 《看！这就是我们的生活》，《燕京新闻》第13卷第26期，1947年5月19日，第2版。

② 艾治平：《今日的北大》，1947年7月出版（出版社不详），第49、51页。

③ 罗荣渠：《北大岁月》，商务印书馆2006年版，第109页。

④ 艾治平：《今日的北大》，1947年7月出版（出版社不详），第51页。

⑤ 《清华、北大、燕京等大学、关于「五一八」、「五二〇」、「六二」学生运动情况及教授宣言》，北京市档案馆藏：J024-001-00226。

⑥ 《清华、北大、燕京等大学、关于「五一八」、「五二〇」、「六二」学生运动情况及教授宣言》，北京市档案馆藏：J024-001-00226。

⑦ 罗荣渠：《北大岁月》，商务印书馆2006年版，第119页。

如同“一二·一”运动时一样，宣传效果并不理想。宣传方式之一是向市民唱革命歌曲，如《你这个坏东西》《反对内战》等。据中共的学运报告：“宣传活动紧张活泼，群众围观咸受感动”，“卖汽水酸梅汤的在那里招呼同学去喝：‘喝罢。你们怪苦的，你们说的都是我想说的话。我听了就痛快了。不要给钱了’”。[①] 但据罗荣渠日记所记：“唱歌以后，继之以演讲，倒也赢得一些掌声，不过，据我以往的经验判断，实际效果并不理想；因为歌唱得不好，唱些什么根本听不清楚，演讲也不行，不知讲了些什么，只听得大声嘶喊：‘我们反内战，我们饥饿！’你们饥饿与老百姓有何关系？听众就搞不明白了。”[②] 另一种宣传方式是画街头漫画。罗荣渠对此感到头痛：“我们虽然觉得漫画已经画得相当浅显、明白了，但是老百姓还是很难理解。”[③] 可见，知识分子要真正与工农大众相结合，还有很长的路要走。

此时，燕京大学、中法大学、北洋大学等校也加入了运动。但燕京大学不同于北大、清华，其饥饿问题并不突出。作为私立大学，燕大的学宿费相当高昂。因此，每年秋季招生时，如果某学生同时被燕大和北大、清华录取，一般会选择后者，盖后者的学费和生活费几乎全免。这就导致选择在燕大读书的学生大多家境优越，饥饿问题并不突出。因此，中共燕大地下党曾在“五二〇”运动初期提出：我们“为老百姓反饥饿”，但响应者寥寥。[④] 后来，眼见同为教会大学的金陵大学罢课了，中共燕大地下党转而强调燕大在抗战期间内迁成都时曾有贷金，回到北平后却没有了，故燕大“一样的被生活的重担压着”[⑤]，才把校内的政治热情调动起来。但该校在“反内战”的诸多细节上还存在分歧，例如内战的责任归于某一方，还是双方？

5 月 18 日晚，燕大召开第一次同学大会，出席人数 430 人（全校 780 人），其中 160 人支持向国民党一方反内战，80 人支持向双方反内战，其余

① 《清华、北大、燕京等大学、关于「五一八」、「五二〇」、「六二」学生运动情况及教授宣言》，北京市档案馆藏：J024-001-00226。

② 罗荣渠：《北大岁月》，商务印书馆 2006 年版，第 119—120 页。

③ 罗荣渠：《北大岁月》，商务印书馆 2006 年版，第 124 页。

④ 《清华、北大、燕京等大学、关于「五一八」、「五二〇」、「六二」学生运动情况及教授宣言》，北京市档案馆藏：J024-001-00226。

⑤ 《看！这就是我们的生活》，《燕京新闻》第 13 卷第 26 期，1947 年 5 月 19 日，第 2 版。

190 人弃权。与此同时，北大训导处也召集三青团员开会，要他们抓住国共双方均负有内战责任来做文章。因此，在内战责任的问题上，北大学生内部也有分歧，左派学生最终以“我们处在政府辖区，因此先向政府提出”而暂时压服了反对意见。事实上，直到 5 月 20 日游行时，仍有一些人仅抱着“我但反对内战，不问责任在谁”的态度而参加。①

5 月 29 日，燕京大学举行民意测验，610 名学生填写了问卷，占该校学生总数的 80%。表 9 为问卷题目及答题情况。

表 9　燕京大学学生民意测验表

问题	选项	答案
你认为大学生应该	1. 积极参加学生运动	48.5%
	2. 在课余空暇时参加	39.5%
	3. 以读书为第一	4.5%
这次学生运动的结果	1. 能够达到和平的要求	14%
	2. 至少可以影响国共双方作战的决心	11%
	3. 至少表现了人民的要求	61%
	4. 完全没有意义	1%
	5. 完全是扰乱社会秩序的行为而有利于作战的一方	5%
	6. 其他	尚在整理
这次全国学生运动是	1. 自发的	63%
	2. 直接或间接受操纵	16%
	3. 其他原因	6%
本校反饥饿反内战委员会能代表你意见的	1. 全部	19%
	2. 大部分	43%
	3. 小部分	24%
	4. 完全没有	7%
这次运动你	1. 参加了游行并工作	32%
	2. 只参加了游行	8%
	3. 只参加了工作	12%
	4. 完全没有参加	45%

① 《清华、北大、燕京等大学、关于「五一八」、「五二〇」、「六二」学生运动情况及教授宣言》，北京市档案馆藏：J024-001-00226。

续表

问题	选项	答案
学生自治会召集的三次全体大会，你参加了几次	1. 参加三次	50%
	2. 参加两次	18%
	3. 参加一次	19%
	4. 其他意见	尚在整理
你对于大会程序是否大致满意	1. 满意	45%
	2. 不满意	36%
如对代表大会不满意，有哪些方面不满意	1. 数票有错误	7%
	2. 整理提案不准确	12%
	3. 纠察指定发言人方法不合理	23%
	4. 群众对于有些发言人方法不合理	23%
	5. 其他不满意的事情	10%
你以为大会决议要求停战	1. 应该向双方呼吁停战	63%
	2. 要求政府和呼吁双方停战完全一样	13%
	3. 应该专向政府呼吁停战	17%
	4. 我没有意见	2%

资料来源：《燕大同学公意测验》，《燕京新闻》第 13 卷第 29 期，1947 年 6 月 9 日，第 2 版。

由表 9 的答题情况可知，燕大的中间立场学生几乎占全校学生的一半。例如，在是否该积极参加学生运动的问题上，主张“课余空暇时参加”和“以读书为第一”的加起来占 44%，说明一半的人对于学运并不积极。在应向双方还是单方要求停战的问题上，63% 的学生选择“向双方呼吁停止内战”，即多数人认为内战的责任在双方，故停战也必须向双方呼吁。此外，表中显示 45% 的燕大学生完全没参加这次学运，另有 8% 的人仅参加了游行，未参与前期和后期工作。

某种程度上，燕大的“民意”部分地反映了北大的“民意”。事实上，中共一向将北大、清华、燕大三校的左翼力量并提，视三校为北平“进步”力量最强的学校。1948 年 1 月，中共北平学委在一份文件中估计北大和清华尚有 33.5% 的中间偏右分子，燕大也有 27% 的中间偏右分子。[①] 这一文件

① 《北平学委工作计划》（1948 年 1 月），载共青团中央青运史工作指导委员会等编：《中国青年运动历史资料》第 17 集，中国青年出版社 2002 年版，第 551、553 页。

对燕大右翼力量的估计要比燕大民意测验的结果（民意测验显示该校 45% 的学生没参加“五二〇”运动）更低，原因大约有二,一是北平学委文件的形成时间是 1948 年 1 月，较之燕大民意测验的时间又推后了大半年，左翼力量正逐步增强，右翼力量正逐步减弱；二是文件中所谓“中间”“进步”“落后”的划分标准本就比较主观，事实上，政见很难加以精确量化，因此这些数据只能反映大致趋势。尽管数据存在一定出入，但大致可以说，北清燕三校的中间偏右分子至少占到全校总人数的 30%。恰因为校内政治分化相当严重，三校在“五二〇”运动前后才出现如此多的意见分歧。这也深刻影响了同学之间的关系。

二、学生间的关系

同学之间的关系亲疏正愈来愈取决于政见的异同，而非学缘、乡缘、兴趣等非政治性因素。政见相近的是“同志”，政见相反的则彼此疏远乃至水火不容。罗荣渠在日记中写道：“不是共同信仰建筑在友情上，而是友情建筑在共同信仰与工作上。”[①] 北大农学院学生余传韬对此也有切身体会。余在高中时曾与同学周积诚很要好，高三下学期，周突然疏远了余，因为周变得“进步”了，而余却没变。周对余说：“这些事不是个人间的事情”，即并非因个人恩怨而疏远，而是政治志趣不相投。[②]

自然，那些对政治不感兴趣的中间立场学生仍然基于兴趣、同乡或同室等关系建立友谊。例如，喜欢京剧的学生加入了京剧爱好者的圈子，从而远离了进步学生的圈子。北大法学院学生高尔森因常与京剧爱好者一起，被党员视为“常与落后同学为伍”。高尔森认为：“同党团员在一起总觉得太严肃，无话可说。与所谓的落后同学在一起则感到轻松愉快，特别是我与他们还有共同的爱好——京剧。不过，我与他们接触时，只聊戏和一些生活琐事，从不谈政治问题，大家在一起谈笑风生，彼此高兴就行了。”[③] 余传韬也有相似的经历，北平解放初期，农学院党组织指责余“拉拢中间分

---

① 罗荣渠：《北大岁月》，商务印书馆 2006 年版，第 294 页。

② 余传韬：《民国三十八年北平“解放”前后的回顾（上）》，《传记文学》第 104 卷第 6 期，2014 年 6 月，第 20—21 页。

③ 高尔森：《从北大到南开》，广西师范大学出版社 2012 年版，第 97 页。

子”，令其感到十分“冤枉”：“既被‘进步’者排斥，同我来往的人就少了进步人士，是自然形成的，并无刻意拉拢‘中间分子’一事。”① 以上事例或许是物以类聚、人以群分的体现。

恰因为学生的政见非常驳杂，故彼此之间常常猜疑、需要提防，乃至发生一些误会。宿舍通常由三五个学生组成，彼此朝夕相处，借此颇能看出政治对学生关系的影响。北大“奔流”壁报负责人、中共地下党员邓特与三青团员沈同同住一室，邓不知沈同是中共派到三青团的卧底，常讽刺他：“陈雪屏发给你多少津贴？”趁沈同不在时垫高沈同的床的其中一条腿，使其睡觉时晃动不稳。② 再如，余传韬因立场偏右而在宿舍受到孤立排斥。一天晚上，他原本打算去看表演，临时改主意，不去了。这时，他的左派室友带另一位左派学生来到宿舍，他们“有点讶异我仍在寝室”。余传韬晚年回想此事，认为两位左派学生打算趁他不在时搜查他的没上锁的抽屉。余传韬的想法当属神经过敏而过度揣测，以当时多数情形而言，更大的可能性是左派室友想趁余不在时在寝室开会，没想到余竟然在，故大感惊讶。③ 事实上，室友朝夕相处，彼此的政见和背景简直无所遁形，宿舍堪称校园政治生态的晴雨表。女生宿舍尤为如此。

北大复员后，两人一间的女生宿舍——灰楼开始向外开放，男生可以自由进出。当时，男生四五人住一间，人多嘴杂，不方便说话。女生宿舍则不一样，若同室的两个人都是“进步”分子，那么宿舍就是理想的开会场所，也是紧急时刻藏人的理想地点。一位住在灰楼的女生回忆道：

> 女同学大体可分为三类人：一类是地下共产党员以及党影响下的进步学生；一类是埋头于读书和个人小圈子的事，不过问政治，但这部分人正在不断发生变化；再一类是少数反动学生和特务腿子，阵线

① 余传韬：《民国三十八年北平“解放”前后的回顾（上）》，《传记文学》第104卷第6期，2014年6月，第17页。

② 曹余祥：《追忆英勇战士邓特》，载北京大学校友会编：《北大岁月：1946—1949的记忆》，北京大学出版社2013年版，第350—351页。

③ 余传韬：《民国三十八年北平“解放”前后的回顾（上）》，《传记文学》第104卷第6期，2014年6月，第21页。

> 异常分明，以致看守楼门的两位老妈妈，都知道那些人是“民主小姐”（当时对女学生通称小姐，男学生称先生），那些人是吃喝玩乐的“跳舞小姐”，那几个是舍监的亲信。[①]

由这段话可知，女生宿舍深深卷入了政治，因政见的不同而分化为“民主小姐”“跳舞小姐”“舍监的亲信”等几个类别。由于左派学生常借女生宿舍开会，1948 年“八一九”大逮捕期间，北大女三青团员曹某“经常坐在灰楼北门门口”[②]，以防上了“职业学生”名单的男生躲进灰楼，成为漏网之鱼。

因政见不同而彼此疏远尚属“君子绝交，不出恶言”，更严重的情况是对持不同政见者进行道德抹黑。北大先修班学生林道茂是基督徒，平时很热心为同学服务，被选为先修班自治会理事，参加了抗暴运动。从此，三青团员便视他为眼中钉，造谣说他贪污。林道茂此时担任膳团委员（即管食堂），负责每月向同学收伙食费。有几个同学自称暂时没钱，要求先入伙，等有钱了再补交，林同意了。后来的情形如下：

> 到了月底，这届膳团快结束了，他们还没有交钱。我到他们住的宿舍讨账时，才知道毛信栿已经离校入了笕桥空军学校；郭鉴海则瞪着眼睛说：“我的伙食费早就交了，你怎么还来要，想要双份啊？”安嘉祥也说：“是啊，我们同时交的，你想讹我们？”我和他们辩了几句，但事前手续不完备，我也拿不出证据。安嘉祥甚至揎拳捋臂，做出要打人的模样，我只好退了出来。接着，他们又在饭厅门口张贴大字报，说我贪污伙食费，要查我的账。我没有办法，只得向黄羽钟、黄宇淳借钱，补上三人的伙食费，把明细账公布出来。但这样一来，我自己就没有钱加入下一届膳团了。我用手头还剩下的一点钱，到宣武门外小摊上买了一个一斤多重的大窝头，肚子饿了就切一片下来吃。这样

① 杜平：《灰楼宿舍的女同学》，《北京大学校友通讯》第 4 期，1988 年 5 月 4 日，第 52 页。

② 《平津“八一九”大迫害经过》（1948 年 9 月），载共青团中央青运史工作指导委员会等编：《中国青年运动历史资料》第 18 集，中国青年出版社 2002 年版，第 463 页。

勉强维持了三天。[①]

事情并未以林道茂“自垫亏空”而结束。林作为基督教徒，经常以基督教团契的名义发动同学参加学生运动。有一天，一位“契友”在团契内部说，林道茂是共产党员，如果大家继续和他来往，会影响将来升入大一，应当将其开除出团契。林得知后怒火中烧，自己只是出于基督徒的奉献精神而热心集体事务，并无党派背景，加上此前被构陷贪污罪名，一气之下喝下一瓶二锅头，头痛欲裂，被同学送去了医院。出院后，他便与三青团分子划清界限，更加积极地投入到学生运动中。[②]

感到被排斥和压迫的不仅是左派学生，中间派及右派学生也有同样的感受。一位曾在西南联大参加“无党无派”运动的北大学生说：“许多人感到不自由，在一种政治斗争气氛包围中。”[③] 另一位学生说：

> 最神圣的学府对于今天中国纷乱的思潮，本来是应该持着超然研究的地位，可以客观的观察和分析，却不应该加杂个人的恩怨及偏激的感情，对于一件事情的看法，也应该允许对立意见叙述的机会。但是今天，事实告诉我，学校里的民主各校不同，各人不同，并且是排斥异己的意见……学校中同学的交往和活动，不再是纯真的学习和研究，而是人与人间的对立，思想与思想的冲突。[④]

下面这段话来自北平立场最右的大学——朝阳大学的一名学生：

> 我常想我们是学生，谈谈国是，不过是“书生论政”而已。然而有的人偏要把你归入那一党，那一派，那一系，只要一句话与他相左，

---

① 杜光：《先修班一年：磨难与锻炼》，载北京大学校友会编：《北大岁月：1946—1949 的记忆》，北京大学出版社 2013 年版，第 74 页。

② 杜光：《先修班一年：磨难与锻炼》，载北京大学校友会编：《北大岁月：1946—1949 的记忆》，北京大学出版社 2013 年版，第 73—75 页。

③ 《青年自述：在校青年》（六），《周论》第 1 卷第 17 期，1948 年 5 月 7 日，第 12 页。

④ 《青年自述：在校青年》（八），《周论》第 1 卷第 17 期，1948 年 5 月 7 日，第 13—14 页。

马上就跟你一个下不去，其手段：是放冷箭，造谣中伤，非把你弄得众叛亲离，非把你塑成一个聚世界坏蛋之大成者，决不肯罢休。[①]

作者在文末说："我看人是'伦理的'，不是'政治的'。然而今天的大学生大多数看人是'政治的'，不是'伦理的'"[②]，可谓一语中的。

因为同学之间常常因政见不同而进行道德抹黑或大扣帽子，结果便是彼此之间相互戒备，若有人接近自己，就担心对方是否别有政治目的。一位北平某大学历史系学生痛感缺乏友谊：

友人也感到我的孤僻生硬，其实我也热情珍惜着友谊，不过一切事情都不敢让我武断地相信，因之任何一个陌生的友人都会引起多少对他人格上的怀疑，自然我知道这是我的罪恶，也是我的人格缺陷，但许多事实似乎又曾告诉我在这个时代里好像又并不算什么过分的多余。一种苦闷的效果，也可以说现象，不止根本怀疑了一切主义，道理，而且对于一切好坏名词发生了厌倦与麻木。这样事实含混，诸事需费斟酌的环境里恐怕任何人都会深深地感到精神生活的不易与心境的痛苦。[③]

显然，这位学生对政治感到厌倦以致陷入了怀疑主义——什么都不相信，认为任何现象背后都藏着政治，"诸事需费斟酌"，活得很累。在非左即右的政治大潮中，个人不可能自外于政治，时刻受政治的影响，也时刻被政治所定义。不仅学生之间的关系被政治定义，师生关系也是如此。

第三节　革命与师生关系

那时觉得既然醒了，就不该——关着阴暗的门窗；那时觉得既然

---

① 《青年自述：在校青年》（十），《周论》第1卷第17期，1948年5月7日，第14页。
② 《青年自述：在校青年》（十），《周论》第1卷第17期，1948年5月7日，第15页。
③ 《青年自述：在校青年》（九），《周论》第1卷第17期，1948年5月7日，第14页。

醒了，就应该——放进窗外的光明。……

那时无论如何，要跳出——窒闷的家庭；那时无论如何，要舍弃——狭窄的家乡。……

如今走了二十多年，却经过——无数的歧途与分手；如今走了二十多年，看见了——无数的死亡与杀戮。那时追求的——在什么地方？

——冯至《那时……》

这首以《那时……》为题的诗，是冯至在1947年五四前后所作。[①]冯至当时是北大西语系教授，作为二十多年前的五四青年，眼看着学生们热烈地投入革命运动，不禁感慨："那时追求的——在什么地方？"

当时，教授的分化在抗战后期的基础上进一步加剧——日渐分裂为左、中、右等不同立场，结果便是左派学生与左派教授声气相通，右派学生与右派教授互为援引，师生之间不再是纯粹的知识传承，而倾向于以政治倾向定亲疏。毛子水、陈雪屏、燕树棠等立场较右的教授遭到左派学生的口诛笔伐，向达、许德珩、袁翰青、樊弘等偏左的教授一方面被左派学生树为"进步教授"，另一方面也遭到右派学生的非难。

无论教授的政见或左或右，若以代际而论，他们多为五四一代的青年，周炳琳、许德珩更是五四学生运动的领袖。后来，这一代五四青年逐渐分化，即如《那时……》诗中所说："如今走了二十多年，却经过——无数的歧途与分手。"一些人向左，成为行动上的革命者或思想上的批判者；另一些人向右，最终成为当局的维护者。前者认为五四的目标"民主与科学"并未完成，因此鼓励学生们继续完成。向达在1947年对学生罗荣渠说：自己这一代人"没有把政治弄好，实在是他们自己的过错，这是自作自受；不过自己挨饿虽然不要紧，儿女们也挨饿则太不合理了；现代人尤其应该纠正的一点是，前一辈他们不问别人的事，都是些只顾打扫门前雪的人，因而希望我们这一辈人应该站起来，应该改变这种态度，应该过问某些事"[②]。

① 冯至：《那时……》，《大公报》（天津）1947年5月4日，第7版。

② 罗荣渠：《北大岁月》，商务印书馆2006年版，第176页。

与此相反，周炳琳等人则不提五四运动的“未完成性”，而是提醒青年人不要被中年人利用。

一、抗暴运动与教授的政治分化

教师群体的政治分化早在抗暴运动中表现出来。1946 年 12 月 24 日夜北大先修班学生沈崇被美兵强暴一事在学生群中迅速发酵。12 月 27 日，北大训导长陈雪屏对学生表示“该女生不一定是北大学生，同学何必如此铺张”，引起学生反感——“如此看来，只要不是北大学生，北大同学就可以不必过问了！”[①] 北大三青团还在校内到处张贴“被奸妇女为一女八路，有意勾引美军以造成反美运动，各界勿中共党阴谋”等无稽消息。29 日晚，北大抗暴筹备会召集全校代表开会，预备成立正式的抗暴联合会。会议开始前，二三百名三青团员前来扰乱会场。其中除少数北大学生外，多数为中国大学学生。抗暴筹备会成员见势不妙，宣布会议停开，各自走为上计。嗣后这些负有使命的三青团员以“平市各校正义联合会”的名义发表宣言，谓同学不应以罢课的方式抗议美兵暴行。学生就此事质询训导长陈雪屏，为何允许校外学生闯入学校捣毁抗暴会场，陈答称：“学校当局对此事并不知悉”，并谓已代询地方当局，地方当局亦毫无所闻。[②] 陈雪屏作为北大训导长及三青团负责人，不可能毫不知情。此事引起左派学生对他的不满。

12 月 30 日晨，立场偏左的史学系教授向达见有学生（三青团员）正在撕毁壁报，立即上前制止，却被撕壁报的学生“大事辱骂、威胁，及至动手殴打”，幸有其他学生及时制止。[③] 向达愤而向学校提出辞职。是时在全校属最“进步”的史学系学生自然要声援向达，不但集体挽留向达，还抗议训导长陈雪屏——陈不但未能阻止 12 月 29 日夜中国大学学生入校捣乱，也未能惩罚侮辱向达的学生。他们要求陈雪屏公开道歉。但参与这一行动的并非史学系全体学生，仅该系左派学生比较积极。校方最终没让陈雪屏公开道歉，也未对侮辱向达的右派学生进行惩戒，仅由胡适出面挽留向达，

---

① 《耶诞夜女生被污案，平市学生抗议》，《经世日报》1946 年 12 月 28 日，第 2 版。

② 《北大学生昨晚正准备开会，忽有大批学生闯入》，《益世报》（天津）1946 年 12 月 30 日，第 4 版。

③ 《北大教授向达受辱愤而辞职》，《燕京新闻》第 13 卷第 8 期，1947 年 1 月 6 日，第 1 版。

并出一张劝诫的布告了事。从此，向达成为“进步教授”的典型，成为“最受青年欢迎的一位”，[①] 也遭到右派学生的为难。1947 年 5 月，向达提议撤销训导处，由教授会治校，右派学生很快在壁报墙上贴出“拥护向达教授做我们的训导长”的标语[②]，竭力讽刺向达。

校长胡适对沈崇事件的表态也为许多左派学生，甚至相当一部分中间派学生所不满。1946 年 12 月 30 日，胡适得知沈崇事件发生后，对记者说：“这是一个法律问题”，希望学生即日复课。当被问到对“美军退出中国”之口号有何感想，他答称此为“政治问题，也是一个老口号，在这次事件以前就有的，只要美军在中国一天，这口号就存在一天”，即法律问题不应与政治问题混为一谈。[③] 胡适的表态基本与国民党官方一致。无论是国民政府教育部还是北平行辕，均力图淡化事件的政治色彩，强调“此事系该犯事美兵之私人行为，自应受法律上之制裁，不应以此种私人行为为借口，而损侮我友邦”[④]。胡适作为国立大学校长，站在当局立场上表态，自属情理之中，却大大影响了学生对他的观感。

二、倒陈运动

如前所述，陈雪屏的立场在抗暴运动中一览无余，一些左派学生很快发起一场要求陈雪屏辞职的运动，即倒陈行动。1947 年 1 月 11 日，北大学生马复高、廖昭立实名张贴名为《向陈训导长贡献一点意见》和《给胡校长和各院院长书》的“倒陈”布告，历举陈雪屏任训导长以来的种种措置，希望学校驱逐党团势力，维持良好的读书环境。[⑤] 因担心壁报被撕，马、廖二人守在壁报旁边，现场发动同学签名支持。[⑥]《燕京新闻》上的一篇署名“北大一读者”的文章痛陈倒陈的理由：

---

① 艾治平：《今日的北大》，1947 年 7 月出版（出版社不详），第 12 页。

② 罗荣渠：《北大岁月》，商务印书馆 2006 年版，第 118 页。

③ 《胡适返平主持校务》，《大公报》（天津）1946 年 12 月 31 日，第 2 版。

④ 《教部电令本市各校阻止学生越轨行为》，《经世日报》1947 年 1 月 7 日，第 2 版。

⑤ 《北大四百人签名要求训导长辞职》，《燕京新闻》第 13 卷第 10 期，1947 年 1 月 20 日，第 1 版。

⑥ 尚土：《青年部长陈雪屏〈往事记〉》，《人物杂志》第 2 卷第 12 期，1947 年，第 28 页。

自从陈雪屏长训导以后，北大一直发生着事情，诸如特殊份子侮辱向达教授，“大众”壁报被撕毁，同学开会被捣乱等等，学校情形一直在混乱中，训导处一点没有负起责任来阻止特殊份子作为，而相反的，我们的训导长陈雪屏却是华北三青团的负责人，问题的中心就可知道在哪里了。陈雪屏完全是想藉党团的力量来统制北大学生的思想，企图使学校自由研究之所变为清一色的御用园地。[①]

对此，胡适发表谈话为陈开解，说陈雪屏是训导长的最佳人选。陈本人亦表示已辞职三次，但学校不批准。左派学生内部对于要不要倒陈也存在分歧，民青不同意倒陈，原因有三：一、公费名单有待审定，陈雪屏操此大权，掌握着多数学生的经济命脉，此时倒陈不会得到多数人的支持。二、恰因陈雪屏是三青团负责人，“倒陈”容易被视为党派之争；三、多数中立学生“对陈尚存好感”。[②]据一位中立学生所闻，陈雪屏是教育系的“台柱”，“他教教育心理学颇博声誉，上课即告‘客满’并非过言，外系来听讲者更是大有人在”[③]。基于上述原因，民青不支持倒陈。最终，倒陈运动得到大约400名学生的签名支持，[④]数目虽未达到全校学生之半数，毕竟是“实名”，须冒风险，故也很能反映相当一些人的态度。

随着左右分化愈演愈烈，对陈雪屏不满的学生越来越多，就连罗荣渠这样的中间立场的学生也在日记中写道：“陈雪屏，不能不说你大有特务份子的嫌疑了。”[⑤]陈雪屏对自己在学生心中的印象，对从事政治与从事教育之间的矛盾，有着较为清醒的认识。当受命接收北平沦陷区的八所大学时，他感慨道：“奉派办理北平临时大学补习班……但短期训练最难收效，况党

---

① 《党团！党团！糟蹋了学校》，《燕京新闻》第13卷第11期，1947年2月3日，第4版。

② 《罗迈向周恩来报送北平学生运动概况报告》（1947年12月19日），载共青团中央青运史工作指导委员会等编：《中国青年运动历史资料》第17集，中国青年出版社2002年版，第448—449页。

③ 艾治平：《今日的北大》，1947年7月出版（出版社不详），第14页。

④ 《北大四百人签名要求训导长辞职》，《燕京新闻》第13卷第10期，1947年1月20日，第1版。

⑤ 罗荣渠：《北大岁月》，商务印书馆2006年版，第116页。

派问题，无从避免，纠纷必多"[①]，似预见到困难。1947 年 9 月，陈升任新成立的国民党中央青年部部长。上任前，他给胡适写信："我的政治色彩更明显了，兼训导长的职务实在不相宜。而且近一年来一人兼做几人之事，事情既做不好，精力也渐觉不济。为北大，为我个人，请求先生再考虑，准我辞去训导长一职。"[②] 随后，陈雪屏终于离开了北大。

三、1947 年五四纪念

教授之间以及教授与学生之间的政治分化也在 1947 年北大纪念五四的活动中体现出来。1947 年 5 月 3 日，北大史学系在民主广场举办五四历史晚会，五千多人到会。胡适也到场发表演讲，他说，五四运动的诉求是民主与科学，但背后的精神却是"重新估定一切价值"，所谓是非、美丑、善恶均得到重新估量。胡还以裹足和白话文举例，说裹足这样的旧俗一经五四健将的批判即毫无价值，而白话文的地位却被抬高了。胡适的演讲侧重于五四运动在"移风易俗"等思想文化层面的作用。[③] 史学系学生罗荣渠听了之后，认为"他似乎只对'五四'以来的新文学运动进行追思"，颇感失望。[④]

紧接着讲演的是社会学教授许德珩。许的发言"激动得很，感情差不多快要沸腾了"[⑤]，颇有闻一多在 1944 年西南联大五四文艺晚会上的风范。他说：

> 当时新文化运动提倡德先生赛先生——就是民主与科学，为什么今天还要青年人来纪念民主，纪念科学？因为我们这一代做了三十年的梦！……今天不只你们纪念五四，全国各地都有许多青年纪念五四，为什么？是不是怀古？是不是点缀？不是！因为现在需要科学需要民

---

① 《致傅孟真等函：谈筹办北平临大补习班问题》，北京大学档案馆藏：BD1946171-4。

② 《陈雪屏致胡适》（1947 年 9 月 11 日），载中国社会科学院近代史研究所中华民国史研究室编：《胡适来往书信选》（下），社会科学文献出版社 2013 年版，第 982 页。

③ 北大壁报联合会委托风雨社编印：《五四在北大》，1947 年版，第 10—11 页。

④ 罗荣渠：《北大岁月》，商务印书馆 2006 年版，第 113 页。

⑤ 罗荣渠：《北大岁月》，商务印书馆 2006 年版，第 114 页。

主，而事实上则许多人在提倡迷信提倡复古！[①]

许德珩的发言是就五四运动在政治上的未完成性而言，与胡适的发言恰好相反。对于许所说的话，台下的罗荣渠心想："坐在旁边的胡校长听了恐怕会觉得不太舒服。"继许发言的是法学院院长周炳琳。周起始就声明"不讲太感情用事的话，而是从最理智的方面来谈"，颇有与许德珩针锋相对的意思。周炳琳说："从五四到现在整个是'中年人利用青年人'"，劝学生勿为中年人利用，实即重复了一番 1944 年他对西南联大学生说过的话。罗荣渠听了之后，评价周的发言"是同学们不大爱听的话"。[②]对此，左翼社团"风雨社"极不客气地批评道：

对于周先生的不健康的悲观思想，若是原因在他身体的不健康，我们希望他好好休养；若是并不是如此，我们希望他多与年青人接近，多多读书——关于现实的书和文艺书籍，这里面得到一个"人类必会进步"的信念，这是作为一个自由主义者不可或缺的信念。他对闻一多先生的批评，出发点就错误了，那句话也真是青年人受不了的（他说闻先生"近乎煽动仇恨"，却又并不指出这是对暴君的仇恨还是对一般人民的仇恨）。[③]

台下的许多学生是 1944 年、1945 年联大五四纪念的亲历者，亲聆过闻一多的讲演，又经历了闻一多之死，即便出于死者为重，他们也不容周炳琳"妄加评判"闻一多，因此对周的演讲十分不快。这场历史晚会是 1947 年北大纪念五四的系列活动中最精彩的一场。教授们各抒己见，数度产生思想交锋。由于教授们谈兴很浓，晚会从 8 点持续到 11 点多，以致被安排最后出场的郑天挺来不及讲晚会就结束了。

---

① 北大壁报联合会委托风雨社编印：《五四在北大》，1947 年版，第 11 页。

② 罗荣渠：《北大岁月》，商务印书馆 2006 年版，第 114 页。

③ 北大壁报联合会委托风雨社编印：《五四在北大》，1947 年版，第 12 页。

四、左派学生与自由主义教授之间的冲突：以周炳琳和毛子水为例

周炳琳虽是国民党员，但自抗战后期开始屡屡公开批评当局，思想并不保守。但他毕竟长期担任北大行政职务（从西南联大到北大均任法学院院长），为维护学校秩序起见，不得不对学生运动采取压制态度，从而遭到学生的反感。继 1947 年五四历史晚会上的发言后，周炳琳与左派学生之间的矛盾在 1948 年初的北楼事件中进一步激化。

1948 年 1 月，北平各校开始放寒假，中共北平学委鉴于“在中学的工作，远落于形势之后”，决定发动北平各校的大学生在寒假期间举办面向中学生的补习班，借此引导中学生参加革命。补习班分别在北大沙滩区、北大四院、北大工学院、北平师范学院、中法大学五区进行。最初，中学生报名踊跃，共有 1500 多人报名。① 城外的清华、燕京的大学生们也纷纷进城当补习班“教师”。他们有的投宿于北大同学的宿舍中，例如罗荣渠就留宿了几位清华同乡②；也有的干脆在北楼教室打地铺③。北大学生作为“东道主”，提前向校秘书处借了北楼作为补习班教室。

对此，国民党北平当局的态度是严行禁止，认为“北大学生组织之补习班系反对政府分子负责，显然有政治作用”，一方面通令各中学禁止学生参加，并令各中学设立“官办”补习班，如有违令学生，可即“勒令退学”；另一方面严禁各大学学生举办寒假补习班。④ 北大校方接到禁令后，于 1 月 23 日由周炳琳亲自到北楼教室命令学生停止工作，取去上下课用的铃，各教室都被锁上。⑤ 与此同时，已经报名的中学生也接到学校禁止参加补习班的命令，便不敢来上课了。寒假补习班只好分散地在食堂、北大学生宿舍

---

① 《北平学委工作计划》，载共青团中央青运史工作指导委员会等编：《中国青年运动历史资料》第 17 集，中国青年出版社 2002 年版，第 555—556、560 页。

② 罗荣渠：《北大岁月》，商务印书馆 2006 年版，第 232 页。

③ 《补习班花絮》，《清华旬刊》1948 年第 2 期，第 9 页。

④ 《国民党北平市党部、北平市警察局教育局为平息学潮防范学生活动密令、训令》，北京市档案馆藏：J030-001-00038。

⑤ 《从工作中学习，介绍五大学办的寒假补习班》，《燕京新闻》第 14 卷第 14 期，1948 年 1 月 26 日，第 4 版。

或中学生家里举行。[①]

因对周炳琳的强力镇压不满，左派学生很快在壁报墙上发起“驱周”，十多个壁报不客气地要求周炳琳“滚蛋”，一如抗暴运动时对陈雪屏的做法。这些壁报指出，周炳琳封闭北楼教室是“越权干涉学校行政，压制学生课外活动”，同时历数其过去压制学生运动的种种措置，例如“曾坚持不修改教务通则，干涉同学选课自由，干涉他院行政，干涉校舍支配等等”，最终结论是“我们准备欢送周炳琳”。[②]事实上，左派学生因政见原因而对周炳琳抱持越来越深的偏见，甚至开始质疑周的专业教学能力：“周炳琳先生走上讲堂，常要念完十数页，这或许是因为周先生的事情忙，准备教课的时间不够吧。不过，近来听说周先生有意把精力转注到学术研究方面去，想来那就不会太 follow 马歇尔的原文了。”[③]与此相反，“学问很好，口才不十分强”[④]的向达却很受左派学生尊敬。可见，当时学生对教授的观感主要取决于政见是否相近，教学科研水平都沦为次要评价标准。

不仅学生对周炳琳不满，成立于 1947 年 12 月 1 日的北大文理法三院讲师助教联合会也对周相当不满。该会由年轻的讲助教发起成立，是这一时期出现的众多左翼政治性社团之一，成员多为抗战期间入党的西南联大学生。北大复员后，这些人毕业留校工作，成为教师群体中最激进的一群。讲助会成立不久，向负责红楼房屋分配事务的法学院院长周炳琳请求分配一间房用于办理会员福利事务，周以“红楼房间由文法学院收回公用，凡有室空出，概行封锁，俟物事统筹分配”加以婉拒。不久，红楼空出 405 号、467 号、419 号三间房，周炳琳分别令西语系教师傅汉思、农学院教职员、法学院教授叶方恬迁入，却对讲助会的请求“毫不理睬，不予处置”。该会极为不满，于 1948 年 1 月 23 日写信诘问周炳琳“厚此薄彼，轻重不均”“既受学校付托之重，而言行不符，不知先生何以自解于同人？”1 月 27 日，讲助会再次写信质疑周炳琳：“敝会借用 405 号房既备函请命于先，

---

① 《压力越大学生越多，五大学的补习班困难中积极发展》，《燕京新闻》第 14 卷第 15 期，1948 年 2 月 2 日，第 4 版。

② 《北大同学不满北楼封锁事件》，《燕京新闻》第 14 卷第 15 期，1948 年 2 月 2 日，第 4 版。

③ 北京大学学生自治会北大半月刊社编印：《北大 1946—1948》，1948 年 7 月 2 日，第 32 页。

④ 艾治平：《今日的北大》，1947 年 7 月出版（出版社不详），第 12 页。

而无只字见覆于后，其无视敝会、待遇之苛，几近侮蔑，此更难免敝会会员之愤慨。”[①] 凡此，均加剧了周炳琳与学生及青年讲助群体的矛盾。1948年11月，北平即将解放，北大法律系学生向胡适请愿，要求免去周炳琳的法学系主任一职。[②] 最终，周主动辞去系主任职，但仍担任法学院院长，直到新中国成立。

左派学生眼中最为“死硬”的教授当属北大图书馆馆长毛子水。复员后的北大图书馆在战前藏书的基础上增加了许多伪北大时期收藏的线装书，加上从西南联大分得的图书，总藏书量达到50万册，非常可观。但毛子水不愿订购五四以来出版的有关“新思潮”的书，“民主读物却是绝无仅有”。学生在图书馆能读到的报刊只有《益世报》《大公报》《民国日报》《申报》等几种，而且这些报纸上都印着“赠阅”字样，显然不是图书馆“购”得。[③] 左派学生对此极为不满。1947年4月，毛子水陪同校长胡适视察图书馆，立即围上来一群学生质问胡适为何不定《文汇报》。胡对毛子水说：“订一份吧，表示我们的开明。”但毛子水说：“订报是我的权利，同学不得干预”[④]，还说图书馆没有钱订《文汇报》。此言立即使毛成为众矢之的，某壁报质问道：“图书馆用九百六十万元买半部明版水经注，就没有钱订一份文汇报？”结果是毛子水“死硬到底”，就是不订。[⑤] “尝试”壁报还揭毛子水的黑历史：

> 南开某讲师谓本校某同学曰：“毛子水先生去年评阅新生国文试卷时，对爱用民主字样或牢骚语句者，最多打五分或十分，理由是以免收进来闹事。但是对所谓思想纯正的文章除大书七十分外，并口称顶好，遍示同事。”某同学听毕以手加额曰：“幸运！险遭不测。”[⑥]

上引文字提及的1946年北大招生考试的作文题目是“学校与社会”，

---

① 《北大等校教职员工为抗议国民党暴行、要求改善待遇的罢教宣言、信件、油印小册子及学生运动团体的印模》，北京市档案馆藏：J024-001-00120。

② 《北大法律系不要“外行”，请周炳琳退让》，《益世报》（北平）1948年11月7日，第4版。

③ 艾治平：《今日的北大》，1947年7月出版（出版社不详），第44页。

④ 《由胡适被围说起》，《燕京新闻》第13卷第21期，1947年4月14日，第1版。

⑤ 北京大学学生自治会北大半月刊社编印：《北大1946—1948》，1948年7月2日，第43页。

⑥ 艾治平：《今日的北大》，1947年7月出版（出版社不详），第53页。

借此确实能试出考生的思想政治状况，可见出题者的良苦用心。除“尝试”壁报之外，“呐喊”壁报也加入了笔伐毛子水的行列，讽刺毛为“一位伺候上司太太，装烟倒茶的丑角”[①]。此处之“上司”，指校长胡适。据邓广铭先生回忆，毛子水“经常是胡先生家的座上宾，以至有人把毛先生戏称为‘胡宅行走’”[②]。可见左派学生对毛的讽刺虽不免夸张尖刻，也不算无中生有。

1948 年 4 月 6 日，北大等校讲师助教因生活困难而罢教 3 天。对此，北平市党部主任委员吴铸人在 4 月 19 日市党部纪念周上说：“有几个大学讲师助教会，纵或可以逃避法律上之责任，但逃避不了道义和良心上的责任，因为学生罢课刚刚过去，他们不早不晚接着又罢课 3 天，这不是火上浇油、制造纠纷、扩大事态吗？军政当局向师院、北大道歉固属理所当然，然真正要向这两个学校道歉的是推波助澜的少数讲师助教先生们。”[③] 吴铸人站在当局角度显然不支持讲助教罢教，但多数教授对此持同情态度，唯独毛子水说：“读书人要那么多钱作甚么？我虽穷得很，但不与他们争。”这句话很快被天津《大公报》报道出来。事后，毛子水写文章辟谣，说他原话并非如此。他承认确曾表示“不赞成”讲师助教罢教，理由主要有二：一、教书不像工人做工，教书不是一种职业，而是一项“以先觉觉后觉”的文化使命，故教书不能以赚钱为目的，“若仅为赚钱而教书，则何必不干干脆脆去做商人！”二、教师“接受国家的聘请”，“和政府当局的人所支领的薪水，所在地方相同，倍数更相等，是甘苦与共的”，故在此艰难时刻，教师应与当局站在一起，即便薪水不够用，“尽可好好和政府商量，决不可抄袭工人和水手的文章而罢教”。[④] 概言之，毛子水认为，教师不应以罢教为手段来争取待遇，而应与当局进行体制内的协商，即应本着抗战中期西南联大教授的做法，推派代表请求当局提高待遇。然而，此一时彼一时，此时造成教师生活困难的原因已由外敌变成内争，这使他们不愿再自我牺牲，甚至变

---

① 呐喊：《傅斯年》，载北大壁报联合会委托风雨社编印：《五四在北大》，1947 年，第 42 页。

② 邓广铭：《胡适在北京大学》，《北京大学校友通讯》第 7 期，1991 年，第 2 页。

③ 《北大等校教职员工为抗议国民党暴行、要求改善待遇的罢教宣言、信件、油印小册子及学生运动团体的印模》，北京市档案馆藏：J024-001-00120。

④ 毛子水：《关于罢教和要钱》，《周论》第 1 卷第 19 期，1948 年 5 月 21 日，第 4 页。

得对物质困难丝毫不能忍受。

1948 年 5 月，针对学界的“抢救教育危机”（即认为教育危机源自社会经济危机），毛子水写了一篇文章《论所谓“教育的危机”》，提出了不同看法。他说：“现在国立大学中的学生，十分之七以上是有公费的。这种公费生自己所负担的，不过是衣服和书籍等费。一个人要受大学教育，至少似应当筹出这点费来。”对于教师的经济状况，他认为，“家庭人口繁多的，当然是十分的困难；人口较少的，薪水若能按月调整，还可以勉强得个起码的温饱。在国家到这个地步的时候，我们内当以‘君子固穷’自慰”。在文末，他写道：“总而言之，学校里风纪的不良，确是现在中国教育最大的危机。……解救中国危机的最大力量，不仅在政府身上，更在教书人和青年学生的身上。”[①] 可见，毛子水站在维护当局统治的角度，对于造成大家生活困难的原因，撇开不讲，而在结果上绕圈子——困难既然已成事实，就应无条件接受，所谓“在国家到这个地步的时候，我们内当以‘君子固穷’自慰”是也。

北大左翼学生刊物《北大半月刊》立即批驳了毛子水的上述观点，其中有这样一段话：“在毛先生看来，今日的学生的物质生活完全是不成问题，这真是睁着眼睛做瞎子。有公费的学生吃饭不成问题，这当然是事实。但毛先生也该看一看，单是这一年来，学生的生活程度已经降低到什么地步。他们吃的是窝窝头，这是公费还足够维持的。穿的呢？书籍文具等费用呢？毛先生认为‘一个人要受大学教育，至少似应当筹出这点费来’。好，就算‘应当’吧！但事实上却筹不出，可怎么办呢？照毛先生的逻辑推论下去，似乎是活该滚蛋了？”[②]

其实，毛子水的话在逻辑上经不起深究，因为它本质上是一种维护当局的感性表态。恰因为支持当局，所以要把政府和社会造成的问题推到学生个人身上。由此可见，毛子水与胡适关系亲近不是偶然，均属偏向国民党当局的自由主义者。1949 年 1 月 7 日，北平成为孤城，毛子水乘坐最后一班飞机离开了北平。

---

① 毛子水：《论所谓“教育的危机”》，《平明日报》1948 年 4 月 13 日。

② 马宾：《驳毛子水的“教育危机”论》，《北大半月刊》第 3 期，1948 年 4 月 16 日，第 10 页。

第四节　革命与学业

人的精力总是有限，参加太多的革命活动，学业势必受到影响。读书与救国，自古难以两全。随着校园革命化程度的加深，学生三天两头罢课游行，对学业造成了以下影响：一、直接导致无课可上；二、渐渐养成一种不以读书为荣的观念；三、学运期间学生根本无法安心读书。

首先，校园的革命化直接导致罢课罢考。1947 年 2 月，北大举行复员后的第一次期末考试。根据上年底开始施行的《国立北京大学教务通则》，1/2 学分不及格的学生立即退学，1/3 功课不及格者留级并取消公费。[①] 在退学、留级和取消公费的威胁下，许多平时不爱去图书馆的学生为应付考试也去坐图书馆了，使图书馆“楼上楼下、窗子下、桌子角都坐满了人，每天都要忙着抢位子和抢参考书”。经常泡图书馆的历史系学生罗荣渠不禁感慨道：“假使北大图书馆平常也是这样，那将来北大出的学者之多将不可限量！呜呼，此之谓读书！”言下指学风不振。罗荣渠还说：

> 近来，我已从图书馆中撤退出来，有人问我何故，我说：“平常我是图书馆的中坚分子，图书馆常常靠我等撑场子，现在大家要挤了，我可就要休息了。”其实，挤的原因之一，大概是因为近来停电的关系。[②]

他的意思是，期末考试只是图书馆突然变得热闹的原因之一，另一个原因是停电期间大家需要去图书馆取暖。一位左派学生也分析过图书馆“有时候很拥挤”的原因：

> 一种人是专门啃书本的（这种人的数目并不多）；一种人是为了工具书使用方便才去“坐”的；一种人是去翻报纸的；一种人觉得座位

① 《国立北京大学教务通则》，王学珍、郭建荣主编：《北京大学史料》第四卷，北京大学出版社 2000 年版，第 454—455 页。

② 罗荣渠：《北大岁月》，商务印书馆 2006 年版，第 71 页。

舒适，空气安静，读书写文都很“得劲儿”，尤其是到了冬季，哪里去找这么暖和的地方呀；最后一种人，是去温习功课，应付大考的，在大考期近的时候，图书馆里挤满了人，进去会连凳子都找不到，大家得去“抢座儿”。①

罗荣渠大概就是所谓“专门啃书本的”人吧。图书馆热闹了没多久，就发生了罢考事件。事情起因于 1947 年 2 月初，国民党北平市党部主任吴铸人计划在北平执行部撤退后抓捕各校中共党员和民盟成员。中共北系党得知这一消息后，认为光是撤走党员不能解决问题，干部“撤多了工作就垮台”，而且此时他们正在学习中共中央关于中国革命第四次高潮即将来临的精神，故决定积极应对。具体做法是联络南系党，共同放出吴铸人要抓人的消息，制造人人自危的气氛。②2 月中旬，北平市当局果然以户口检查为由捕去市民多人，清华学生王宪铨也被捕。此前不相信当局要抓人的学生都逐渐相信了，人心惶惶。2 月 26 日晚，一些地下党员来到图书馆的几个阅览室，向正在备考的学生呼吁罢考 2 天以示抗议当局非法逮捕（即 2 月 27 日、28 日两天），立即得到半数以上人的签名支持。③ 教授方面，除赵迺抟和燕树棠反对推迟考试时间外，其他教授都同意推迟考试，北大教务会议也妥协了，定于 3 月 5 日、6 日补考。④ 至于 1/2 课程不及格的学生必须退学的规定，最后学校也妥协了，在教务会议上议决改“退学”为“留校察看”，但停给公费。⑤ 关于 1/3 功课不及格者留级并取消公费的规定，学校后来也采取了折中办法，不一定要留级，

① 北京大学学生自治会北大半月刊社编印：《北大 1946—1948》，1948 年 7 月 2 日，第 43 页。

② 《北平一年来学运报告和初步总结》（1947 年 2 月），载共青团中央青运史工作指导委员会等编：《中国青年运动历史资料》第 17 集，中国青年出版社 2002 年版，第 122—123 页。

③ 《罗迈向周恩来报送北平学生运动概况报告》（1947 年 12 月 19 日），载共青团中央青运史工作指导委员会等编：《中国青年运动历史资料》第 17 集，中国青年出版社 2002 年版，第 449 页。

④ 《第三十四次行政会议记录》，载王学珍、郭建荣主编：《北京大学史料》第四卷，北京大学出版社 2000 年版，第 38 页。

⑤ 《第三十七次行政会议记录》，载王学珍、郭建荣主编：《北京大学史料》第四卷，北京大学出版社 2000 年版，第 40 页。

可以转系肄业[①]，“取消公费”也改为“降为半公费”，后来又恢复为“全公费”。[②]

尽管教授对学生罢考罢课一再妥协，观感上却很不为然，认为学生是怕考试才罢考。[③]学生也有不支持罢课罢考的，例如平素学习用功、面对考试丝毫不惧的学生就认为晚考不如早考。罗荣渠就认为：“我刚一听说罢两天课，就觉得不妙，罢课一天表示一下就够了，罢多了有什么意思？非徒无益，而且有害。”[④]清华大学也决定罢考，却仍有一些学生参加考试，被清华学生自治会处以开除膳团及自治会资格。[⑤]北大也有少数学生在罢考期间参加考试，于是有人贴壁报质问：“你们说要罢考，人家还是去考试了，弄得我们这些社会贤达莫名其妙。以后再要罢课，咱们走着瞧”[⑥]，言下充满怨愤。

除了罢考，罢课行动更是接二连三。1948 年 4 月反迫害运动期间，北大从 4 月 3 日开始罢课，一直持续到 4 月 18 日，4 月 21 日又罢一天。整个四月份，北大一共罢课 17 天，清华罢课 15 天，燕大罢课 13 天[⑦]，当属复员后持续时间最长的罢课，史称“四月风暴”。通过考察学生对这次长时间罢课的反应，颇能看出革命年代的普通学生想读书而不得的无奈心境。以下是罢课起因和大致经过。

1948 年 3 月 29 日，国民党宣布查禁华北学联，并派军警包围北大沙滩区。但多数北大学生认为查禁学联是意料中的事，情绪并不激昂，北大民主墙上仅有抗议性文字，未提罢课游行。清华大学则主张罢课。北大与清

---

① 《第四十九次行政会议记录》，载王学珍、郭建荣主编：《北京大学史料》第四卷，北京大学出版社 2000 年版，第 51 页。

② 《自费半公费同学北大贷款救济》，《燕京新闻》第 14 卷第 21 期，1948 年 3 月 29 日，第 1 版。

③ 何璞荪：《写给师长们的一封信》，载黄大用、何祚宏整理：《宛若流星：何璞荪纪念文集》，2008 年自印本，第 49 页。

④ 罗荣渠：《北大岁月》，商务印书馆 2006 年版，第 74 页。

⑤ 《清华破坏罢考同学自治会将公布名单》，《燕京新闻》第 13 卷第 16 期，1947 年 3 月 10 日，第 4 版。

⑥ 罗荣渠：《北大岁月》，商务印书馆 2006 年版，第 77 页。

⑦ 《平津地区反饥饿反迫害运动材料》（1948 年 5 月 11 日），载共青团中央青运史工作指导委员会等编：《中国青年运动历史资料》第 18 集，中国青年出版社 2002 年版，第 84 页。

华的党组织在罢课问题上有分歧。

3月31日，北大左派学生卢一鹏前往汇文中学进行“革命”联络，被右派学生殴打，激起同学们的义愤。

4月1日，北大民主墙上开始出现罢课的呼声。

4月2日，北大讲师助教联合会要求学校提高待遇，宣布从4月6日起罢教3天。校内工警也在同一时间罢工。中共地下党乘机宣布3、4、5日罢课3天，以示抗议查禁华北学联，6、7、8日继续罢课3天，以示“响应”讲助会的罢教行动，即连罢6天。

4月3—5日罢课期间，学生上街散发革命宣传品，并在红楼前放广播进行革命讲演，引发当局采取进一步的强硬行动。

4月6日晨，一些人闯入红楼地下室的大地合唱团练唱室，搜查文件，撕毁学校的壁报。

4月7日晨，北平警备司令部致函北大：请协助逮捕柯在栎、田余庆等12位从事公开革命活动的学生。学生们本打算4月8日结束罢课，9日复课，因此事的刺激而决定9日、10日、11日再罢3天。随后，警备司令部作出让步，改“逮捕”为“法院传讯”，但学生仍不同意。

4月9日，北平当局闯入保守势力较强的北平师范学院抓人，造成学生多人死伤，即“四九”惨案。为抗议该惨案，北平各校学生5000人赴北平行辕请愿静坐，表示不释放被捕的师院学生就不走。清华和燕京学生当天也从城外徒步进城参加请愿。请愿行动一直持续到当天午夜，当局被迫让步，不但释放了师院学生，而且承诺不再逮捕12位北大学生。当晚，国民党北平行辕用几辆卡车把清华和燕京学生送回城外。请愿以学生获胜告终。学生决定10日罢课一天，11日结束罢课。

4月11日，国民党北平当局组织“反暴乱反罢课大会”游行，游行队伍用砖块袭击北大红楼和东斋。为表示抗议，学生决定4月12日至18日期间罢课一周，教授亦决定罢教一周。

4月21日，为抗议四川大学“四九”惨案罢课一天。①

---

① 运动经过参考《平津地区反饥饿反迫害运动材料》（1948年5月11日），载共青团中央青运史工作指导委员会等编：《中国青年运动历史资料》第18集，中国青年出版社2002年版，第53—85页。

此为罢课的大致经过，前后罢了 17 天。那么，学生们如何度过这漫长的罢课期呢？4 月 3 日是罢课的第一天，罗荣渠在这天说：“听说清华只罢课一天，这倒是明智之举。因为明天是星期日，后天要放假，何必多安一个罢课名义呢？”微露对罢课的不满。4 月 8 日，罢课即将结束，罗听说华北学联又要罢 3 天，觉得“继续罢课实非智举”，他想起了“一二·一”惨案发生前教授劝学生复课，学生不听，导致惨案发生，“思之伤心。此血的教训应为吾人斗争时所记取。然一般热情有余而斗争经验缺乏的民主斗士所见似不及此，可惜！可虑！”4 月 9 日，数千学生为师院惨案请愿，罗认为事情发展至此已有骑虎难下之势，“愈拖情况一定会愈坏。政治路线决不是直的，同学们热情太高而经验太差，我觉得局势如此僵持下去非常危险”。显然，他对持久罢课的前途感到悲观。4 月 11 日北大红楼遭到袭击，罗荣渠感到无奈：“假如今天无事，明天我们就准备休罢复课了。但是，特务狗仔居然不肯放松我们，又来行凶了！”①

复课似乎遥遥无期，每次快到复课的时候，就发生新情况，给罢课一个新的理由。既然无课可上，罗荣渠打算读一读汤因比的书，却“无聊，读不进书”②。一位不关心政治的哲学系学生也提到学运期间读不进书的现象，他虽想学好专业，“但是在血红的大字报充满血腥恐怖贴在墙角下时，谁能坐在楼上静静的看书？”③4 月 17 日，罢课即将结束时，罗荣渠担心又出新事由，听说两位医学院同学被捕，他“不禁打了一个寒战。因为如果就此风平浪静不再发生这类事件，我们后天就可复课了。我默祷万事大吉”④。

处于学运高潮中的学生，因不断受到游行、请愿、惨案等的刺激，精神高度兴奋，但高峰期一过，取而代之的是极度疲惫，普遍读不进书。1948 年 4 月下旬，经历了近 20 天学运高峰体验的罗荣渠，自觉精神欠佳，“读书不能贯注精神，疲乏想睡”⑤。

---

① 罗荣渠：《北大岁月》，商务印书馆 2006 年版，第 269、273、274、276 页。

② 罗荣渠：《北大岁月》，商务印书馆 2006 年版，第 279 页。

③ 《青年自述：不同学科的青年》(二)，《周论》第 1 卷第 17 期，1948 年 5 月 7 日，第 16 页。

④ 罗荣渠：《北大岁月》，商务印书馆 2006 年版，第 281 页。

⑤ 罗荣渠：《北大岁月》，商务印书馆 2006 年版，第 282 页。

“五二〇”运动期间，他的精神状态也是如此。1947 年 5 月 20 日，他“游行归来已经很疲倦不堪了”，“感觉吃不消”。5 月 22 日，他记到“今天无事，精神又不好，无聊得很”，半小时内连续换了 3 本书看，先是读叔本华的《自由意志论》《心理学与历史学》，读得很费力，只好胡乱读了读王国维的《人间词话》。5 月 23 日，他既无课可上，又无事可做，只好在宿舍晃荡，“书自然是念不进去的”[①]。

1948 年 4 月 21 日是 4 月罢课的最后一天，罗荣渠当天记道：“上课反成了罢课间的休息了，故名之日‘休罢’。今天我虽然高兴又乐得一个假日，但是心中非常沉痛，仔细沉思‘罢课’的道理。下午又有座谈会，现在真是三天一大会，一天一小会了。开会就谈学生运动，谈的趋势好像是今天的工作只是学运，一切都为了学运。”[②] 显然，他对无休止的学生运动感到厌倦，而且意识到学生运动渐已超出其主体——“学生”本身的诉求，变成为学运而学运。表面上，每次罢课都有具体事由，例如抗议查禁华北学联或者抗议某一惨案，但对未卷入党派政治的学生来说，学运给人的印象是“今天的工作只是学运，一切都为了学运”，看不出继续闹下去的目的是什么，故参加学运的积极性降低了。

罗荣渠的同班同学田余庆晚年回忆自己的大学时代：“我们这些人，解放前，是学生运动，那是蓬蓬勃勃的潮流，离开这个潮流，去上图书馆，心情是不自在的。”[③] 其实田余庆非常喜欢读书，却感到“坐图书馆”不自在，可见当时的政治潮流使个体很难超然于外。

校园革命化对学习的第二个影响是，形成了一种不以读书为荣的观念，即认为读书意味着个人精神享受和个人前途，不关心社会疾苦。一位左派学生说：“常常，我看见一个一向不问世事，不看报纸，一味坐图书馆啃书的同学，为某一次事件而愤慨，像火山的突然爆炸一样，他站出来了。”[④] 在这个文本中，所谓“一味坐图书馆啃书”暗示不关心现实，参加学生运动则意味着“站出来了”，意味着担当。

---

① 罗荣渠：《北大岁月》，商务印书馆 2006 年版，第 124—127 页。

② 罗荣渠：《北大岁月》，商务印书馆 2006 年版，第 283 页。

③ 陈其泰：《展望与思考——访田余庆教授》，《史学史研究》1988 年第 4 期。

④ 北京大学学生自治会北大半月刊社编印：《北大 1946—1948》，1948 年 7 月 2 日，第 68 页。

曾担任北大文学院中共南系地下党支部书记的何璞苏在1947年写道：

> 大学生，如果愿意同流合污的话，往上爬的可能性是不小的，然而，我们为什么不趁此机会好好充实自己以作将来进身的资本呢！也许有人说，读书并不是为的往上爬呀！是的，我们知道，做学问，我们不是不愿意。但是，在这苦难的时代，只要不闭着眼睛，塞住眼睛，一定时时会看到血肉模糊的景象，听见呻吟哀号的声音。先生，此时此地，我们怎能安安静静的做学问？我们知道，没有真理的知识是卑劣的，没有民主的科学是危险的，为了这我们痛心地抛弃了做纯学术研究的念头。[①]

在革命者何璞苏看来，身处在这个“呻吟哀号”的苦难社会中，读书意味着自私而缺乏社会责任感，是想“往上爬”的表现。进步教授袁翰青对何璞苏这篇文章大加赞赏：“我们把这一代的青年看成了不喜欢读书的顽皮的孩子，实在是认错了题目，没有了解他们。他们底生活和学习的情形是如此，他们底思想和见解又是如何？这真是一言难尽。”[②]可见袁比较理解成长于抗战期间、深深体会过现实之苦的这代青年的不以读书为荣的心理。与袁翰青一样喜欢接近青年的朱自清将这种心情描述为：“如果一个人落到井里去了，在井旁救他是不行的，得跳下井去救他，一起上来。”[③]或许这是一种“己欲立而立人，己欲达而达人”的道德境界，即仅仅顾自己是不够的，必须顾到大家才行。冯至写于1943年的现代诗《我们的时代》就表达了这种情感：

> 我们到那时——将要拥抱着我们的朋友说：“我们曾经共同分担了——一个共同的人类的命运。”我们也将要共同欢迎着——千百万战

① 何璞苏：《写给师长们的一封信》，载黄大用、何祚宏整理：《宛若流星：何璞苏纪念文集》，2008年自印本，第46—47页。

② 袁翰青：《了解这一代的青年》，《中建》（北平版）第1卷第2期，1948年8月5日，第13页。

③《知识分子今天的任务》，《中建》（北平版）第1卷第2期，1948年8月5日，第5页。

士健壮的归来，共同埋葬几千万死者，我们却不愿意听见几个——坐在方舟里的人们在说：“我们延续了人类的文明。”[①]

——冯至：《我们的时代》

自由主义经济学家哈耶克虽不赞成共产主义，但也承认“共产主义这一类运动背后所蕴含的道德情感的强度，也许只有历史上伟大的宗教运动能与之相比”[②]。因此，袁翰青、朱自清、冯至等同情中共的教授，不约而同地表示要“共同分担了一个共同的人类的命运”，而不是“延续人类的文明”，可见相似的道德倾向易导向相似的政治倾向。例如，看重平等的人更易于倾向社会主义。

1948 年底，一位清华学生描述了两种不同类型的“书呆子”。第一种是现实的逃遁者，把读书作为逃避现实的手段：

老杨是个十足的道学派，他的看法可就不同，他以为根本就可以不管，既来之则安之，以不变应万变，反正二十四史下来，朝转朝，中国人经历尽已不知几许！现在又不是抗日，何必害怕，还是安心念书好，所以老杨还是天天跑图书馆，昏昏沉沉，藏在书堆里。[③]

第二种类型的“书呆子”把读书作为进身之阶：

他要出国了，一看见小李，就大吹起来：‘革命固然是好，大时代的转变也要看看，不过一旦打起来，性命可真危险，不饿死也得打死，我念经济念了三年，好容易换成一套理论，若是一旦死去，何等可惜！摇旗呐喊的工作人人可做，创资本论，除了马克思就没有人可做，这是要许多条件的。以后等革命成功，我再回来，贡献岂不更大，何必作无谓牺牲？[④]

① 冯至：《冯至诗集》，新星出版社 2018 年版，第 150 页。

② ［英］哈耶克：《通往奴役之路》，王明毅等译，中国社会科学出版社 1997 年版，第 165 页。

③ 《孤雁南飞？》，《北大清华联合报》第 6 期，1948 年 11 月 21 日，第 13 页。

④ 《孤雁南飞？》，《北大清华联合报》第 6 期，1948 年 11 月 21 日，第 13 页。

在这段描述中，这位精致利己主义者的形象活灵活现，跃然纸上，因为他确实代表了某一类知识分子。1947 年 10 月，正在美国留学的杨静远一再被父母劝说拿到博士学位再回国，这样回来好当教授。杨静远却认为："除非我打算入美国籍，一辈子不回那个破窝。自己的亲人朝不保夕，一个人能在这儿享福，那不是人性全无就是糊涂虫。说得对，回去一同受苦有什么用？可是除非设法把人体里管情感的那根神经从根切去，这话等于空理论。"[①] 凡此都体现了一种非理性的强烈情感。在非理性的革命潮流下，大家遇事就痛快地上街游行呐喊，不必像一个理性主义者那样思前想后，不必为每一步行动考虑后果。因此，专心读书的人就成了非理性潮流下的异类，被贬称为"老夫子"。

这种风气对喜欢教或喜欢学的师生形成不小的道德压力。教育系学生金扬是一位喜欢读书的民青成员，学生运动起来时他跟着义愤填膺地呐喊，运动过后就回到书斋，继续埋头读书。1947 年寒假，同学给他介绍了一份家教工作，包吃包住，他就搬到雇主家里去住，这样就有了不受干扰的读书环境。他对民青上级保证：在校外只住半年，利用这段时间学一点马克思主义基本理论和近现代史，希望减轻一点校内活动，白天活动照常参加，晚 6 点以后的活动就暂不参加了。但中共地下党开会常在晚上，金扬晚上不在校，多少有点脱离"组织"。何璞荪等几位地下党员提醒他不要因"埋头读书"而"脱离群众"。金扬自己也担心脱离了大的潮流，不久就搬回学校，回到主潮之中。[②]

由此可见，读书与革命的矛盾，不仅在于个人精力有限，无法同时做好两件事，也在于读书往往要求安静的环境，要求"单打独斗"，是个人取向。革命却要求发动和组织群众，需要密切与人接触，是集体取向。换言之，读书是内向超越，革命是外向超越，二者难以相容。革命者看不惯书呆子，一是因为读书代表着一种不问世事、只顾自己的个人主义精神。二是读书直接占用了革命的时间。三是书斋生活自带离群索居的倾向，容易脱离群众——书呆子既不易被发动，也不能去发动别人。

---

① 杨静远：《写给恋人 1945—1948》，河南人民出版社 1999 年版，第 201—202 页。

② 吕万和（金扬）：《岔路口上的指路者——怀念何璞荪》，载黄大用、何祚宏整理：《宛若流星：何璞荪纪念文集》，2008 年自印本，第 101—104 页。

然而，读书是一回事，考试又是另一回事。由于北大向来就有自由散漫的风气，因此，考试相对好应付。戴秉衡先在上海交通大学就读两年，后于1946年秋重新考入北大，他发现两所学校的风气迥然不同：

> 交大的校风严格、认真、有秩序，讲纪律，教师水平高，很负责。课程大多是必修，课堂有级长，上课要点名。同学们个个勤奋刻苦，日夜拼搏，一天到晚在习题的海洋中奋战，按时做题，按时交卷，按时考试，这一学习程序循环往复，无有终止，稍一懈怠，考试就不能及格。初进北大，如同步入了一个洋溢着民主自由气息的学术殿堂，课程很多是选修，大多是跨系科听课，课堂不点名，纪律宽松。同学中有的孜孜不倦，勤奋攻读，成绩优异；有的则不修边幅，放浪形骸，读书不求甚解。两类学生考试时都能顺利通过。①

其实北大的"自由主义"学风早有传统。20世纪30年代的北大学生张中行回忆道，钱玄同的课程只要交了考卷就能及格，因为钱玄同根本不阅卷，收齐了卷子就给学校注册科了。对此，张中行认为："钱先生这样做，显然是认为，学识方面造诣的高低，并不能由考卷上反映出来。这样的看法，据我所知，学生中也有不少人有。也就因为有这样的看法，规定有考试，教师，学生，都常常以逢场作戏的态度来应付。"② 这多少体现了一种精英主义作风。

抗战期间，清华助教何炳棣也注意到北大的风气过于"兼容并包"，"而失之于对学生生活及课业完全采取放任政策"③。复员后，胡适等人也注意到北大学生程度低落，在抗战以来的历次留学考试中均不如清华，故有意加强学业管理。但学校的自由主义风气并不容易扭转。由于这些原因，北大的考试并不难应付，革命者平时无暇上课，考前临时速背也能通过考试。何璞荪自述道：

---

① 戴逸：《初进北大》，载北京大学校友会编：《北大岁月：1946—1949的记忆》，北京大学出版社2013年版，第34页。

② 张中行：《流年碎影》上，北方文艺出版社2016年版，第155页。

③ 何炳棣：《读史阅世六十年》，广西师范大学出版社2005年版，第152页。

> 有一个同学，他独立支撑着一个壁报，写、抄、编、排、经费全是一个人，因此一学期中很少上课，生物要期考了，（他是文学院的）头一天晚上借了一个同学的笔记，开了一晚夜车，（并不是说这是好办法）结果也有七十分。①

能够直接说明考试压力与学生运动之间关联的是，北大医学院、理学院在学运中就明显“落后”于文学院，原因就是功课太重，学生无暇参加政治运动。除借用同学的听课笔记临时速记之外，革命青年应付考试的另一个技巧是选修一些较易通过的课程，例如燕大地下党员高庆琮选修蒋恩荫的课程，原因是蒋点名时从不看人，有人答“到”即可，期末考试交论文。②上海圣约翰大学的学运骨干成幼殊成天忙于“开会，谈话，演剧，写短文”，照她表姐杨静远的观察：“学校之于她，好像只是一个活动的环境，圣约翰的功课大概也松得很，我从没见她读过一本专业书或做任何练习。大考时她曾半个晚上消耗在推敲一个‘民主’歌词上。”③事实上成幼殊很有才华，现代诗写得相当好。

如实在不能兼顾革命与考试，则转到功课较轻松的院系，马识途就是这样从外文系转到中文系。北大教授俞平伯对人说，过去他总以为“爱活动”的学生都是最不成器的，可是，现在他不这么看了，最近从行动和成绩考察的结果，发现这些人，不但能办事而且书也读得好，壁报上的文章也写得不坏。④事实上，这些革命青年头脑聪明，学习成绩虽不顶尖，但也不差。这在那些一心读书的学生看来，是不公平的竞争。⑤

一位兢兢业业读书的经济系学生对那些经常不来上课却能把考试应付过去的“革命家”很看不惯，语带酸气：

---

① 何璞荪：《写给师长们的一封信》，载黄大用、何祚宏整理：《宛若流星：何璞荪纪念文集》，2008 年自印本，第 47 页。

② 宗道一等编著：《周南口述：遥想当年羽扇纶巾》，齐鲁书社 2007 年版，第 57 页。

③ 杨静远：《写给恋人 1945—1948》，河南人民出版社 1999 年版，第 45 页。

④ 何璞荪：《写给师长们的一封信》，载黄大用、何祚宏整理：《宛若流星：何璞荪纪念文集》，2008 年自印本，第 49 页。

⑤ 《青年自述：在校青年》（六），《周论》第 1 卷第 17 期，1948 年 5 月 7 日，第 12 页。

> 我们经济系1948年毕业的那个班里，出了一个名人。那时候好像有个学联的组织，他是副主席，后来还到捷克去参加世界学联大会。……当时只觉得他们那些人与我们有点格格不入。……大学毕业时，我觉得这个大学念得太容易了。像我这样的还算是念点的书，能把考试应付过去了。我很奇怪，那些不怎么念书的，怎么也能把考试应付过去？……他们课上得很少，平时也不怎么看书，到考试的时候，把别人的笔记借来，把参考书看一看，开几个夜车突击，竟然每次都还考得不错。①

由于学校的氛围是关心现实而不在意读书考试，这对那些一心要读书的学生形成了一种群体压力。有些人能够我行我素，有些人则慢慢改变了读书的初衷。

中文系学生艾治平于1945年考入伪北大，入学之初即抱定“两耳不闻窗外事，一心只读圣贤书”。入学半年后，他的家乡冀东地区开始土改，从此靠公费和稿费为生。一方面，他想把书读好，喜欢的课程从不缺课；另一方面，却要卖文为生，半工半读，忙碌程度可想而知：

> 对有些老师的课（如俞平伯、废名、游国恩、沈从文），我从来不缺席，还选了季羡林的《印度佛教史》，偶尔还去旁听朱光潜、冯至讲外国诗歌。这一来其忙乱可想而知，一般是每天睡五六个钟头，中午休息一小时。每天上课、写稿时间外，总会留下两小时读书。这一来虽然学生运动愈来愈轰轰烈烈，我却很少有时间参加，只对读书会偶尔应邀出席。国民党骂搞学生运动的是“职业学生”，我当时也觉得他们读书的时间太少了。②

由于沉迷于读书写作，他虽亲历临大补习班“反甄审”运动的大会小会，竟不知是中共所发动，只知是高年级学生召集的，也曾听说临大有很

---

① 李育和：《北大的“自由”》，载北京大学校友会编：《北大岁月：1946—1949的记忆》，北京大学出版社2013年版，第131—132页。

② 艾治平：《人生自是有情痴》，作家出版社2007年版，第36—37页。

多国民党员和三青团员，却不知究竟是谁。[①] 即便罢课期间，他也照常去上课。1948 年秋季“山雨欲来”之时，上课人数明显变少，季羡林的“印度佛教史”课程只有两位学生上课，其中之一就是艾治平。[②] 由于一心写稿投稿以赚取稿费，在 1946 年至 1947 年的两年期间，他共在报刊上发表了 124 篇文章，“足可证明那时全部身心精力投入上课读书和‘兼差’赚钱以求生活温饱中”[③]。

可就是艾治平这样“横下一条心”读书的学生，身处学生运动热浪滔天的时代，仍不能置身事外。1948 年“七五”事件后，他也加入到学生运动中。史学系地下党员岳麟章知道他善于舞文弄墨，让他写点关于“七五”事件的报道。只用了十来天时间，他写成了一本革命小册子《七五前后》。由于思想确实变得“进步”，他的名字还出现在中共关于“八一九”大逮捕的工作总结中：“中间同学表示愤慨，大都热心参加工作，例如中文系三年级艾治平、李瑛。”[④] 不久，北平解放，艾治平便参加南下工作团随军南下，提前结束了在北大的读书生涯。他晚年回忆起来，充满了想读书而不得的无奈之感。罗荣渠的情形也相类似，他父亲一再告诫他“好好读外国文，将来设法留学”。眼看着身边的好友纷纷去了解放区，他鼓励自己一定要立稳，但后来还是于 1949 年初离开北大，前往哈尔滨俄文专科学校学习俄语。在晚年给女儿的信中，罗荣渠仍然表示抱憾：“大学的四年，时局动荡，学潮起伏，很少系统地学习到多少专业，特别是世界史专业的知识尤为缺乏。”[⑤] 爱读书的他尚且如此，多数人更加难以自外于时代大势。毕竟，那是一个如火如荼的革命年代。

---

① 艾治平：《人生自是有情痴》，作家出版社 2007 年版，第 2 页。

② 艾治平：《我在北大的读书生涯》，载北京大学校友会编：《北大岁月：1946—1949 的记忆》，北京大学出版社 2013 年版，第 59 页。

③ 艾治平：《人生自是有情痴》，作家出版社 2007 年版，第 189 页。

④ 《平津“八一九”大迫害经过》（1948 年 9 月），载共青团中央青运史工作指导委员会等编：《中国青年运动历史资料》第 18 集，中国青年出版社 2002 年版，第 472 页。

⑤ 罗荣渠：《北大岁月》，商务印书馆 2006 年版，第 188、709 页。

第五章　余波：临近解放的北大校园

1948年暑期，国民政府决定镇压北平学生运动，先后公布三批“职业学生”名单，预备实行逮捕。在此情形下，大批左派学生离开北大，奔赴解放区。此后，国共两军开始决战，中共命令国统区学生不必发动大型学运，静待解放军攻城并适当予以配合即可，故1948年秋季以后北大校园再未发生大规模学潮，仅大一学生因生活困难而进行了一次争温饱的校内请愿。在这段平静期，右派学生趁机掀起小小的“反攻”，要求修改自治会投票方法以夺取自治会领导权。但随着国军的失败，北平日益变成孤城，右派学生的“反攻”不成气候，却面临走与留的抉择。支持国民党的学生大多选择离开，大部分人则决定留下。

第一节　“八一九”大逮捕

1948年2月以后，随着东北辽阳、鞍山、吉林、四平等城市相继解放，国民党在东北只余下长春、沈阳等孤立据点。许多东北学生流亡到长春和沈阳，就读于临时设立的中学和进修班。四五月间，东北野战军开始围困长春，国民党当局也以经济困难为由解散了拥有5000多名学生的淞北联中，下令18岁以上的学生全部从军，18岁以下的则进入另一所中学。这使得沈阳和长春等地的学生普遍感到恐惧不安，此时又听说国民党将在北平设立临时中学专门安置东北学生，遂从4月上旬开始纷纷徒步入关。

第一批到达北平的东北中学生有 50 多人，靠美国在华救济委员会发放的食物维生。1948 年 5 月初，抵平的东北中学生达 200 余人，其中有 55 人凭借证件领到北平市教育局发放的救济金（每人 50 万元），这些领到钱的人即把钱与其他同学平分了。[①] 截至 5 月底，抵平的中学生已达 370 余人。[②] 许多东北大学生也纷纷来平，但处境较中学生好得多，尤其是中正大学已决定全体迁校，其学生均乘飞机来平，东北大学、长春大学等校则决定不迁，学生只能自谋前程，无人照管。[③] 东北学生来平以后，发现此前传言的北平将成立临大、临中一事愈发渺茫，他们的吃饭、住宿、求学均成问题。国民党北平当局对此互相推诿，随着流亡学生人数日益增多，只好由社会局拨发 6000 斤粮食和 30 吨煤球进行临时救济。原本受命筹备临大的长白师范学院院长方永蒸从筹备费中拿出 1 亿 2 千万，每人每天发给 2 斤粮食和 1 万元菜钱，使其得以维持基本温饱。[④]

住宿问题较之吃饭问题更难解决。东北流平学生起初露宿街头，后来由北平师范学院右派学生社团生活学习社安排至绒线胡同三青团旧址及西单广济寺居住。几位东北籍的中国大学的学生出于同乡之谊也颇为热心，积极奔走交涉膳宿。由表 10 可见，截至 1948 年 7 月，东北流平的大中学生共约 10000 人，分散于城内各处，多借宿于寺庙等废弃不用的公共建筑。据北大学生罗荣渠的日记，他于 1948 年 7 月 7 日访问绒线胡同东北中学生聚居处，发现住在那儿的中学生最小的十一二岁，大的也不过十七八岁，有的人在屋檐外打地铺，其他人则挤在室内打地铺，“一股酸臭味扑鼻而来”，罗不禁感慨：“这简直是一个贫民窟！”[⑤] 当然，任何群体内部都并非铁板一块，“东北流亡学生”同样如此。虽然多数流亡学生过着朝不保夕的生活，仍有少数人生活优裕，例如住在椅子胡同的沈阳医学院学生两三人

---

① 《无家可归的一群，东北流亡中学生访问记》，《燕京新闻》第 14 卷第 30 期，1948 年 5 月 31 日，第 4 版。

② 《流亡中学生出城，向清华燕京求助》，《燕京新闻》第 14 卷第 30 期，1948 年 5 月 31 日，第 1 版。

③ 《欲留不可迁校无望，东北同学厄难重重》，《燕京新闻》第 14 卷第 29 期，1948 年 5 月 24 日，第 2 版。

④ 《东北来平同学迫切需要救济》，《燕京新闻》第 14 卷第 30 期，1948 年 5 月 31 日，第 1 版。

⑤ 罗荣渠：《北大岁月》，商务印书馆 2006 年版，第 320 页。

住一间，每间还配有床、桌子、凳子等家具。至于少数家在北平有房的东北官宦子弟就距离“流亡”生活更远了。中正大学学生余英时1947年底随父离开沈阳来到北平，一直住在自己家中。①

表10　东北流平学生居住分布表

东北流平大学生			东北流平中学生		
住址	学校名称	人数	住址	校名或籍贯	人数
铁狮子胡同	东北大学	1400	广安寺	沈阳 辽宁	200
黄寺	东北大学	100	西四广济寺	淞北联中	250
黄寺	长春大学	90	安内大兴县胡同	沈阳进修班	200
黄寺	女子文理学院	30—40	拈花寺	热河	1000
国子监	女子文理学院	30	安内棉花胡同	热河	
国子监	渤海大学	40—50	热河同乡会	热河	100
国子监	辽东学院		广安寺内法源寺	沈阳	150
孔庙	东大先修班	900	珠市口东干草场	沈阳 辽宁	160
西四石老娘胡同	松花江大学	40—50	美琪电影院	北镇 朝阳	250
和内后细瓦厂	中正大学先修班	1180	西四南丰盛胡同	热河	100
地外白斜米街	长白师范学院	700	净工寺	辽宁淞北联中	200
东安门锡拉胡同	长白师范学院		前门楼	辽宁	100
椅子胡同	沈阳医学院	280	石老娘胡同	辽宁	150
吕祖阁	河北学院	80—90	吕祖阁	沈阳 辽宁	50
广化寺	锦大先修班	800	西单绒线胡同	淞北联中长春沈阳辽阳北镇等地中学	600

资料来源：《北平“七五”惨案及“七九”大请愿》（1948年9月），载共青团中央青运史工作指导委员会等编：《中国青年运动历史资料》第18集，中国青年出版社2002年版，第387—388页。

那么，北大学生对东北流平学生持何种态度？他们的态度难以一概而论。就北大左派学生而言，他们在1948年五六月间对此事并不热心。一个原因是他们那时正忙于“反美扶日”运动，无暇为东北学生“发声”。更重要的原因是，他们认为这些东北流亡学生“思想落后，对美国政府抱相当大的幻想，这和他们的家庭出身与成分是有相当的关联的。许多同学，因

① 余英时：《余英时回忆录》，允晨文化2018年版，第69页。

为家中是地主阶级，家庭利益受损，因此怀恨共产党”①。在这种观念的主导下，有的左派学生甚至心想：“他们何苦要跑出来呢？还不是一样的”②，对于东北学生选择与国民党军队同进退深为不满。事实上，北大左派的这种思想也非毫无来由。抗战胜利初期，东北学生耳闻目睹苏军在东北的一些行径，由对苏军的恶感渐发展为对中共的误解，这是他们在东北即将解放时选择离开的重要原因。中正大学学生余英时的回忆也印证了这一点：“在中正大学，由于东北籍同学对苏联军队的暴行深恶痛绝，左倾的风气没有机会发展。”③因此，这些学生来平途中路经解放区时，虽受到当地干部的热情接待，但他们仍“存有一些惧怕心理，以为他们是假仁假义的，因此，当政治指导员和他们谈话，希望他们能留下来工作，他们大都谢绝了”④，仍笃定前往北平和天津。由于以上诸种因素，北大左派对东北流平学生印象不佳，“把他们看做反动分子，心想让他们尝尝国民党的苦头，同时，对他们还存在戒备之心，怕他们到学校里来借读，捣毁我们的民主阵营”⑤，迄至七月初一直未给予东北流平学生以声援和实际帮助。与此相反，北大右派壁报“独立评论前锋”却响应北平师范学院生活学习社的行动，在民主墙上写壁报报导东北学生的艰难境况，唤起大家的注意，并发起募捐。⑥

正在此时，北平市参议会于7月3日通过一项议案，“对已到平之东北学生，不论公私立学校，凡有确实学籍及身份证明者，请傅总司令予以严格训练。在训练期间予以士兵待遇，并切实考查其身份、背景、学历等项。确有学籍及思想纯正之学生，暂时按其程度分发东北临大或各大中学校借读，俟东北稳定时，仍令回籍读书；其身份不明，思想背谬者，予以管训；

① 《北平“七五”惨案及“七九”大请愿》（1948年9月），载共青团中央青运史工作指导委员会等编：《中国青年运动历史资料》第18集，中国青年出版社2002年版，第385—386页。

② 《北平“七五”惨案及“七九”大请愿》（1948年9月），载共青团中央青运史工作指导委员会等编：《中国青年运动历史资料》第18集，中国青年出版社2002年版，第393页。

③ 余英时：《余英时回忆录》，允晨文化2018年版，第69页。

④ 《北平“七五”惨案及“七九”大请愿》（1948年9月），载共青团中央青运史工作指导委员会等编：《中国青年运动历史资料》第18集，中国青年出版社2002年版，第386页。

⑤ 《北平“七五”惨案及“七九”大请愿》（1948年9月），载共青团中央青运史工作指导委员会等编：《中国青年运动历史资料》第18集，中国青年出版社2002年版，第393页。

⑥ 《北平“七五”惨案及“七九”大请愿》（1948年9月），载共青团中央青运史工作指导委员会等编：《中国青年运动历史资料》第18集，中国青年出版社2002年版，第395页。

不合格者，即拨入军队入伍服兵役，期满退伍”。此外，该议案还电请“中央”将东北各公立学校的经费和学生公费交给傅作义统筹发放。[①]这个议案包含的将学生“拨入军队”和剥夺学生公费两项都直接威胁了东北流亡学生的切身利益。消息迅速传开了，7 月 5 日，怒不可遏的东北学生们自发结队前往议案发起者——北平市参议会请愿，不但捣毁房屋门窗，还把参议会的牌匾摘下来，改写成“北平市土豪劣绅大会”。至此，学生们仍不解气，又先后去副总统李宗仁家和参议会议长许惠东家请愿。许惠东避而不见，北平市当局却调来大批警察和青年军二〇八师封锁道路，当晚即发生军警打死数名东北学生的惨案，史称“七五”事件。

“七五”事件发生后，华北学联反应迅速，先是成立“华北学生抗议‘七五’血案后援会”，并以此机构召集北平各大学地下党开会讨论。华北学联认为，“为了团结 8000 东北同学，客观环境虽然困难，但我们就是付出一些代价也是有价值的”[②]，先是在 7 月 6 日和 7 日发动同学慰问东北同学，捐款捐面，随后决定 9 日向李宗仁请愿。

7 月 9 日早晨，包括东北流亡学生和北平各校大学生在内的总计 1 万多人的请愿队伍来到李宗仁的住宅，主要诉求是“严惩凶手傅作义”、赔偿一切损失及成立临大、临中收容东北学生。北平市警察局为防止西郊的清华大学和燕京大学入城请愿，于当天早晨 8 时半关闭西直门城门。此前已有 100 多名清华和燕京学生顺利入城，10 时多出发的第二批学生 200 多人受阻于西直门，遂在城外月墙处就地表演抨击傅作义的街头剧。直至下午 6 时半，这批学生仍徘徊于西直门附近，试图进城，遭到“民众自卫队”和郊六分局警察的袭击，其所乘的校车玻璃被捣毁，清华学生 7 人被打伤。[③]与此同时，李宗仁对请愿队伍说：“你们为什么要来找我呢？我对此次惨案事前一点也不知道，也没有接到任何的报告。”[④]李虽强调自己有职无权，但对学

① 王振乾、丘琴、姜克夫编：《东北大学史稿》，东北师范大学出版社 1988 年版，第 160—161 页。

② 《北平“七五”惨案及“七九”大请愿》（1948 年 9 月），载共青团中央青运史工作指导委员会等编：《中国青年运动历史资料》第 18 集，中国青年出版社 2002 年版，第 410 页。

③ 《北平市侦缉大队关于北大校园张贴反美宣传画及标语等情的报告》，北京市档案馆藏：J181-028-00057。

④ 罗荣渠：《北大岁月》，商务印书馆 2006 年版，第 322 页。

生的遭遇表示同情，并强调必须追究“七五”事件的凶手，还建议成立由各方人士共同组成的善后委员会。当请愿学生反映一部分清华和燕京学生被困在西直门外时，李宗仁拒绝再接见学生，只叫人传话说：“城外二三百人还来做什么，你们这样态度是不应该的。”[①]请愿就这样结束了。

其实，7 月 11 日中共中央城工部在答复华北局城工部部长刘仁 6 月 15 日的信中已明确提出“反对不顾周围环境地想搞大的轰轰烈烈运动的倾向”。[②]6 月中上旬，华北学联两次开会讨论暑期工作，认为一学期以来先后发生的反迫害运动、反美扶日运动使同学们较为疲劳，暑期又将有许多人南下返家，留校人数较少，故决定将暑期工作重心放在校内，减少校际活动，不搞大运动。因此，他们起初并未积极涉入东北流亡学生的请愿。[③]但“七五”事件及惨案的发生均带有偶然性，“七九”请愿又是对“七五”的回应，因此也就违背了中共地下党“不搞大运动”的预先计划。

并未参加“七九”请愿的北大学生罗荣渠冷静地观察着事情的走向，在 7 月 9 日的日记中他写道：“一个运动开展，有时是骑虎难下、欲止不能的。”“七九”请愿后，学生与当局间的相互敌视持续发展，学生举行了数次请愿和向社会募捐行动，当局也针锋相对地从 7 月 12 日起派军警及“人民服务队”包围北大、清华、燕京等校，使学生不能自由进出，也就不能上街游行。一位清华学生对罗荣渠说，清华附近的老百姓每家都要出人参加人民服务队，不来的罚小米面 10 斤，参加者则可打进清华新南院的教授住宅区抢粮食，并把守清华园，来往的行人只要是清华学生即饱以粗拳，以达到震慑效果。[④]7 月 31 日，由于逞凶的要求一直未能落实，东北华北学生决定组成南下请愿团，到南京和上海请愿，再次重申此前的数项要求。南下请愿团不及北返，青年部部长陈雪屏即于 8 月 12 日带着“职业学生名单”来到北平预备抓捕学生。对此，一份中共的学运报告这样总结道：“7

---

① 《北平“七五”惨案及“七九”大请愿》（1948 年 9 月），载共青团中央青运史工作指导委员会等编：《中国青年运动历史资料》第 18 集，中国青年出版社 2002 年版，第 413—414 页。

② 《中央城工部对平津学生运动的意见》（1948 年 7 月 11 日），载共青团中央青运史工作指导委员会等编：《中国青年运动历史资料》第 18 集，中国青年出版社 2002 年版，第 194 页。

③ 《北平“七五”惨案及“七九”大请愿》（1948 年 9 月），载共青团中央青运史工作指导委员会等编：《中国青年运动历史资料》第 18 集，中国青年出版社 2002 年版，第 383—384 页。

④ 罗荣渠：《北大岁月》，商务印书馆 2006 年版，第 322—324 页。

月的事件还没有结束，而‘八一九’的大迫害接着到来。这大迫害，当然是有计划的全国性的大阴谋，有其长远的基因，但7月事件也不能不是迫使其加速拿出最后手段的原因之一。”[①] 罗荣渠在7月9日请愿当天的日记中说：“今天的游行不啻是威武不屈的公然反抗，很容易使统治者感到难堪而恼羞成怒。”[②] 这句话仿佛是对接下来的“八一九”大逮捕的预言。

“七五”事件发生后，蒋介石决定对学生运动强力镇压，陈雪屏来平逮捕学生是这一政策的具体化。8月12日，陈雪屏抵达北平当天，北大校长胡适、秘书长郑天挺即与清华校长梅贻琦一道访陈，劝陈勿对学生动手。13日，胡适、梅贻琦又与北平军政负责人傅作义、陈继承等会晤，仍旧试图劝止，未果。[③] 当天胡、梅联名写信给教育部部长朱家骅，谓：“雪屏来，已细商两次，适、琦以为此事万不得已，或可由正规法院执行，若用军警入校，则适、琦以为不可行，行之必使学校陷入长期混乱，无法收拾，政府威信扫地，国内则平日支持政府者必转而反对政府。……故敢本平日忧虑所及，以去就谏阻此事。深盼政府郑重考虑，并乞务专呈总统为感。”[④] 由于国民党当局下决心要强力镇压学生运动，胡适等人的多方奔走并无结果，最后胡适只坚持一点，即“不能允许军警入校搜查”。此外，校方在8月15日即透给学生消息，示其烧毁相关文件。

与此同时，国民党在华北的官报《华北日报》也在积极造势。8月17日，该报刊发《要求安定的读书机会》一文，称从1946年12月至1948年6月，全国各地共发生学潮109次，波及18个重要城市，消耗的求学时间达506日，并强调这些学潮90%“均为匪谍职业学生之一手造成”。该文接下来更进一步提出：

放纵匪谍不是宽大，反而是对真正要读书的青年为莫大的残忍。

① 《北平“七五”惨案及“七九”大请愿》（1948年9月），载共青团中央青运史工作指导委员会等编：《中国青年运动历史资料》第18集，第379页。

② 罗荣渠：《北大岁月》，商务印书馆2006年版，第322页。

③ 《第六十六次行政会议》，载王学珍、郭建荣主编：《北京大学史料》第四卷，北京大学出版社2000年版，第65页。

④ 《胡适、梅贻琦致朱家骅》（电稿），载中国社会科学院近代史研究所中华民国史研究室编：《胡适来往书信选》（下），社会科学文献出版社2013年版，第1111—1112页。

在戡乱的地区中，断不容有共匪的第五纵队存在，前方将士浴血痛剿匪军，后方都市却任令匪谍潜伏于学校之内公开破坏戡乱国策，这又是对前方将士的一种侮辱。治安当局曾一再破获奸匪的“城工”组织，而在学校以内却明知其为匪谍而不加逮捕，学校并非租界，为什么国家庄严的法律权力不及于学校，在法律之前人人平等，学生并非特权阶级，可以逍遥于法纲之外，过去那种优容姑息，也是对法律的尊严一种大讽刺。[①]

8月18日，《华北日报》又刊登《清除共匪间谍！》一文，其中有这样一段话：

中国行宪伊始，一般人士如脱缰之马，徒知滥用自由，而缺乏法治观念。共党职业间谍分子乘之，透过各种青年团体，假“改造”“革命”为名，发为危害国家根本，扰乱社会安宁之谰言。政府责在保卫国家治安，维持社会安宁，不得不依法予以制裁。而社会上若干人士不明民主必须守法，而自由必须循轨之大义，反谓政府对青年施行“迫害”，反指政府“妨害人民身体自由。”共党职业间谍学生在此种空气保护之下，遂得以施展阴谋，为所欲为。政府如欲依法制裁，反觉投鼠忌器。……共党匪徒遂特别着力于发展国军后方之“学运”工作，以学校为租界，作“城工部”之大本营。

文末总结道：“为了预防即将来袭之风暴，政府应即依法律程序，肃清共匪间谍！”[②]可谓申明题旨。

北大学生自治会嗅到了镇压的气息，“具有学运事件‘候鸟’之称”的陈雪屏抵平不久，“一向对他不大客气的北大学生，在八月十七日写给了他一封诚恳而又极其恭维的信。在那封信里，学生们除了说一些请他解决流亡来平学生的各项问题之外，末尾一再请求要求看他”[③]。但陈雪屏此次行踪

---

① 《要求安定的读书机会》,《华北日报》1948年8月17日，第2版。

② 《清除共匪间谍！》,《华北日报》1948年8月18日，第2版。

③ 《北平大捕学生记》,《新路周刊》第1卷第17期，1948年9月4日，第16页。

隐蔽，北大学生起初以为陈住北京饭店，却发现旅客名单里并无陈的名字，继而听说陈化名李某入住，后来又听说陈住在郑天挺家。[①] 显然，这位负有“任务”在身的前训导长在有意回避北大学生。考虑到陈雪屏与郑天挺的交情，其选择住在郑家也合情合理。

自治会同时也在试探胡适等校领导的意见。8 月 16 日，胡适对自治会代表说：“我是一只纸老虎，你们要想在我这里求得保障，简直是做梦。七九请愿的责任，地方当局是要追究的，据当局说：七九游行所散传单上有北大自治会的图章，所以这个责任你们是要负的。”校训导长贺麟对学生代表说：“平时我劝你们，你们不听。我劝地方当局，地方当局也不理，现在叫我有什么办法？关于迫害的消息，我不知道，不过我可以向当局查一查。”校秘书长郑天挺对学生代表说：“这件事学校一定帮忙。”又说：“学校的立场希望同学出庭，私人立场希望同学躲一下。”[②] 可见，作为师长与学校领导，胡适等人夹在政府与学生之间的两难——既要保护学生，又要敷衍当局，结果只能一面竭尽全力向各方疏通，坚决阻止军警入校，一面劝诫学生略为收敛，宣布停止“职业学生名单”上的学生的学籍，实则就是放学生走。

8 月 17 日，行政院颁布“彻底肃清匪谍，安定后方秩序”的通令，称“对于各校学生意图妨碍戡乱，而罢课游行，聚众请愿，扰乱治安，或文字鼓动，或口头煽惑，为匪宣传迫害秩序者，应切实禁止，制止，或解散，其重要之现行犯，应捕送特种刑事法庭，依法处理”，可谓“磨刀霍霍”。[③]8 月 19 日清晨，北平军警包围北大，同时送达“潜伏在各院校之共匪职业学生名单”，即第一批名单，北大有 71 人。其中，43 人属于“情节重大且有逃亡之虞者，并依法签发拘票，迳予拘提”，因拘提无着，21 日被当局宣布通缉。除此之外，第一批名单尚余 28 人属“传讯”性质，案情略轻。8 月 20 日，当局将北大的第二批“职业学生名单”送达校方，共 22 人。此

① 《平津“八一九”大迫害经过》（1948 年 9 月），载共青团中央青运史工作指导委员会等编：《中国青年运动历史资料》第 18 集，中国青年出版社 2002 年版，第 464—465 页。

② 《平津“八一九”大迫害经过》（1948 年 9 月），载共青团中央青运史工作指导委员会等编：《中国青年运动历史资料》第 18 集，中国青年出版社 2002 年版，第 465 页、第 468 页。

③ 《北平大捕学生记》，《新路周刊》第 1 卷第 17 期，1948 年 9 月 4 日，第 16 页。

22 人与第一批的 28 人同属“传讯”性质。[①] 总之，两批“职业学生名单”共涉及北大学生 93 人，北大校方对此的答复是：“其中有两人查无其人，四十六人已于七月二十一日开除学籍，七人已离校南下，四人已毕业在外实习，二人已毕业，六人已由训导处派人偕同赴法庭报到，一人即将报到，二十五人不在宿舍。……尚未到案之学生，务必认清当前环境与自己及全校同学之前途于明日（23 日）下午三时以前至训导处报到，由本校派员陪往刑庭，否则停止学籍。”[②]

学校虽以上述辞令应付政府，两批名单上的北大学生实际情形如何？这些学生的去向分为以下几类：一、暑期返家；二、早在放暑假前已赴解放区；三、参加“七五”事件南下请愿团，尚未北归；四、正在参加华北局城工部所办的学运干部训练班；五、有 15 位榜上有名者仍滞留在北大沙滩区。总之，两批名单加起来的 93 人中，有 57 人已入党，占总数的 61.29%。[③] 其余未入党者也多为加入民青、民联的积极分子，或在学生自治会担任理事等公开职务。因此，可以说这两批名单几乎全为北大左派学生。

在“八一九”之前到达解放区的学生，多为身份较暴露者，在国统区已不能安全容身，故于 1948 年上半年纷纷离开。例如，名列“被通缉”行列的北大大四学生罗毅军于 1948 年 4 月奔赴解放区，其时距离毕业只有两个月。他晚年回忆当时情形如下：“这个时候，政治气氛就已经比较紧张。而且我那个时候书也不大念得下去了，拿不拿文凭也无所谓了。有时我在路上走的时候，感觉到身后似乎是有人在盯梢，不止一次有这种迹象，所以就想干脆我也到解放区去革命吧！”[④] 时为金陵大学学生的历史学家章开沅是党外积极分子，因在学校组织了以“中国往何处去”为题的辩论会而被当局盯上，也只好去解放区。[⑤] 中共地下党在一份学运报告中也注意到这

① 王效挺：《关于 1948 年“八一九”大逮捕及黑名单的一些情况》，《北京大学校友通讯》第 17 期，1995 年 5 月，第 14—16 页。

② 《第六十七次行政会议》，载王学珍、郭建荣主编：《北京大学史料》第四卷，北京大学出版社 2000 年版，第 66 页。

③ 王效挺：《关于 1948 年“八一九”大逮捕及黑名单的一些情况》，《北京大学校友通讯》第 17 期，1995 年 5 月，第 17 页。

④ 檀秋文主编：《银海沉浮录：罗艺军口述历史》，中国电影出版社 2015 年版，第 38 页。

⑤ 章开沅口述，彭剑整理：《章开沅口述自传》，北京师范大学出版社 2015 年版，第 97 页。

一现象："我们的主力也相当暴露，每次斗争总有一大批骨干撤退。"[①]事情几乎总是这样，凡积极参加学运的人事后必相机失踪，除非坐以待毙。

自然，也有深藏不露者，例如北大史学系学生肖松是中共南系地下党负责人，却未上"职业学生名单"。无论是选举史学系系会主席还是全校学生自治会理事，肖松均不参加，却推举同班同学彭庆遐竞选。[②]同系同学如罗荣渠、张守常等人均不了解肖松的身份。当张守常接到彭庆遐令其办壁报的指令时，他明白："这不是庆遐个人作出的决定，是系会的决定，而且还知道这是（不可能不是）党组织的决定，不管庆遐是不是党员，但必然是受党领导的。领导系会的党组织的负责人是谁呢？我不知道。"[③]1949年2月，已经解放的北大正选举参加学联的代表，罗荣渠在日记中记道："今天开会时的情形很微妙，从来不出席的许公、萧公（指肖松）今天都到了，来耍了一套双簧，结果萧公以五票当选"[④]，可见肖松平时有意避开各类公开活动。对此，彭庆遐晚年幽默地形容肖松为史学系系会的"总参谋长"。[⑤]藏得像肖松这样深的毕竟是极少数，多数学运骨干乃至党外积极分子都在1948年上半年的数次学运后跑去了解放区。这年5月，罗荣渠感慨在北平的中学校友越来越少，"世魁、士英、忠善、懋隆一个个悄悄地走了。我听说清华最近走了文霖、德华、锡光，不知确否？"[⑥]

此外，还有少数上榜者于7月底参加了南下请愿团。8月19日，他们正在南京向各界报告"七五"事件的经过，得知自己上榜后即逃往乡下，后来辗转去了解放区。

此时华北局城工部正在泊头镇举办学运骨干训练班，参与受训的平津

---

① 吴学谦：《当前上海学运中几个问题的总结》（1948年12月），载中共浙江省委党史研究室、中共杭州市委党史研究室编：《解放战争时期第二条战线：学生运动卷》（下册），中共党史出版社1997年版，第41页。

② 肖松：《深切怀念彭庆遐同志》，载曾建徽主编：《彭庆遐同志纪念集》，1996年自印本，第34页。

③ 张守常：《悼念彭庆遐学长》，载曾建徽主编：《彭庆遐同志纪念集》，1996年自印本，第43页。

④ 罗荣渠：《北大岁月》，商务印书馆2006年版，第476页。

⑤ 彭庆遐：《峥嵘岁月——1946—1948年母校生活回忆》，《北京大学校友通讯》第11期，1993年5月，第19页。

⑥ 罗荣渠：《北大岁月》，商务印书馆2006年版，第296页。

地区大学生共 71 人，其中有 17 人上了“职业学生名单”。城工部考虑到另外尚有数位学生虽未列名但相当暴露，故决定在名单的与暴露的共 24 人统统留在城工部。[①] 其他尚未暴露的 47 名受训学员则返回学校。半年后北平解放，留在城工部的人随军接管北平，成为后来北平市委的主要人马。

除了这些不在校的人，尚有 15 位上榜者仍滞留北大沙滩区，大多属于第二批名单，即自治会的理事们。这一点连中间立场的学生罗荣渠也看出来了：“读报才知昨天第二次所发出的拘票共七十余人，北大有王金涛、颜琳、袁洪泽等，我看大抵全是理事先生们。”[②]8 月 22 日，周恩来亲自起草了《蒋管区斗争要有清醒头脑和灵活策略》，指示：“不论党内党外，凡是已经暴露或为敌特注意的分子，都应设法离开岗位，首先向解放区撤退。其已进入解放区受训者（如泊头），目前绝不容许再出去。”[③]

如何使这些人安全转移，成为地下党面临的主要问题。北大各校区自 8 月 19 日清晨开始被围，各路口都有军警把守，并有校内内线的配合，“如有应捕之学生，由校出来，内线人员暗中指明，即予拘传”，参与此次抓捕的警察每人每天可补贴餐费 200 万元。[④] 校内的右派学生积极通风报信。因左派学生经常在女生宿舍灰楼开会，右派女生曹式懿即守在女生宿舍灰楼门口。另一右派学生金承艺也在民主墙上写文章批评左派学生。[⑤] 形势使得上了名单的人必须尽早离开。但有的学生却仍大摇大摆于学校，例如第一批名单上的李鸿藻在 8 月 20 日早晨仍在校门附近吃早点，被内线看到报告军警而立即被带走，幸被其他同学看见，10 余人一拥而上将李抢回，并称不能逮捕不在名单上的学生（李鸿藻已将学生证上的姓名涂改为熊易生），方

---

① 《刘仁关于暑训班平津学生来去情况及接上了黑名单教授出来的报告》（1948 年 9 月 3 日），载共青团中央青运史工作指导委员会等编：《中国青年运动历史资料》第 18 集，中国青年出版社 2002 年版，第 220 页。

② 罗荣渠：《北大岁月》，商务印书馆 2006 年版，第 350 页。

③ 《蒋管区斗争要有清醒头脑和灵活策略》（1948 年 8 月 22 日），载《周恩来选集》上卷，人民出版社 1980 年版，第 311 页。

④ 《北平市侦缉大队关于北大校园张贴反美宣传画及标语等情的报告》，北京市档案馆藏：J181-028-00057。

⑤ 《平津“八一九”大迫害经过》（1948 年 9 月），载共青团中央青运史工作指导委员会等编：《中国青年运动历史资料》第 18 集，中国青年出版社 2002 年版，第 463、466 页。

免被捕。[①] 参与“抢回李鸿藻”行动的颜琳被军警询问“你是谁”，颜慨然回答：“我是自治会理事”。过了不久，第二批名单即送到学校，颜已赫然在列。对于学生这种缺乏警惕的行为，数次见及李鸿藻等人大摇大摆于学校的郑天挺批评道：“这样招摇过市是甚么意思？是不是怕人家没有入校逮捕的理由。”[②]

之所以出现这种情况，一是因为此前左派在校得势，当局一直没有对北大采取实际的镇压措施。1948 年 4 月，当局曾准备抓捕 12 名北大学生，后因校方和学生的反对而未遂。因此，左派学生在一定程度上存在轻敌心理。二是因为学生对校方抱有较高期望，希望学校能阻止军警入校。自治会代表 8 月 20 日去见胡适时碰了钉子，胡适对他们说：“学校不能说特刑庭不合法，你们也不能说它不合法。”24 日胡适又对学生代表周绪平说：“你不要来找我了，再来就开除你。”于是学生决定采取集中住宿的办法，发动所有留校同学搬到红楼住，这样即便军警入校抓人，也难以认人。孤悬于外的北大四院也在筹划全体迁入沙滩红楼。其时，名列“职业学生名单”的四院学生林道茂和闻人昌早已迁到沙滩区，这一点四院主任樊际昌也知道，于是不同意学生搬往红楼。训导长贺麟也不肯借校车给四院，胡适对此更是大发脾气：“你们要求全北大同学集中住红楼，这是一二人所操纵的……自治会发动事情不能用签名方式，应当用无记名投票才能保证投票人投票的自由。”可见胡适对左派学生们平日在校把持舆论的行为早有不满。8 月 21 日，北大四院学生听说军警闯入北平师范学院抓人，感到人人自危，连中间分子也同意集中住宿，大家立即搬铺盖住教室，还在教室里喷了消毒剂。23 日，四院学生才返回各自宿舍居住。[③]

与此同时，沙滩区学生也因军警进入北平师范学院而大感紧张，加紧转移上了名单的学生。待转移的学生分为两部分：一部分学生于 8 月 22 日

① 《北平市侦缉大队关于北大校园张贴反美宣传画及标语等情的报告》，北京市档案馆藏：J181-028-00057。

② 《平津“八一九”大迫害经过》（1948 年 9 月），载共青团中央青运史工作指导委员会等编：《中国青年运动历史资料》第 18 集，中国青年出版社 2002 年版，第 472、468 页。

③ 《平津“八一九”大迫害经过》（1948 年 9 月），载共青团中央青运史工作指导委员会等编：《中国青年运动历史资料》第 18 集，中国青年出版社 2002 年版，第 468—469、476—477 页。

晨由十余位同学掩护，自松公府校门同时出发，有的往南，有的往北，被掩护者则趁乱来到西语系英籍教授 Empson 家躲藏，再设法经天津前往华北局城工部所在的河北省泊头镇，北大学生袁洪铎等 6 人就是这样逃走的。另一部分学生原计划由红楼翻墙至东斋吴恩裕教授家里，由吴设法找人着国军军装开吉普车到东斋，把军装换予躲藏的学生穿上，再出来坐吉普车逃走。幸运的是，22 日清晨正遇上军警换岗的空隙，学生径自从吴恩裕家雇三轮他往，刚一撤走，上岗的军警就来了。① 总之，被困于沙滩区的 15 名上“榜”学生最终顺利离校，先在教授家暂为躲避，随后于 9 月初到达泊头镇。

此前，北大地下党员宋柏（原名王连平）于 1948 年 6 月毕业后即前往泊头镇华北局城工部学生室工作，据他 9 月 3 日的日记：“晚过河看康、藻、李德、徐、闻，没有见到朱、任，在那里谈了老半天，知道离校后的一些情形：鸿一度被逮，又跑了回来；颜琳的新衣服，地道里的躲，张坚的被关，都很有意思，但可以想到当时的惊险情况。”②9 月 4 日，宋柏在日记中又记道：“皮球已到，并到四号，加上任、朱、林共十个人。……傍晚颜、袁到。颜推了光头，样子很可笑。袁换了黑眼镜，真像个学究。这是来人最多的一批。又看到树滋、赓和也快来了。”③9 月 9 月，他在日记中记道：“培芝已经安全到达泊头……带来的东西、衣服都收到了。钢笔被她半路丢了，因为怕出事。”④ 至 8 月 22 日，北大沙滩区的“职业学生名单”上榜者几乎全部转移，仅有农学院和医学院的 7 人被捕。农医两院尤其是农学院内线较多，军警在内线的配合指认下得以抓捕数名学生。

北平警备司令陈继承在北大校方坚决抵制军警入校的情况下，只好让步。8 月 24 日，陈继承复信胡适：

---

① 《平津“八一九”大迫害经过》（1948 年 9 月），载共青团中央青运史工作指导委员会等编：《中国青年运动历史资料》第 18 集，中国青年出版社 2002 年版，第 473—474 页。

② 按，“康”指康敏心，“藻”指李鸿藻，“李德”指李德齐，“闻”指闻人昌，“朱”指朱衣人，任指“任世昌”，均为位列“职业学生名单”者。“徐”所指不确。

③ 按，“林”指林道茂，“颜”指颜琳，“袁”指袁洪铎，“赓和”指杨赓和。“皮球”“四号”及“树滋”所指不确。

④ 按，“培芝”指于培芝。宋柏：《1948 年的几页日记》，《北京大学校友通讯》第 17 期，1995 年 5 月，第 10—11 页。

适之先生：

收到先生23日的信。关于特刑庭传讯学生的事，治安机关有协助执行的责任，先生负责保证贵校被拘传的除到案的以外已无一人在校，我们当然相信，……我们希望凡确知不在北平的学生，请学校方面转知他们，从速到当地法庭投案，否则也一样开除学籍。如果他们或他们的同党再在学校活动，负有司法警察任务的宪警，将根据职权，随时到学校逮捕，这是该先向先生声明的。[①]

由此可见，北大校方与北平当局之间达成共识，双方都作出了让步。学校的让步是开除名单上的学生，使其无法继续以学生身份在北大校园从事革命工作。北平当局的让步是相信校方关于名单上的人“已无一人在校”的保证，最终没有入校抓人。8月24日，北大训导长贺麟陪同北平市警察局局长杨清植、北平警备司令部政工处处长汪道渊、宪兵十九团团长梅庆岚等人巡视北大红楼、四院、工学院、医学院等处，北大周围的戒严正式解除，此次逮捕行动告一段落。[②]

以各校情形论，此次北平第一批“职业学生名单”共250人，其中北大71名，北平师范学院35名，清华31名，燕大31名，辅仁24名，朝阳大学11名，中法大学4名，华北学院16名，铁道学院7名，中国大学12名，国立艺专8名。北大上榜人数最多，却是各校中唯一未遭军警闯入的学校。城内学校如辅仁、朝阳、中国大学等校的学生在名单公布当天就遭到军警入校逮捕，一些未在名单的学生也因缺乏证件被捕。燕大和清华苦撑了几天，最终军警分别于8月21日和22日进校搜捕。

关于军警搜捕清华，北大学生罗荣渠因暑期暂住清华园而成为见证者。据他8月22日的日记，下午3时清华校长梅贻琦自城内打电话通知师生做好军警入校的准备，晚饭后，清华学生在明斋前集合以备检查，外校学生（包括罗荣渠）则在体育馆前集合。6时半，军警入校检查，核对每位学生的证件和照片，对看名单上有无其姓名。罗注意到，军警对北大、师大、

① 《胡适陈继承交换函》，《益世报》（天津）1948年8月25日，第3版。

② 《军警宪负责人员往访胡适校长》，《益世报》（天津）1948年8月25日，第3版。

朝阳等几个上“榜”人数较多的学校的学生查验极为仔细，对他校学生则不多加留难。两天后，罗荣渠途经燕京大学附近一个路口时尚因北大学生的身份而被把守的军警挡住仔细检查。在清华被搜捕的过程中，令罗大感意外的是军警“都不是我想象的凶恶可怕，反之倒很是彬彬有礼。在开始检查第一个同学时，他还向同学先微微鞠了一个躬。我看那领队的官长（大概就是所说的某处长吧）也很斯文有礼，笑嘻嘻的。他对陈福田教授说：‘贵校真是太大了，真说要搜查的话，就是一个星期也检查不完，哈！哈！’搜查完毕，一位‘同志’走过来招呼培先（罗的同学），原来他们是熟人。他说他们不过是奉了命令来的，搜查也还不是那么一回事。事实也是如此，检查宿舍的军警根本是在掩耳盗铃地依样画葫芦而已。他们并没有进入各斋的每人寝室去搜寻什么证据或禁物，只是大致看看寝室里有没有人就算了，有些寝室甚至连瞧也没有一瞧”①。

同在现场者，各人观感各不相同，留下的文本也不尽一致。刊登在《新路周刊》的一篇文章则对搜检清华的军警产生负面印象：

> 当陪同检查的教授和一群军警见面时，两排分立，中间一位宪兵连长走来走去，他看看清华浓绿的树荫和汩汩的小溪之后，就顺便发了点小牢骚：“赶明日我也考考清华，休养休养！”弦外之音是，有这么好的环境，还不安心读书。有一位教授却觉得学校是读书的，不是休养的，所以就对他说了这么一句：“你还没有看到图书馆，那儿每天读书的学生，总是坐得满满的。”而那位连长在“哼”了一声之后却说：“哼，如今的大学生真不像样。”……这位教授无可奈何之余，自然是无话可说。②

这段话体现了当时颇有代表性的一种观点，即认为学生白拿国家公费，浪费大好的读书机会于罢课游行中。其中尤其体现了作为武人的军警与作为文人的学校师生间的隔膜与敌视。

---

① 罗荣渠：《北大岁月》，商务印书馆 2006 年版，第 352—353、355 页。

② 《北平大捕学生记》，《新路周刊》第 1 卷第 17 期，1948 年 9 月 4 日，第 17 页。

与清华等校相比，北大免于搜捕已属幸运，但在接下来的 1948 年秋季学期中，学运不可避免地偃旗息鼓了。除了 11 月初小小地爆发了大一学生争温饱的校内游行，北大在和平解放前再未发生轰轰烈烈的学潮。但这只是山雨来临前的平静。

第二节 左右之间的最后较量

1948 年 9 月初，随着大批毕业生和名列“职业学生名单”的左派学生的离校，北大“民主广场上人影稀疏，呈显出空前的冷落”。左派方面“皆较暑假前沉寂。一般群众愤恨敌人，但亦无可奈何，有恐慌心理，不敢公开出头”①；右派方面则“暗流回涌”，欲趁左派力量空虚之际扳回一局。因此，1948 年九十月间，左右阵营之间围绕社团登记法、学生自治会选举法、争温饱运动展开了北平解放前的最后一次较量。

9 月 11 日，北大还未正式开学（9 月 13 日开学），训导处就贴出《布告》，要求校内各社团于 10 月 14 日前“来训导处办理登记手续”，凡“不登记者，不准张贴壁报，并不准享受登记社团之一切权利”。《布告》还附发了新版《北京大字学生社团登记及管理办法》，规定不仅社团负责人须登记，所有社员也须登记；原已登记的社团，须重行登记；每次壁报出刊，须将壁报负责人的名字写在壁报上，以示文责自负。②尤其是“全体社员”必须登记的规定，较之此前仅要求社团负责人登记的规定更加严厉，显系“八一九”事件后校方重新加强学生管理之举，遭到学生的普遍反对。学生们就此事询问训导长贺麟，贺麟说：“条文是死的，执行条文的人是活的！”③学生才安下心来。

---

① 《平津学校近况》（1948 年 10 月 21 日），载共青团中央青运史工作指导委员会等编：《中国青年运动历史资料》第 18 集，中国青年出版社 2002 年版，第 613 页。

② 王学珍等主编：《北京大学纪事：1898—1997》，北京大学出版社 2008 年版，第 466 页。

③ 《北大社团登记仍照上期办理》，《北平学生》第 8 期，1948 年 9 月 29 日，第 1 版。

此外，数位学生自治会理事因“八一九”而离校[1]，导致自治会难以为继。因此，开学后，北大很快开始改选自治会。但左右双方在投票规则上存在较大分歧。自 9 月中旬开始，政治系右派学生金承艺以其主办的壁报“独立评论前锋”为阵地，发表了一系列异调：“北大是不民主的，惯以多数压倒少数。”“北大充满左右派斗争，只有我们才是最公正的，不偏不斜的第三者”，吸引了黑压压的新旧学生上前围观。10 月 7 日，各系级开会选举出了出席全校学生自治会代表大会的代表。在政治系 1945 级级会上，金承艺等 7 人提议采用单记名投票法选出代表。[2] 此前，无论是系级投票还是全校投票，均采用连记名法。两种投票方法的区别在于，按照单记名法，无论最终要选出多少位理事，每位选民只能投一个候选人；按照连记名法，每位选民可以同时投给多人，视需要而定。例如，全校自治会共需选出 23 位理事，若用连记名法，则每个投票人可以连选 23 人，若用单记名法，每个投票人只能选 1 人，从而造成选票分散。结果便是，连记名投票法可以保证选出的绝大多数理事均代表大多数人的意志，单记名投票法则有可能选出一些票数相对靠前，但并未获得半数以上支持的人。换言之，单记名投票法可以保证少数派在自治会亦有其代表，连记名法则容易导致自治会全部为多数派占据。因此，单记名法对右派学生有利，连记名法对左派学生有利。

金承艺的提议遭到其他人的反对，有人提议对投票法进行表决，金心知对方的人占多数，若表决肯定于己不利，于是拒绝表决，并宣布退出政治系 1945 级级会。这样，当天的选举仍然采用连记名法。翌日（10 月 8 日），级会将选举结果公布在壁报墙上，被一位支持单记名法的学生撕去。与此同时，“独立评论前锋”继续在壁报墙上“揭露”所谓复员以来北大的左右之争，遭到“大众”“生活”“希望”等左派壁报的一致抨击。[3]10 月 10 日，各系级此前开会选出的代表正式出席全校自治会代表大会，讨论新届自治会理事选举问题。在这次会上，又有一位法学系四年级代表提出，选

---

① 《迫害阻断不了工作，北大增办“报导”，清华准备迎新》，《北平学生》第 4 期，1948 年 9 月 2 日，第 1 版。

② 晓白：《北大近讯》，《北平学生》第 11 期，1948 年 10 月 19 日，第 4 版。

③ 罗荣渠：《北大岁月》，商务印书馆 2006 年版，第 374 页。

举理事应采用单记名投票法，被与会者质疑这到底是其个人意见，还是法律系四年级的意见，随后开始表决。[①] 这一提议以 1∶100 的比例被否决了。[②]10 月 12 日，气急败坏的“独立评论前锋”在壁报墙上声称：“主席控制会场……多数表决不民主。”[③]

其实，单记名和连记名投票法各有优劣，左右两方对此亦各取所需，“独立前锋评论”派无非是想通过单记名投票法选出代表己方的自治会理事，打破左派独占的局面。因此，对于这两种投票法，校方及教授们亦各依不同的立场得出不同的评价。立场偏左的教授楼邦彦在 10 月 23 日自治会竞选会上鲜明地表示：自治会“如何组织根本无所谓，不必在某些细节上大加争执，甚至提出什么政治学上从没有见过的名词来胡搅。……在争执着细节而且故意把学生自治会和通常政治组织相比的，除了一些消极的向来不问团体生活的人我们可以不管外，就是一些积极破坏团体生活的分子，对于他们，大家可以请他退出团体去，至少可以在精神上不把他们当作团体的一分子”[④]。尽管如此，大部分教授仍然表示：“选举之方法，以更自由民主能表现多数人之意见为更好，但少绝对之意见。”[⑤]

除北大之外，燕京大学左右派学生之间也围绕连记名、单记名展开斗争，一度选出了两个自治会。对此，燕京大学校长司徒雷登表态道：“无论在国家、政党、学校或任何组织里，反对派之产生乃民主之秘诀。燕京一向是由一部分人在搞自治会，其他同学不太过问，本人甚喜欢在同学中持反对意见者也表示他们的主张，此实燕园民主环境中之一可喜现象”[⑥]，可谓立场鲜明。燕京大学校务委员会主席陆志韦的态度则较温和：“‘单记’，或‘连记’投票办法，各有利弊，也都不完全民主，所以折中办法有考虑的必要。”[⑦]

10 月 29 日，新一届北大学生自治会理事按连记名方法选出，一共 21

---

① 晓白：《北大近讯》，《北平学生》第 11 期，1948 年 10 月 19 日，第 4 版。
② 《连记名？单记名？》，《北大清华联合报》第 3 期，1948 年 10 月 21 日，第 15 页。
③ 晓白：《北大近讯》，《北平学生》第 11 期，1948 年 10 月 19 日，第 4 版。
④ 《竞选》，《北大清华联合报》第 4 期，1948 年 11 月 1 日，第 6 页。
⑤ 《选举问题 红墙上辩论热》，《益世报》（北平）1948 年 10 月 17 日，第 4 版。
⑥ 《燕大自治会目前有两个》，《华北日报》1948 年 10 月 17 日，第 5 版。
⑦ 《陆志韦谈选举》，《燕京新闻》第 15 卷第 14 期，1948 年 9 月 27 日，第 1 版。

人当选理事，左派仍然占据主导。与此同时，北平逐渐被中共军队包围，变成了一座围城。金承艺眼见“局势是一天天的垮下来了”，遂于 11 月间离开北平，后来渡台。[①]1948 年秋季围绕自治会选举法的争论随即走入历史的尘埃。

在慢慢变成孤城的同时，北平的经济形势迅速恶化，金圆券的贬值速度更甚于从前的法币。据北大学生罗荣渠日记所载，1948 年 10 月 4 日，一袋面粉市价十几元，10 月 5 日涨至 30 元，10 月 6 日涨至 40 元。[②]罗荣渠是全公费学生，按月领取当局发放的面粉和副食费，情形尚不算差。自费生面对这种情形则叫苦不迭。前文已述，国民政府自 1947 年开始改公费制为奖学金制，规定自 1947 级新生开始，奖学金的覆盖比例不得超过 20%，且必须学业成绩名列前 40% 的学生才有资格享受奖学金。此前国民政府财政状况尚宽，故北大当局能一再为学生多争取奖学金名额，对一些不够奖学金资格的学生，以其家在解放区为由而申请“难区”学生救济金。随着国民政府财政吃紧，北大只好严格执行奖学金政策，1948 年秋季入学的 440 名新生中仅有 88 人（占 20%）享有奖学金，其余均为自费。[③]此时北平物价扶摇直上，一些自费生从家里带了一些盘缠来校报到，原以为至少够用一个月，却很快“贬值得连一星期也维持不了”，另一部分自费生家里的“钱还未寄到，下月伙食无从着落”。四院的大一膳团可以吃到 10 月 12 日，沙滩区大一膳团却只能维持到 10 月 8 日即须重新缴费。[④]怎么办？

中共地下党领导下的北大学生自治会认为，“迎新是开展工作的重要关键”[⑤]，他们很快领导新生们开展“争温饱”运动。10 月 9 日，大一新生联合起来，成立北大大一自费同学请援团，派代表去见北大秘书长郑天挺和训导长贺麟。一开始的诉求是请校方为学生担保贷款贷粮，以解决眼前的温饱问题。郑天挺当即答复可从公费生的面粉中挪借 100 余袋给大一新生，

① 郭存孝：《胡适与门人金承艺》，《传记文学》第 100 卷第 3 期，2012 年 3 月，第 86 页。

② 罗荣渠：《北大岁月》，商务印书馆 2006 年版，第 371 页。

③ 《北大新生“要饭吃”，昨日罢课请愿》，《华北日报》1948 年 10 月 14 日，第 5 版。

④ 悯人：《北大大一自费同学请愿记》，《北大清华联合报》第 4 期，1948 年 11 月 1 日，第 9 页。

⑤ 《平津学校近况》（1948 年 10 月 21 日），载共青团中央青运史工作指导委员会等编：《中国青年运动历史资料》第 18 集，中国青年出版社 2002 年版，第 614 页。

大一新生的伙食费可以暂缓缴纳。新生们对这一建议不满意，认为“这究竟不是根本解决办法，我们吃了公费同学的面粉，不能看着公费同学也跟着我们一样挨饿；而且，借了他们的面粉自然要还”。[①]10月11日，新生们再次开会商议，将诉求从请求校方贷款改为要求全体享受公费，在实现全体公费之前，先争取校方贷款。

10月13日，沙滩区的自费新生全体赴训导处请愿。此时，全校正在热议自治会选举到底该采用连记名投票法还是单记名投票法，北大训导处便将计就计，对沙滩区大一学生说：“你们没有资格代表全体，你们只能代表你们自己。”这些学生只好呼吁四院的自费新生们也一起加入，这样才可称为名副其实的“全体大一学生”。13日上午，沙滩区及四院的300余名自费新生一起到训导处请愿。[②]训导长贺麟对请愿学生们表示，学校已征得北平市社会局同意，将在近期为每人发1/3袋面粉（相当于全公费生每月主食的一半）。此外，针对学生建议照以往办法以“难区”学生救济金的名义发给自费同学粮食，贺麟表示已有102人申请，要等教育部批准才可以发。[③]这一答复自然还是不能让学生们满意。

就在这时，教授们罢教了。通货膨胀不仅学生难以承受，教授们的生活也深受影响。10月25日，82名教授共同发表《停教宣言》，宣布罢教3天，要求学校一周内借支2个月的薪金。10月26日，北大讲师讲员助教联合会亦响应教授的罢教，宣布停教5天。10月27日，北大学生自治会宣布全校学生“总请假5天”，并成立“北大争温饱委员会”。[④]至此，“争温饱”运动不仅局限于大一新生，教师群体和二、三、四年级的自费学生也加入了进来。

11月1日，学生的“总请假5天”本应结束，但因全面公费的诉求没有实现，全体大一自费生来到校长办公室请愿，要求：（1）给我们特种救济金（与全公费待遇相同）；（2）特种救济金教育部未答复前请学校暂垫；

---

① 悯人：《北大大一自费同学请愿记》，《北大清华联合报》第4期，1948年11月1日，第9页。

② 悯人：《北大大一自费同学请愿记》，《北大清华联合报》第4期，1948年11月1日，第9页。

③ 《北大新生“要饭吃”，昨日罢课请愿》，《华北日报》1948年10月14日，第5版。

④ 王学珍等主编：《北京大学纪事：1898—1997》，北京大学出版社2008年版，第468—469页。

（3）已申请“难区”救济金及特种公费而教育部未拨下者请学校垫发。[①] 胡适对此一筹莫展，谓这些要求要待教育部批准方可实行，在批准前可由学校担保贷给伙食费。据当天参与请愿的大一学生乐黛云回忆：“胡适校长穿着一件黑色的大棉长袍，站在台阶上接见了我们。他很和气，面带忧伤。我已忘记他讲了什么，只记得他无可奈何的神情。”[②]

这次请愿后，胡适一方面电请南京政府“借支十一、十二月份生补费，加发薪津两个月”[③]，以满足罢教的教授们的要求；另一方面，于 11 月 3 日、5 日两次召集北平 5 所国立大学的训导长开会商讨学生公费问题。会后决定，自费学生可以申请“难区”救济金，“由学校垫发”，其中，每人每月 2/3 袋面粉由于北平缺面粉而改发杂粮[④]，副食费则上涨至每人每月 10.5 元[⑤]。至此，全面公费的目标基本实现，如同一位亲历者回忆的那样：“这次请愿后不久，北大所有尚未享受公费的学生一律给与公费待遇，至少是半公费。”[⑥] 自治会也就见好就收，很快复课。11 月 17 日，胡适给中央银行行长俞鸿钧发电报：

> 务恳将十一、十二月新调整增加之生补费即日电知平行先行拨借，并缓扣以前透支，以为紧急救济之需。此事实有安定人心作用。盼电复。[⑦]

可见，北大早已透支重重，只待政局决出最后结果。此时距离胡适离开北大已不到 1 个月。

---

① 《国立北京大学学生组织为要求改善生活、改进教育支持教育职工罢教、罢工的斗争给胡适的报告和信件》，北京市档案馆藏：J024-001-00124。

② 乐黛云：《四院·沙滩·未名湖》，北京大学出版社 2008 年版，第 14 页。

③ 《国立北京大学学生组织为要求改善生活、改进教育支持教育职工罢教、罢工的斗争给胡适的报告和信件》，北京市档案馆藏：J024-001-00124。

④ 《商讨学生公费》，《华北日报》1948 年 11 月 5 日，第 5 版。

⑤ 《院校公费生副食费本月起增加一倍半》，《华北日报》1948 年 11 月 6 日，第 5 版。

⑥ 高尔森：《从北大到南开》，广西师范大学出版社 2012 年版，第 71 页。

⑦ 《国立北京大学学生组织为要求改善生活、改进教育支持教育职工罢教、罢工的斗争给胡适的报告和信件》，北京市档案馆藏：J024-001-00124。

第三节 天亮前的烦闷

与北大学生“争温饱”运动同时发生的，是1948年九十月间激烈进行的辽沈战役。10月中旬，锦州、长春相继解放，北平和天津也渐渐被中共军队包围。对平津两地的人们来说，是走是留到了最后决断的时候。从10月起，支持国民党政权的北平富户们纷纷买机票和船票，准备变卖家产向南逃亡，以致报纸上到处登着“‘空房急增’,‘房好价廉’的广告”[①]。据《新路周刊》报道：“中国、中央两家航空公司门前，每日总拥着大批登记、订票的旅客；旅行社每天也不断接到打听船期的电话。据统计，飞机机位登记已经登到明年六月。”经济最富裕的人坐飞机走，次富裕的人则从北平坐火车到天津，再由天津坐轮船经海路到上海或南京。

船票一票难求，至11月中旬，“天津已有十二万人在海河河畔上翘望南行”[②]。北大政治系右派学生金承艺便在这时退出所谓“连记名”与“单记名”的争论，收拾行装来到天津坐船南下，后来客死澳洲。是时闲居北平的余英时亦在10月间举家离平，“这时火车早已不通，飞机又不能多携行李，所以我们改从天津乘船”[③]。北大农学院保守派学生余传韬亦在此时收到父信，谓“如有战事发生困难，可到天津找黄仲苏先生”。余传韬遂到天津，欲请黄仲苏帮助他南下，没想到黄就势对他展开统战工作：“共产党来了，不会因为你父亲而对你怎样，那是封建社会才有的事。”[④]余传韬无功而返，回到北大。

向南逃亡的毕竟是明确倾向于国民党的那些人，多数学生则选择与学校共进退，毕竟好不容易才考入名牌大学，如若离开，就等于放弃文凭，甚为可惜。就在这时，传言北大可能整体迁到南方。对这一传言，校方一直没有明确表态，人心也就浮动得愈发厉害。从10月底到12月，迁校问

---

① 《北平通讯：故都初冬即景》,《新路周刊》第2卷第2期，1948年11月20日，第16页。

② 《北平通讯：故都初冬即景》,《新路周刊》第2卷第2期，1948年11月20日，第16页。

③ 余英时：《余英时回忆录》，允晨文化2018年版，第74页。

④ 余传韬：《民国三十八年北平“解放”前后的回顾（上）》,《传记文学》第104卷第6期，2014年6月，第20页。

题成为北大学生的中心话题："民主广场散步的人在谈，草地上晒太阳的人在谈，回三院宿舍途中的在谈。"[①] 由于校方态度不明朗，学生们便利用一切渠道打听迁校的事。历史系学生罗荣渠在日记中记道，10 月 31 日，他到四川同乡、北大训导长贺麟家里去打听，贺麟决口否认迁校。11 月 5 日，北大法律系在壁报墙贴出"时局严重"的壁报，要求学校明确表态迁还是不迁。直至 11 月 16 日，校长胡适给历史系学生讲授"历史研究法"一课，罗荣渠还趁机向胡适打听是否迁校，胡适答："没有，没有。"[②]

迁校谣言并非空穴来风。10 月，南京政府教育部派督学到北平，商议将北平几所大学照抗战时内迁的办法迁到南方山区。郑天挺从西南联大时期起一直负责学校行政事务，亲历抗战内迁之苦。当听到迁校提议时，他认为这必然导致学校图资仪器的巨大损失，且教授们刚刚结束了 8 年全民族抗战的流亡生活，此刻稍稍安定，一般不愿再折腾。此外，国民党政权没有前途，没必要与其同归于尽。在这些因素之外，郑天挺还考虑到一个最现实的因素：物价一日数变，即使领到迁校费也不敷用，交通运输工具也很缺乏，迁校近乎不可能实现。[③] 学校的意向虽是不迁，但迄至 11 月下旬"始终没有正式表示意见"[④]。

与此同时，中共方面也很警惕迁校的倾向。10 月，华北局城工部指示，平津学运的紧急任务是："我们是欢迎知识分子参加建设工作的。知识分子只有为人民服务才有前途，对于迁校及向南逃亡的思想要力予驳斥。"[⑤] 在这一精神指导下，华北学联主办的《北大清华联合报》于 11 月间连续登出一系列驳斥迁校的文章。这些文章一方面从正面论证："问题的关键不在迁不迁校，而在如何获得读书的安定，如何找到一个较好的环境，使我们的教与学能够正常的继续。"[⑥] 另一方面举出反面案例进行警示："谈到迁校问题，大致都否定这个可能性，东北同学和山西同学流亡到平，就是我们前车之

① 陈岩：《向明天出发》，《北大清华联合报》第 6 期，1948 年 11 月 21 日，第 13 页。

② 罗荣渠：《北大岁月》，商务印书馆 2006 年版，第 387、390、397 页。

③ 郑克晟：《从未名湖到新开湖：郑克晟师友杂忆》，中华书局 2023 年版，第 55—56 页。

④ 陈岩：《向明天出发》，《北大清华联合报》第 6 期，1948 年 11 月 21 日，第 13 页。

⑤ 《华北局城工部关于目前平津学运紧急任务的意见》（1948 年 10 月），载共青团中央青运史工作指导委员会等编：《中国青年运动历史资料》第 18 集，中国青年出版社 2002 年版，第 623 页。

⑥ 孙海生：《团结·安定》，《北大清华联合报》第 5 期，1948 年 11 月 11 日，第 1 页。

鉴。”最后，竭力打消人们担心留在北平可能性命不保的顾虑：“况北平是文化古都，无险可守，战略价值，不如政治价值，所以不致发生巷战。”[①] 除了在报刊上进行宣传，北大学生自治会也数度要求校方就这一问题进行明确表态，校方“一直模棱两可，不作肯定答复”，自治会遂在 11 月 26 日通过北大全体学生的决议：“同学在任何情况下都不迁校。”[②] 意即不管学校迁不迁，反正学生不走。其实，到了此时，平津战役已经打响，从北平往外的通道仅剩天津海路一途，仅从交通条件来说迁校也是不可能的。11 月 22 日，北大校务会议终于议决：“北京大学从来没有考虑迁移，现在也不考虑迁移。”2 天后，这一决议在北大教授会上通过[③]，因没有公开发布，故自治会不知道，这才有全体学生表决不迁的多此一举。

由于学校整体搬迁已不可能，南京政府便决定派飞机“抢救”知名教授。对此，中共华北局城工部指示各大学“动员一切可能的力量去开展统战工作”[④]，争取更多的教授留下。中共北大地下党随即开展一场“争夺教授”的斗争。北大政治系助教吴惟诚、西语系讲师俞铭传、哲学系研究生汪子嵩三人组成了沙滩区统战小组。这些人均为青年讲师或助教，与老教授多有师承，由他们去做本系教授的统战工作，正是适得其所。经过分工，决定俞铭传做朱光潜的工作，汪子嵩做汤用彤、罗常培、杨振声等文、史、哲三系教授的工作，吴惟诚做郑天挺的工作。他们直接向教授们亮明自己的党员身份，代表中共方面劝其安心留下。[⑤] 这场争夺教授运动的动员面相当广，一些低年级学生也被发动去劝本系老师留下，如中文系一年级学生乐黛云负责劝说该系教授沈从文。[⑥]

12 月 17 日，南京国民政府青年部部长陈雪屏连给郑天挺发去两封电

---

① 《孤雁南飞？》，《北大清华联合报》第 6 期，1948 年 11 月 21 日，第 12 页。

② 罗荣渠：《北大岁月》，商务印书馆 2006 年版，第 399—400、405 页。

③ 王学珍等主编：《北京大学纪事：1898—1997》，北京大学出版社 2008 年版，第 472—473 页。

④ 《华北局城工部关于目前平津学运紧急任务的意见》（1948 年 10 月），载共青团中央青运史工作指导委员会等编：《中国青年运动历史资料》第 18 集，中国青年出版社 2002 年版，第 622 页。

⑤ 参见汪子嵩、吴惟诚：《黎明前的一场特殊战斗——亲历地下党为挽留大批教授进行的工作》，载北京大学校友会编：《北大岁月：1946—1949 的记忆》，北京大学出版社 2013 年版，第 518 页。

⑥ 参见乐黛云：《四院·沙滩·未名湖》，北京大学出版社 2008 年版，第 15 页。

报，谓“要走必须早走，如吾兄绝无不可走之义务与责任也”[①]，次日即传言郑要南飞。12 月 18 日，郑昕、杨人楩、向达等教授联名写信劝郑天挺留下[②]，中共北大地下党也召集学生代表集体挽留郑天挺。郑天挺表示：决不走，从未考虑过走，此事纯为谣言。于是，原要挽留的学生们改为对郑天挺进行慰问。[③] 由于学生、讲助群体以及教授均加入这场劝教授留下的统战工作中，与此同时，走也有走的现实困难——“迁走以后，教授们就得家具都要抛弃，另置新的，在目前物质条件下，更不堪想象”[④]，因此，绝大多数教授没有走。12 月 15 日，北大校长胡适和陈寅恪乘同班飞机离开北平。12 月 21 日，清华校长梅贻琦飞离北平。其他人大多留下。

不仅教授面临去留问题，1948 年秋季之际的青年学生们更要作决断，除了前述金承艺等右派学生选择离开，摆在多数学生面前的几种选择是：回家、去解放区，留在学校以不变应万变。当战火离北平愈来愈近时，许多南方家长牵挂着远在北方的游子：

> 这几天，清华园里，邮电收发处特别忙，电报、电汇、航快、挂号，不外是家长们催促子弟南归，同学碰面，不是问：“功课忙不忙？”“明日考不考试？”而是问“你走不走？”“家里有没有信来？”[⑤]

北大校园也是如此：“民主广场上有人相遇时虽然多半是询问‘走吗？’的问题。”[⑥]10 月 10 日，罗荣渠与室友段其湘在景山登高，遥望家乡四川的方向，段谓：“恨不得一个跟斗就栽回家了。”[⑦] 从 10 月到 12 月的两个月间，段其湘一直为要不要回四川老家而踌躇。一方面，当时不能确定北平是否

---

① 《陈雪屏致郑天挺函》，载王学珍、郭建荣主编：《北京大学史料》第四卷，北京大学出版社 2000 年版，第 1106 页。

② 《郑昕等致郑天挺函》，载王学珍、郭建荣主编：《北京大学史料》第四卷，北京大学出版社 2000 年版，第 1106 页。

③ 罗荣渠：《北大岁月》，商务印书馆 2006 年版，第 423 页。

④ 《国立北京大学一九四八年解放军进攻北京时学生活动消息》，北京市档案馆藏：J024-001-00131。

⑤ 《孤雁南飞？》，《北大清华联合报》第 6 期，1948 年 11 月 21 日，第 12 页。

⑥ 陈岩：《向明天出发》，《北大清华联合报》第 6 期，1948 年 11 月 21 日，第 14 页。

⑦ 罗荣渠：《北大岁月》，商务印书馆 2006 年版，第 372 页。

会发生巷战，一旦发生，留在北平就会有性命之虞，故无论是家长还是学生本人，均想在战争发生前离开；另一方面，回乡之后何时能拿到文凭即很成问题，即“走了吧！又觉可惜！”[①]即便如此，回家的人仍然很多，10月31日，罗荣渠在日记中记道：“北大已有百来人休学南返。”12月上旬，几经犹豫的段其湘终于决定离平返乡，行前，罗荣渠问他有何未了事，段答：“最重要的就是保留学籍问题。”意即难以割舍在北大的学业。翌年1月，罗为段办好休学手续，使其学籍得到保留。当他们再次恢复书信联系时，已是改革开放后的1981年。[②]

段其湘的家远在四川，回去即不知何日再来，尚须纠结一番。对那些家在北平的学生来说，则不存在这种烦恼，他们几乎立即就选择了回家。毕竟，家是温暖的港湾。梁思成之女梁再冰当时是北大西语系三年级学生，12月13日，她在北大听到城外有炮声传来，于是给清华大学的家里打电话，发现电话已打不通，当即决定回家。她飞快地骑单车到位于骑河楼的清华大学校车站，赶上最后一班校车回到了清华园。翌日（12月14日），国民党军败退到城内，城门关闭，校车停开。梁再冰凑巧赶在“城门关闭前的最后一刻”出城回家。[③]

除回家之外，还有一些学生在这时去了解放区。中共认为：“学生工作的成果是培养大批为人民服务的干部”。这在1948年秋冬体现得尤为明显。此时，解放军已兵临城下，不再需要学生们大搞学生运动，只需“各校留下必要的骨干”等待解放，另外再输送一些进步学生到解放区“学习或工作几个月，平津解放后，即可做为骨干”。[④]换言之，就是让一批学运积极分子到解放区接受短期政治训练，然后随军入城接管，再以他们为骨干去培训那些留在城里的不够进步的学生。正如彭真在北平解放初期所说的那样：“北平的特点是工厂企业比天津等城市少，但是有大批的知识分子，包括大

① 《孤雁南飞？》，《北大清华联合报》第6期，1948年11月21日，第12页。

② 罗荣渠：《北大岁月》，商务印书馆2006年版，第386、409、443、749页。

③ 梁再冰：《转折》，载四野南下工作团团史编辑委员会编印：《南下工作团团史》，1995年，第166页。

④ 《华北局城工部关于目前平津学运紧急任务的意见》（1948年10月），载共青团中央青运史工作指导委员会等编：《中国青年运动历史资料》第18集，中国青年出版社2002年版，第624页。

批学生、职员。我们的党在北平有一条很重要的任务，就是培养干部。”[①] 从10 月到 11 月，不断有北大学生前往解放区，11 月底，仅历史系四年级就走了陈瑞林、田余庆、张素梅等进步学生，历史系二、三年级也各走了十几人，罗荣渠感慨道：“近来学校里同学大批出走，课堂上是那样疏落冷清，自治会因为理事大都走光几乎不能展开工作”，“真令人有不胜今昔之感”。[②]

学生的大量离去也反映在学校的注册人数上。1948 年 10 月，北大共有 2901 名学生注册[③]，至 1949 年春季学期，注册人数锐减至 2269 人[④]，减少了 600 多人。这 600 多人中，除小部分人去了南方，大部分人则是去了解放区。北平解放后，1948 年秋冬去解放区的学生们随军回到了北平。在 1949 年 2 月 3 日的解放军入城式上，罗荣渠站在北大的欢迎队伍里，见到了分别两个月的陈瑞林、张素梅和田余庆，“他们不论男女，都一律身着黄棉军服，臂上带着‘军管会’的臂章”。陈、张此时分别在新华社、北京市委等单位工作，一跃“由‘同学’变成了‘同志’”。[⑤]

与此同时，留在学校的学生们则开始了烦闷的围城生活。12 月 13 日，国民党军队在北平西郊与共产党军队交战，随后败退到城内，关闭城门，城内外交通邮电均断，城内停水停电，北平成为一座围城。

早在 11 月间讨论迁校问题时，中共北平地下党就提出了针锋相对的另一大口号：存粮，号召“存足三个月的粮”！之所以说针锋相对，是因为只有选择留下才需要存粮，存粮就意味着留下。当时物价仍在上涨，为解决围城期间的粮食问题，北大学生自治会于 11 月 15 日成立“福利银行”。[⑥] 福利银行规定：“存款不以‘元’计，而以存款时的面粉价格，折合面粉几斤，取款时则取几斤面粉的时价。”一位因故未能走成、这时仍留在北大的右派

---

① 彭真：《当前的方针、政策和任务》（1949 年 4 月 18 日），载北京市档案馆、中共北京市委党史研究室编：《北京市重要文献选编 .1948.12—1949》，中国档案出版社 2001 年版，第 450 页。

② 罗荣渠：《北大岁月》，商务印书馆 2006 年版，第 406—407 页。

③ 《三十七年度第一学期注册人数统计表》，载王学珍、郭建荣主编：《北京大学史料》第四卷，北京大学出版社 2000 年版，第 327 页。

④ 《国立北京大学三十七学年度第二学期学生人数统计表》，载王学珍、郭建荣主编：《北京大学史料》第四卷，北京大学出版社 2000 年版，第 334 页。

⑤ 罗荣渠：《北大岁月》，商务印书馆 2006 年版，第 464—465 页。

⑥ 王学珍等主编：《北京大学纪事：1898—1997》，北京大学出版社 2008 年版，第 471 页。

学生评价福利银行："不失为'缓和'通货膨胀压力之一'自救'办法。"[①]12月22日，罗荣渠在福利银行存入150金圆券，折合成面粉10斤多。1949年1月5日，他自福利银行取出这10斤面粉，按当天的面粉价格折合成金圆券144元。[②]可见，这时物价已略回落。

围城期间，北大地下党还就停水停电问题采取了一些临时措施。一是解决饮用水问题，规定每人每日凭水票可领开水三磅；二是学校煤炭紧缺，为了节煤，规定气温在零下摄氏度时才升火；三是挖避弹壕；四是学生轮流守夜；五是学校停水后，厕所粪便积压，开挖新厕所并清理积便。此外，北大校舍比较分散，为便于大家集中应变，住在三院以及城郊农学院的学生均搬到沙滩区，有的住北楼教室，有的住红楼教室。[③]

但战与和的结果毕竟还不明朗，处于这种不确定情形下的学生们心情十分烦闷。此时，全校学生均集中住在沙滩区，又正值寒假期间无课可上，连期末考试也因为时局紧张而一再拖后，故学生们常常"围炉闲话"，聊天之风极盛。话题涉及时局、个人出路和恋爱，以时局为主。从1948年12月中旬到1949年1月31日北平和平解放的一个月中，罗荣渠日记中写到的同学围炉聊天就有5次。1948年12月12日，罗荣渠与本班同学聊是否去解放区，到1949年1月，话题转为北平局势的战和问题，认为"战比和多"。[④]政治系学生高尔森记忆中的围城生活也相类似："晚上停电，小卖部点一根蜡烛，还有火炉。我常去和一些同学围炉闲谈。"[⑤]临近天亮时，人们需要不断地聊天来排解烦闷。

---

① 余传韬：《民国三十八年北平"解放"前后的回顾（上）》，《传记文学》第104卷第6期，2014年6月，第15页。

② 罗荣渠：《北大岁月》，商务印书馆2006年版，第427页、第442页。

③ 罗荣渠：《北大岁月》，商务印书馆2006年版，第421、426—427页。

④ 罗荣渠：《北大岁月》，商务印书馆2006年版，第415页、第449页。

⑤ 高尔森：《从北大到南开》，广西师范大学出版社2012年版，第72页。

第六章 第二条战线与新中国

1949年1月31日，北平和平解放。北京大学进入了新的历史时期。第二条战线推翻国民党统治的历史任务基本完成。曾在这条战线中发挥过重要作用的北大学生们，随即投入到解放初期火热的参军参干运动中。有的学生参加了北京市政工作，有的参加了南下工作团，随第四野战军南下解放大片地区，有的留在学校继续完成学业。第二条战线的历史使命虽已完成，但第二条战线的参加者们并没有停止建设祖国的步伐，他们及时调整了职责和使命，纷纷到国家最需要的岗位去，在新中国的建设事业中贡献自己的力量。

第一节 到最需要的岗位去

1949年1月22日，国民党华北剿总司令傅作义决定在接受中共提出的八项和平谈判条件的基础上，接受和平改编，北平停战。1月31日，北平正式解放。2月3日，北平举办隆重的解放军入城式。全体北平市民见证了这一历史时刻。据北大学生罗荣渠日记所记，2月2日晚得知第二天要举行入城式，遂于早晨6点半起床，7点到食堂吃午饭（入城式持续整个白天，故以早饭代午饭），8点在民主广场列队集合出发。以下是他日记所载：

各个单位的队伍从各个方面汇集到广场上来，旗帜飞扬，纸标招

> 展，再加上叫嚣的人声、扩音器声，喧天的歌声、锣鼓声，的确，大地真的翻身了！人民真的解放了！这广场上虽然充满着欢欣和跃动，却缺乏秩序和安稳。日子太不凑巧，天公不作美，一大早就阴风惨惨，飞沙走石。9 时，这支庞大的行列由北大艺工队领头，宛如一字长蛇阵，从民主广场的东门蜿蜒地伸向东单，再折入东交民巷。……欢迎的行列从早上 9 点出发，在风沙中站立近十个钟头；饿着肚子，身体在寒风中感到些微的战栗。[①]

早于罗荣渠 14 年入学的老北大学生张中行也在欢迎的队列中，他随当时的工作单位贝满女中参加欢迎仪式。以下是他对这一天的回忆：

> 由清晨就起了大风，很冷。我于八时赶到学校，师生列队，南行，到分配的地段东交民巷，站在街两旁恭候。记得等了很久，因为返校已经是下午。幸而我有准备，穿了厚皮衣，没有感到冷。大概到了接近中午吧，先是听见锣鼓响，接着远远望见，自西而东，解放军来了。为首的是一辆卡车，车上并排立着两个半身像，后面是几个人敲锣打鼓，声音洪大而嘈杂。车后是长长的队伍，也许还有秧歌队？好容易等来了，欢迎的人群有人带着，都摇旗喊口号。人像是都融化于狂热中。就这样，总有二三十分钟吧，队伍过去，空气才静下来。然后是原路回学校，风力不减，很饿很累。傍晚才回家。路上重温集会的印象，所见解放军都是灰土布棉衣，确是艰苦朴素；纪律也好，在街头走，几乎目不斜视。[②]

北大西语系学生梁再冰在上年 12 月北平被围的前一刻赶回清华园家中，2 月 3 日这天也随清华大学的队伍进城欢迎，她回忆道：

> 解放军战士们乘坐军用卡车，一辆一辆地从南面开来了。这些卡

---

① 罗荣渠：《北大岁月》，商务印书馆 2006 年版，第 463—465 页。

② 张中行：《流年碎影》上，北方文艺出版社 2016 年版，第 352—353 页。

车都是部队缴获的战利品，整个部队可以说全都是“美式装备”。美国军车是如此之多，一个上午也不知走过了多少辆！坐在卡车上的战士们都戴着东北的大皮帽，穿着厚厚的棉军衣，显得很有军威，有一种不做作的英雄气概。只有身经百战的部队才能有这种内在的力量。当时，欢声四起，锣鼓喧天，各处的秧歌队都扭了起来，街道两旁的人也越来越多。在人海中，坐在车上的战士们没有胜利的军队通常易于表露的骄色，却持重、谦虚，同群众毫无隔阂。快吃中饭时，我因为没有带干粮，就在街边买了两块烤白薯。[①]

上述三位于不同年份入学的北大学生分享着关于解放军入城式的相似记忆。例如，当天是风沙天气，很冷；迎接仪式持续很久，以致大家在欢呼兴奋后不约而同地感到饥饿；对解放军战士们印象良好，对解放军队伍展示的美式装备印象深刻，等等。此时正在北平访学的美国汉学学者得克·博迪也见证了这一历史时刻，他在日记中记道：“对美国人来说，这次检阅尤其难忘，这基本上是美国军备的一次展示，实际上所有这些武器都是在两年半时间内从国民党军队手中缴获的”[②]，可谓心情复杂。

入城式结束后，北大进入新的历史时期。1949 年 2 月 4 日，中共北平市委在北大四院礼堂举行北平地下党员会师大会，北大的地下党员全数参加，从此党组织从地下转为地上公开状态。1944 年考入西南联大、以学生的身份从事了多年地下工作的北大历史系学生肖松在这次会上被任命为中共北京大学总支部书记。也恰是因为北平已经解放，围城期间搬入红楼集中居住的北大农学院学生陆续迁回了罗道庄。2 月 28 日，北平市军事管制委员会文化接管委员会正式接管北大。[③] 随后，中共在北平各大学发起了一场参军参干的运动。

---

① 梁再冰：《转折》，载四野南下工作团团史编辑委员会编印：《南下工作团团史》，1995 年，第 168 页。

② ［美］得克·博迪：《北京日记——革命的一年》，洪菁耘、陆天华译，东方出版中心 2001 年版，第 98 页。

③ 王学珍等主编：《北京大学纪事：1898—1997》，北京大学出版社 2008 年版，第 482—483 页。

早在 1948 年 9 月，中共中央政治局在西柏坡召开了扩大会议（统称九月会议），毛泽东在会上估计，中共有可能在解放战争的第五年（即 1951 年）从根本上推翻国民党统治，这就意味着未来需要训练大批干部：

> 中国地方甚大，人口甚多，革命战争发展甚快，而我们的干部供应甚感不足，这是一个很大的困难。第三年内（即 1948 年 7 月至 1949 年 7 月）干部的准备，虽然大部分应当依靠老的解放区，但是必须同时注意从国民党统治的大城市中去吸收。国民党区大城市中有许多工人和知识分子能够参加我们的工作，他们的文化水平较之老解放区的工农分子的文化水准一般要高些。①

随后，中共中央发出《关于准备五万三千个干部的决议》，指出夺取全国政权后，需新增大约 53000 名干部用于接管新解放区，“有计划地大量地培养、训练和提拔干部，便成为各区各级党委当前的重大任务”。② 为贯彻执行这一指示，华北局从 1948 年下半年开始鼓励北平学生去解放区。1949 年 2 月北平解放后，中共对干部的需求更加迫切。2 月 15 日，华北大学、华北军政大学、华北人民革命大学（以下简称三大学）开始在北平登报招考知识青年，大中学生、公教人员、失学失业青年们等纷纷报名。③ 截至 3 月 15 日，报考华北大学的有 9000 余人，报考华北军政大学的有 3500 人，报考华北人民革命大学的有 17000 人，以上 3 所大学的录取人数分别为华北大学 5468 人，华北军政大学 1747 人，华北人民革命大学 8344 人，三大学共录取 15000 余人。④4 月，3 所大学宣布继续招生⑤，15000 余人应当不是最终的录取总数。

---

① 毛泽东：《中共中央关于九月会议的通知》，载《毛泽东选集》第 4 卷，人民出版社 1991 年版，第 1345、1347 页。

② 《中共中央关于准备五万三千个干部的决议》，载中央档案馆编：《中共中央文件选集》第 17 册，中共中央党校出版社 1992 年版，第 427、429 页。

③ 《平津各界青年，踊跃投考人民大学，全国学代大会代表陆续到平》，《人民日报》1949 年 2 月 25 日，第 1 版。

④ 金凤：《三个人民大学在平招生万余》，《人民日报》1949 年 3 月 18 日，第 1 版。

⑤ 《华大革大军大继续招生有志，青年可去投考》，《人民日报》1949 年 4 月 1 日，第 4 版。

由于缺乏新区干部，除华北局方面通过上述3所大学吸收干部之外，从东北来北平的第四野战军也需要一批干部随军南下。北平解放后，四野将继续南下解放河南、湖北、湖南、江西、广东、广西等省。毛泽东估计，随着这些地区的解放，缺干部的问题将愈加突出，故于1949年2月电示包括四野在内的各野战军："军队不但是一个战斗队，而且主要地是一个工作队"，"占领八九个省、占领几十个大城市所需要的工作干部，数量极大，这主要依靠军队本身自己解决"。[①]2月15日，四野请示中共中央："在与北平学生联欢中，自动请求参加军队工作，是否允许我们在市委统一计划之内直接吸收1万人"，即在平津地区招收1万名学生作为新解放区的干部。2月17日，中共中央电复四野：（1）原则上同意吸收1万个自愿参军的学生参加军队工作，但这项工作是件大事，不容草率从事，请前委与华北局共同商定办法定出计划进行。（2）原华北大学、华北军政大学、华北革命大学及青年学院的招生计划不变，在招生步骤上应让东野（即四野）先行吸收。（3）由华北大学调300名已受过训练的学生给东北野战军工作仍不变，并可做这1万人的骨干。[②]

四野接到这一指示后即与华北局及北平、天津两市委商量，于2月24日决定：（1）以南下工作团名义公开号召动员。（2）决定在平津两市动员7000名学生，条件是初中以上，年满18岁，男女均收；另3000人拟招收技术工人和专门人才。（3）按市现有党员数动员1/4到1/3参加南下工作，对理工科和医科则一般不去动员他们南下。（4）南下工作团以谭政任总团长，陶铸任副总团长，实际工作由陶主持。并成立委员会，以陶铸、刘仁（北平市委）、肖向荣、黄松龄、王阑西（天津市委）5人组成，陶铸任主任。[③]可见，南下工作团（以下简称南工团）的动员对象以文科学生为主。当时国家缺乏理工医农等实用专业的人才，故对于这些专业的学生，一般

---

① 毛泽东：《把军队变为工作队》，载《毛泽东选集》第4卷，人民出版社1991年版，第1405—1406页。

② 《中共中央同意吸收万名学生参军》，载《四野南下工作团团史文献资料选编》第1辑，1991年10月，第3页。

③ 《关于吸收平津学生参军办法》，载《四野南下工作团团史文献资料选编》第1辑，1991年10月，第3页。

鼓励读到毕业。此后，北平和天津两市进行了分工，北平负责为南工团招收 4500 名学生，天津招收 3000 名学生，为此在北平成立南工团第一分团和第三分团，在天津成立第二分团。从 1949 年 2 月下旬开始，南工团开始了招生工作。

报名最踊跃的是朝阳大学、中国大学、华北学院等私立大学。解放前，这几所学校是北平保守学生的大本营，解放初期，这些学校失去了经费，学生也认为在这样的学校读书没有前途，故“大部或几乎全部报考”三大学或南工团，以致“校内已不复成班”，北平军管会建议将这些学生“充分吸收于三大学”。①

相比于私立大学的学生，北京大学学生面临的抉择更加复杂。他们一方面难以舍弃学业；另一方面，解放前他们大多已经倾向中共（至少是中间立场），此时迫切希望投身于解放全中国的事业中。显然，二者很难兼顾，即便决定立即参加工作，也要考虑是就地参加北平市政工作，还是报考三大学或南下工作团。实际上，几种选择常常纠缠在一起。1949 年 2 月初到 3 月初的 1 个月里，罗荣渠在日记中记到自己及同学的“一变再变”。2 月 4 日是解放军入城式的第二天，罗荣渠自述“想追随狂潮‘动’一下”，但同时清楚地意识到自己面临着“追求真理的价值体系与追求社会功能的价值体系之冲突”，“个人的得失与自我牺牲之顾虑”。② 不同于多数同龄人，罗荣渠早早确定了以学术为志业，但他也很清楚，时代所需要于他的并不是多么高深的学问，而是为人民服务。徘徊于追求个人理想与顺应国家需要之间，他陷入天人交战之中。

与此同时，眼看着身边的同学们先是踊跃地参加了北平市政工作（即帮助市民把金圆券兑换成人民券），他“心里剧烈地发生冲突，矛盾得很厉害”③。可是几天后，这些同学又垂头丧气地回到学校，表示要退出这些工作，回到学校读书，令他自警：“参军革命的浪潮愈高，颠簸人也愈厉害，

① 《军管会第一次例会纪要》（1949 年 3 月 1 日），《北京档案史料》1994 年第 2 期，第 43—44 页。

② 罗荣渠：《北大岁月》，商务印书馆 2006 年版，第 466 页。

③ 罗荣渠：《北大岁月》，商务印书馆 2006 年版，第 468 页。

要立稳也愈难愈痛苦，但愈是因为这样，我就应该愈加坚定。”[①]但身处那个火热的时代，他并没有“坚定”多久，3月7日，他偶然听说哈尔滨俄文专科学校来北大招收学习俄语的学员，“当即下决心放弃北大及北平，上东北去学习俄文。那时，我几乎没有经过一分钟的犹豫或考虑”。随后，数十位相熟的同学听说此事后，也纷纷报名，包括此前已经参加北平市政工作的那位同学，也表示要“丢掉目前的工作，决心甚坚”[②]。可见人在时代狂潮面前，很难有定见，或者说，个人选择在时代大势面前比较微不足道，更多的是随波逐流。

1949年3月14日，罗荣渠等几十名北大学生启程前往哈尔滨，临行前，又来了十几位罗并不认识的北大法律系学生要求同去，系“闻风而来”。如前所述，北平市委在动员学生参加南工团时，优先动员文法专业的学生，尤其是法学和政治学专业，对理、工、医专业的学生则一般不动员。不仅南工团如此，三大学在招生时也是如此。这是基于中共对这些专业的政治性质的认识，即“课程内容反动，必须根本否定者，以法学院或法律系课程为代表，政治系、社会系等基本属于这一类”；人文学科“部分暂时尚可以采用，或则某些方法技术暂时尚可采用，须批判地分别处理”。[③]在这种情况下，北大政治系、法律系、经济系的学生大量参军参干，如同罗荣渠在日记中写到的：“法学院最热烈，经济系二年级差不多全走光了，法律系、政治系也大批走，真是走得空得有点凄惨。”[④]政治系学生高尔森回忆，到北大后他一直牢记父亲的叮嘱“任从风浪起，稳坐钓鱼船。一定要坚持把大学读完”。因此，无论身边的同学怎样，他一心留在学校读书。但没过多久，他意识到“政治系和法律系的学习气氛不浓，老师教书和学生学习的劲头都不足，甚至连学英语也提不起劲来。想转系的人不少”。由于“政治系前途暗淡”，他想转到西语系。[⑤]然而，西语系学生梁再冰此时同样缺乏

① 罗荣渠：《北大岁月》，商务印书馆2006年版，第474、480页。

② 罗荣渠：《北大岁月》，商务印书馆2006年版，第484—486页。

③ 《中共北平市委关于大学的处理方案向中央并华北局、总前委的请示》（1949年3月10日），载北京市档案馆编：《北平解放》（上），中国档案出版社2009年版，第420—421页。

④ 罗荣渠：《北大岁月》，商务印书馆2006年版，第480页。

⑤ 高尔森：《从北大到南开》，广西师范大学出版社2012年版，第74—75、81页。

学习热情：

> 西语系三年级下半学期的课程，我该怎么选呢？我知道这学期我应当读但丁的《神曲》，四年级应当选读莎士比亚。但是，两个多月来所目睹耳闻的一切，使我的全部注意力都被中国现在正在经历的巨大变化吸引住了。西方文学的经典巨著这时好象离我的现实生活太远了一点。①

随后，梁再冰决定“走出学校，为老百姓做一点事”，遂报名参加了南工团第一分团。她的父母梁思成和林徽因不同意，劝她读完大学再工作。最后，她取得了父母的谅解：参加南工团一年后再回来完成学业。②但如同绝大多数随军南下的学生一样，她就此结束了自己的学生生涯，没能履行对父母的诺言。多数学生参加南工团，多少都怀着“短期革命”的想法，以为南方解放后还可以返校读书。1949 年 3 月中旬，南工团副团长陶铸对第一分团学员说：“要革命就干到底，不要再想回到学校里去；中途再回学校就是开小差。”这引起学员思想的波动，他们心想：“现在响应党的号召参加革命是革命形势的需要，将来再回学校学习也是为了参加祖国建设，有何不可。”③陶铸后来对学员们进行了安抚，但事实上，南方新解放区地域如此广大，需要的干部数量如此多，剿匪反霸、土地改革等工作如此繁重，因此很少有人再回学校读书。

北大参加南工团的学生约有 500 人，约占全校总学生人数的 1/4④，虽不至于像私立大学那样因此而办不下去，但毕竟也不算少。况且，解放后，高等院校还要继续为国家培养人才，也不宜过于鼓励学生弃学。在这种情况下，北平市委于 1949 年 6 月就学生南下问题向华北局建议：

---

① 梁再冰：《转折》，载四野南下工作团团史编辑委员会编印：《南下工作团团史》，1995 年，第 169 页。

② 梁再冰：《转折》，载四野南下工作团团史编辑委员会编印：《南下工作团团史》，1995 年，第 169—170 页。

③ 王乃成：《从清华园到岳麓山》，载《四野南下工作团团史文献资料选编》第 2 辑，1992 年 5 月，第 14 页。

④ 王学珍等主编：《北京大学纪事：1898—1997》，北京大学出版社 2008 年版，第 483 页。

我们已尽最大努力动员学生南下，现在朝阳、华北学院、中大等校，有的合并华大、革大，有的已无学生，中法只剩200人。北大、清华除理、工、医学院外，文法学院已无多少学生。……我们意见：南下工作团现所差人数已不多，最好不要再往各校直接进行动员，不足人数请华北局由华大、革大学生中抽调。学委、青委则停止动员学生任务，用力好好整顿各校组织，以便今后开展工作。①

1949年8月1日，南下工作团第一分团和第三分团离平南下。少数党员被派到南工团随军南下，多数党员则留在大学继续做学生工作。但新的历史时期已经到来，留在学校的这些人也必须重新调适各自的角色和职责。1949年4月10日、4月22日、5月14日，北大党总支先后三次就党组织从地下状态转入公开状态后该如何开展工作进行讨论，决议：今后学校党组织的任务已不再是领导群众进行学生运动，反抗反动政权压迫的斗争，而是要团结广大群众把教学与学习搞好。为此，学校党组织应围绕以下四个方面开展具体工作：第一,一切工作都要围绕搞好学习这一中心任务；第二，明确规定学习时间与课外活动时间，课外活动不能妨碍正常的业务学习；第三，有步骤地改革学制，增加政治课；第四，确定政治学习与业务学习的比重，政治学习应系统生动，但时间不能太长。②1949年8月，中国新民主主义青年团副书记蒋南翔在北京市青委的一次会议上再次谈到解放前和解放后学校工作基本性质的变化，即解放前以反对国民党当局的政治斗争为主，参加人数较少，亦不公开，"现在的学校工作必须由消极反对旧的到积极建设新的；由秘密到公开。学校中的工作方针、工作方式、组织形式也都要随着转变"③。总之，以推翻国民党、建造新中国为目标的第二条战线学生运动完成了自身的历史使命。北大学生曾在这条战线中大放异彩，

① 《中共北平市委组织部学校工作委员会对动员学生参加南下工作团的工作情况报告》(1949年6月)，载陈大白主编：《北京高等教育文献资料选编：1949—1976年》，首都师范大学出版社2002年版，第23页。

② 王学珍等主编：《北京大学纪事：1898—1997》，北京大学出版社2008年版，第486—487页。

③ 《蒋南翔关于学校支部工作的报告》(1949年8月)，载陈大白主编：《北京高等教育文献资料选编：1949—1976年》，首都师范大学出版社2002年版，第25—26页。

随着新中国的诞生，他们调整了自己的职责使命，继续在建设祖国的事业中发挥作用。

第二节　关于第二条战线的若干思考

第二条战线之所以形成，首要前提是中国共产党的组织和领导。除此之外，本书亦从以下几个方面来理解这一问题。

一、青年与近代中国

第二条战线的形成与近代以来“青年”逐渐成为国家政治生活中的重要力量有关。学生首先是青年。作为一种基于年龄的群体认同，青年相对于中年和老年群体而存在。在常态社会中，青年本处于相对弱势的地位，即“君臣父子”伦理关系中的“子”的位置。进入近代后，情况发生变化，中国面临前所未有的内忧外患。国人普遍感到依照旧法无法解决问题，须启用“新”人，改用“新”法。马克斯·韦伯指出，老年人保持声望的前提是“经验的客观实用性或传统的主观力量仍然得到高度评价的地方”。[①] 当长者所依恃的“经验”无法应对当时的问题时，青年就走上了近代中国的政治舞台。

与此同时，五四前后的中国思想界也在参与着“青年话语”的制造。1916 年，李大钊在其名篇《青春》中说：

> 吾之国族，已阅长久之历史，而此长久之历史，积尘重压，以桎梏其生命而臻于衰敝者，又宁容讳？然而吾族青年所当信誓旦旦，以昭示于世者，不在龈龈辩证白首中国之不死，乃在汲汲孕育青春中国之再生。吾族今后之能否立足于世界，不在白首中国之苟延残喘，而

① ［德］马克斯·韦伯：《经济与社会》第二卷（上册），阎克文译，上海人民出版社 2010 年版，第 1089 页。

> 在青春中国之投胎复活。……青年循蹈乎此，本其理性，加以努力，进前而勿顾后，背黑暗而向光明，为世界进文明，为人类造幸福，以青春之我，创建青春之家庭，青春之国家，青春之民族，青春之人类，青春之地球，青春之宇宙。①

在李大钊看来，“青春”与“白首”、“青年”与“老年”形成鲜明对比，国家再造与复兴的希望在青年，而不在老年，即“吾族今后之能否立足于世界，不在白首中国之苟延残喘，而在青春中国之投胎复活”。

鲁迅也在1925年表达了对青年的殷切期望：“中国青年负担的烦重，就数倍于别国的青年了。因为我们的古人将心力大抵用到玄虚漂渺平稳圆滑上去了，便将艰难切实的事情留下，都待后人来补做，要一人兼做两三人，四五人，十百人的工作，现在可正到了试练的时候了。”②在上述“青年话语”的推动下，青年自身也渐产生舍我其谁的使命感，愈来愈多地参与到了国家事务中。

需要指出的是，中国古代虽有学生参政的传统，但古代的“学生”并非年龄意义上的青年。这主要是由以下两个原因造成：一是古代的教育并不普及，古代的“学生”身份更多是建立在受教育与否的基础上，即只要是正在受学的人，都可称为“学生”；二是古代的教育与科举制度本就不设年龄限制，故常有“三十老明经，六十少进士”的现象。含有年龄限制的学校教育是近代的产物，也只有到近代，“学生”才可与“青年”一词互换使用。基于这些因素，本书所研究的青年学生大量参与国家事务的现象，就不能算一种“老生常谈”，而几乎可以说是现代性的重要体现。本书认为，这是20世纪40年代第二条战线形成的重要背景性因素之一。

二、代际冲突

学生既是青年，也就具备古往今来的青年的共同特质，如强烈的好奇心、超越性等。这些特质使青年往往对超出个人生活之外的事情、对超出

① 李大钊：《青春》，《新青年》第2卷第1期，1916年，第6—7、11—12页。

② 鲁迅：《忽然想到》，载《鲁迅全集》第3卷，人民文学出版社2005年版，第96页。

自身利益的问题怀有强烈兴趣。孔子说："吾十有五而志于学，三十而立"，即十五岁至三十岁之间的青少年阶段是他"学"的阶段。之所以"志于学"，即是出于好奇心，盖因好奇而困惑，而需要解答。历史学家雷海宗曾论及这一问题：

> 到十五岁左右，童期将尽，初次发现复杂的世界，过去以为没有问题的地方现在处处是问题，求知欲至此特别浓厚，这是真正开始"志于学"的时期。宇宙人生，国家社会，个人在宇宙在群体中所占的地位，种种类此的大事，至此都成了终日在心中盘旋的问题。①

他还指出，人到中年后，时过境迁，不复能理解当初在青年阶段的苦闷：

> "三十而立"，成年人已经"立"稳，一切问题已经解决，未能真正解决的问题，因为时过境迁，也往往可以不了了之地置于脑后。如此立稳的成年，除非是想象力特别发达，对于终日东倒西歪的青年很难发生同情。至于想叫狂放的青年同情于平和的成年，那当然是妄想，青年既是青年，就根本无此能力。这种世代的对立，古往今来不知曾造出多少家庭骨肉之间的悲剧。②

中年人之能"立"，在于他们已从动荡的青年阶段走向落定的社会位置——"成家立业"，从而更易接受人生有限性。他们所虑所想大多从实际生活出发，不易关心具有超越性的宏大问题。因此，个体的职业化与其超越性恰成反比。青年处于人生和职业的未定状态，思绪自然容易"伸向远方"，关心宏大事项。年长者往往劝青年不应思出其位过问政治，而应专心读书，把国家事务留给年长者来处理，但青年往往听不进去，代际冲突由此产生。

---

① 雷海宗：《社论：永恒的青年问题》，《周论》第1卷第22期，1948年6月11日，第2页。

② 雷海宗：《社论：永恒的青年问题》，《周论》第1卷第22期，1948年6月11日，第2页。

本书所研究的20世纪40年代先后发生全民族抗战和解放战争，持续10余年的战争加剧了全国范围内的代际冲突。这一代学生中的许多人在抗战期间离家奔向大后方，依靠国民政府的“贷金”或公费求学。无论在经济上还是情感上，他们所受到的家庭庇护和约束都较一般世代更少。在流亡的过程中，他们早已习惯自己为自己作决定，不愿听从长辈的建议或规劝，从而造成长幼之序的严重动摇，家庭内部屡屡发生父子冲突，校园内部屡屡产生师生矛盾。西南联大学生陈琏与其父陈布雷各自作出完全相反的政治选择，北大中共地下党员何璞荪不顾家庭反对，勇敢走出“寄啸山庄”，最终不但没有随没落家族而沉沦，反而辟出一条新路，几位堂兄弟也在他的影响下加入了中国共产党。武汉大学学生杨静远的日记更是家庭内部代际冲突的极好文本，父母反对她读革命书刊，她则对母亲创办三青团刊物不以为然：“现在大家只要看见一个‘团’字，或者‘青年’什么的，就头痛，就不要翻那本杂志。”[①]

在校园内部，长幼之序的动摇体现为师生间的冲突和矛盾。无论是北大右派学生侮辱教授向达，还是左派学生针对陈雪屏的“倒陈运动”，以及他们对毛子水和周炳琳的批评，其中虽夹杂了师生间因政见不同而产生的矛盾，但也与多年战争影响下整个社会的长幼之序开始动摇、代际冲突不断加剧有关。家长权威和师者尊严都遭遇了危机。这是第二条战线形成的又一背景性因素。

三、战争下的个体与国家

战争深刻影响了这代青年。在本书的写作过程中，笔者感到最难以回避的因素就是战争。大战使这代青年明显区别于其他世代，是他们之所以为他们的“决定性因素”。那么，战争之于他们的具体影响是什么呢？

第一，旷日持久的战争引发严重的社会经济危机，使战前富足的中等阶层逐渐走向没落和破产。本书所研究的大学生大多来自这个阶层。抗战爆发后，全国分为沦陷区和非沦陷区两大区域，许多人的财产和土地均留在了沦陷区，匆忙中踏上向后方流亡的途程。由于财产留在了沦陷区，而

---

① 杨静远：《让庐日记》，商务印书馆2015年版，第262页。

流亡和逃难本身也要花费大量盘缠，战争的持续时间特别长，对国家的经济消耗也特别大，中等阶层遂在这一过程中逐渐破产。何璞苏、高庆琮等人的家庭均循着上述模式迅速衰败。抗战胜利后，紧接着发生解放战争，国统区社会经济危机不但没有停止，反而继续恶化。通货膨胀、物价飞涨、学潮频发等只是危机发作的表征。中等阶级的老一代无从表达的愤怒，间接地通过他们的子女参与学潮而表达出来。毕竟，学生来自社会，学生背后数千万的家庭涵盖了社会方方面面。一位当年的学生说："不是我们推卸责任，学生是无法孤立且独行的。社会不能袖手旁观，或作羡慕的赞叹，应该彼此联系起来共同冲破由学校到社会再到学校的恶性循环，从而建立起一个善性的互为影响的体系"。[①] 这位学生敏感地意识到学生的苦闷肇始于社会危机，形之于外就是学潮，而学潮反过来又影响社会，形成从社会到学校、又反作用于社会的循环。

尽管国民党当局以发给学生"贷金"或"公费"的形式使其完成学业，但这些学生本就来自中等以上家庭，原本不需要来自当局的"救济"，是战争使他们成了被"救济"的对象。此外，"贷金"的救济在时段上只限于求学阶段，是暂时的；在对象范围上，只限于学生本人而不包括他们的家人。学生本人的吃饭问题虽可通过"贷金"解决，其家人却困在这场社会经济大危机中，没有出路。在这种情况下，他们势必穷则思变，期待全局性和结构性的变化。

第二，战争同时也在塑造学生，使他们形成根深蒂固的国家意识，极其关心国事，习惯将个人前途与国家前途联系起来，认为没有国家大环境的安定、没有强大军队的保护，就谈不上个人前途和幸福。他们之所以形成这种思维，是因为战争的参加单位是国家，终极目标是胜利，为取得战争胜利，个人常常要无条件服从国家，作出这样那样的牺牲。事实上，这代青年确实为战争付出了很大牺牲，"九一八"事变发生时，他们大多刚上小学，卢沟桥事变时正上中学，接着在全民族抗战和解放战争中度过本该美好的大学岁月。战争占据了他们的童年、少年和青年时光，也吞噬了他们的家园。个体与国家之间既然发生如此深刻的纠连，反过来，个体也将

① 陈之藩：《我们为什么苦闷》，《大公报》（天津）1947 年 1 月 18 日，第 3 版。

加倍关心国家、关心政治，易将个人的困扰归咎于国家与政府。战时，他们对国家的关心表现为爱国情感，为了抗战大局而牺牲和压抑自己。抗战胜利后，他们对国事的关心很快转向国内政局，参与到第二条战线的斗争中。战争背景下个体与国家的关系，是本书理解第二条战线的第三个角度。

四、青年与新中国

1949 年 10 月 1 日，新中国宣告成立。第二条战线的历史任务圆满完成。

新中国的成立，对内结束了清末以来权威失落、地方割据与社会失序的局面，中国历经半个世纪的动荡，重新实现了政治统一和国家重建；对外则实现了民族独立。从这一意义来说，第二条战线虽肇始于日军侵华后至解放战争时期深重的社会经济危机和民族危机之中，但其形成和发展也加速了旧中国的灭亡和新中国的诞生，从而也促成了 20 世纪 40 年代社会经济危机和民族危机的彻底解决。新中国成立后不久，中国建立起社会主义基本制度，人民当家作主，社会主义建设稳步进行，国家在人民解放军的保护下再未经历外敌的大规模入侵。中国历史从此进入崭新的阶段。

此前在内忧外患的时代背景下被赋予“建造国家之责”的中国青年，由于国家已经实现重建而不再需要思出其位，像鲁迅所说的那样“一人兼做两三人，四五人，十百人的工作”，而是各自到最需要的岗位去发挥作用。新中国成立后，参与第二条战线的北大学生们有的留在北京工作，活跃于首都各行各业，有的参加了南下工作团，为南方的解放和建政贡献力量，有的留校任教，为新中国培养了大批人才，有的则成为各省市的干部。在第二条战线推翻旧中国、缔造新中国的历史使命宣告完成后，这一代青年们重新回归于国家建设事业，继续为祖国的繁荣昌盛作出贡献。

参考文献

一、经典传记、年谱及文集

《毛泽东选集》第2卷，人民出版社1991年版。

《毛泽东选集》第3卷，人民出版社1991年版。

《周恩来选集》上卷，人民出版社1980年版。

《陈云文选》第1卷，人民出版社1995年版。

中共中央文献研究室编：《毛泽东文集》，人民出版社1996年版。

中共中央党史和文献研究院编：《毛泽东年谱》，中央文献出版社2023年版。

中共中央文献研究室：《周恩来传1898—1949》，人民出版社1989年版。

中共中央文献研究室编：《陈云文集》第1卷，中央文献出版社2005年版。

二、档案资料

北京大学档案馆档案

北京市档案馆档案

三、报刊

《北大半月刊》，1948年。

《北大化讯》，1944年。

《北大讲助通讯》，1948年。

《北大清华联合报》，1948 年。
《北大师大校友会刊》，1945 年。
《北平学生》，1948 年。
《大公报》（天津），1946—1947 年。
《大公报》（重庆），1941 年。
《观察》，1947—1948 年。
《华北日报》，1946—1948 年。
《解放日报》，1945 年。
《经世日报》，1946—1947 年。
《立报》，1946 年。
《平明日报》，1948 年。
《青年营》，1946 年。
《清华旬刊》，1948 年。
《人民日报》，1949 年。
《人物杂志》，1947 年。
《文汇报》（上海），1949 年。
《新路周刊》，1948 年。
《新民报》（重庆），1941 年。
《新青年》，1916 年。
《学生报》，1946 年。
《燕京新闻》，1946—1948 年。
《益世报》（北平），1948 年。
《益世报》（上海），1946 年。
《益世报》（天津），1946—1948 年。
《中国学生》，1946 年。
《中建》（北平），1948 年。
《周论》，1948 年。

四、近现代资料集

《独立时论集》第 1 集，独立时论社 1948 年版。

艾治平：《今日的北大》，1947 年 7 月出版（出版社不详）。

北大壁报联合会委托风雨社编印：《五四在北大》，1947 年版。

北京大学学生自治会北大半月刊社编印：《北大 1946—1948》，1948 年 7 月 2 日。

北京大学院系联合会编印：《北大一年》，1947 年版。

方思：《冀东行》，新生出版社 1948 年版。

教育部教育年鉴编纂委员会编：《第二次中国教育年鉴》，商务印书馆 1948 年版。

西南联大除夕副刊主编：《联大八年》，西南联大学生出版社 1946 年版。

以空：《大江流日夜》，香港真知书店 1948 年版。

五、日记、书信及忆述资料

《缅怀刘仁同志》，北京出版社 1979 年版。

《闻一多全集》，生活·读书·新知三联书店 1982 年版。

艾治平：《人生自是有情痴》，作家出版社 2007 年版。

北京大学校友会编：《北大岁月：1946—1949 的记忆》，北京大学出版社 2013 年版。

蔡仲德：《冯友兰先生年谱长编》，中华书局 2014 年版。

曾建徽主编：《彭庆遐同志纪念集》，自印本，1996 年。

陈方正编：《陈克文日记：1937—1952》，社会科学文献出版社 2014 年版。

陈其泰：《展望与思考——访田余庆教授》，《史学史研究》1988 年第 4 期。

陈之藩：《陈之藩散文》（卷一），牛津大学出版社 2012 年版。

邓广铭：《胡适在北京大学》，《北京大学校友通讯》第 7 期。

邓之诚著，邓瑞整理：《邓之诚日记》，北京图书馆出版社 2007 年版。

董贻正、薛传钊：《春风渡》，西南财经大学出版社 2015 年版。

杜平：《灰楼宿舍的女同学》，《北京大学校友通讯》第 4 期。

冯军：《为人民的解放而呐喊——记解放战争时期的北大“呐喊”社》，《北京大学校友通讯》第 4 期。

冯友兰：《三松堂自序》，生活·读书·新知三联书店 2009 年版。

高尔森:《从北大到南开》，广西师范大学出版社 2012 年版。

郭存孝:《胡适与门人金承艺》,《传记文学》第 100 卷第 3 期。

海宁市档案局整理:《宋云彬日记》，中华书局 2016 年版。

何炳棣:《读史阅世六十年》，广西师范大学出版社 2005 年版。

何方著，杜海整理:《走出寄啸山庄》，广陵书社 2015 年版。

何兆武口述，文靖撰写:《上学记》(修订版)，生活·读书·新知三联书店 2008 年版。

黄大用、何祚宏整理:《宛若流星：何璞苏纪念文集》，自印本，2008 年。

黄炎培著，中国社会科学院近代史研究所整理:《黄炎培日记》，华文出版社 2008 年版。

蒋梦麟:《西潮与新潮》，中华书局 2017 年版。

乐黛云:《四院·沙滩·未名湖》，北京大学出版社 2008 年版。

李理:《俺这一辈子》，自印本，2004 年。

李相崇、李昕:《清华园的记忆》，上海三联书店 2020 年版。

李宗仁口述，唐德刚撰写:《李宗仁回忆录》，广西人民出版社 1988 年版。

陆钦仪、王学珍、白祖诚主编:《项子明纪念文集》，北京大学出版社 2010 年版。

罗荣渠:《北大岁月》，商务印书馆 2006 年版。

马识途:《百岁拾忆》，生活书店出版有限公司 2014 年版。

马识途:《马识途文集》9《风雨人生》(下)，四川文艺出版社 2005 年版。

梅贻琦著，黄延复、王小宁整理:《梅贻琦西南联大日记》，中华书局 2018 年版。

彭庆遐:《峥嵘岁月——1946—1948 年母校生活回忆》,《北京大学校友通讯》第 11 期。

浦江清:《清华园日记 西行日记》，生活·读书·新知三联书店 1987 年版。

齐邦媛:《巨流河》，生活·读书·新知三联书店 2011 年版。

钱听涛:《敝帚集——钱听涛自选集》，自印本，2018 年。

三联书店编:《四海为家：追念考古学家张光直》，生活·读书·新知三联书店 2002 年版。

沙知编：《向达学记》，生活·读书·新知三联书店 2010 年版。

舒芜：《回归五四》，辽宁教育出版社 1999 年版。

帅孟奇编：《忆钱瑛》，解放军出版社 1986 年版。

宋柏：《1948 年的几页日记》，《北京大学校友通讯》第 17 期。

宋柏：《沙滩琐忆》，《北京大学校友通讯》第 11 期。

檀秋文主编：《银海沉浮录：罗艺军口述历史》，中国电影出版社 2015 年版。

汤一介：《在非有非无之间——汤一介自述》，河南文艺出版社 2017 年版。

唐纵：《在蒋介石身边八年——侍从室高级幕僚唐纵日记》，群众出版社 1991 年版。

陶英惠、张玉法编：《山东流亡学生史》，山东文献社 2004 年版。

汪曾祺：《浮生杂忆》，作家出版社 2016 年版。

汪曾祺：《人间草木》，江苏文艺出版社 2013 年版。

汪子嵩口述，张建安采写：《往事旧友，欲说还休》，生活书店出版有限公司 2015 年版。

王鼎钧：《怒目少年：回忆录四部曲之二》，生活·读书·新知三联书店 2013 年版。

王汎森、潘光哲、吴政上主编：《傅斯年遗札》，社会科学文献出版社 2014 年版。

王效挺：《关于 1948 年“八一九”大逮捕及黑名单的一些情况》，《北京大学校友通讯》第 17 期。

翁文灏著，李学通等整理：《翁文灏日记》，中华书局 2014 年版。

巫宁坤：《孤琴》，允晨文化 2008 年版。

邢方群：《温故集》，中国青年出版社 1997 年版。

许渊冲：《许渊冲西南联大日记》，云南人民出版社 2019 年版。

杨静远：《让庐日记》，商务印书馆 2015 年版。

杨静远：《写给恋人 1945—1948》，河南人民出版社 1999 年版。

杨苡口述，余斌撰写：《一百年，许多人，许多事：杨苡口述自传》，译林出版社 2023 年版。

杨尊严:《内战期间的学生运动》,《传记文学》第 102 卷第 6 期。

余传韬:《北京大学学生生活回顾与感想——北京大学五十周年及一百周年校庆亲历记》,《传记文学》第 73 卷第 3 期。

余传韬:《民国三十八年北平“解放”前后的回顾(上)》,《传记文学》第 104 卷第 6 期。

余传韬:《民国三十八年北平“解放”前后的回顾(下)》,《传记文学》第 105 卷第 2 期。

余传韬:《民国三十八年北平“解放”前后的回顾(中)》,《传记文学》第 105 卷第 1 期。

余英时:《余英时回忆录》,允晨文化 2018 年版。

张大中:《我经历的北平地下党》,中共党史出版社 2009 年版。

张中行:《流年碎影》,北方文艺出版社 2016 年版。

章开沅口述,彭剑整理:《章开沅口述自传》,北京师范大学出版社 2015 年版。

郑克晟:《从未名湖到新开湖:郑克晟师友杂忆》,中华书局 2023 年版。

郑天挺:《郑天挺西南联大日记》,中华书局 2018 年版。

中国社会科学院近代史研究所中华民国史研究室编:《胡适来往书信选》,社会科学文献出版社 2013 年版。

朱自清:《朱自清日记·下(1942—1946)》,石油工业出版社 2019 年版。

宗道一等编著:《周南口述:遥想当年羽扇纶巾》,齐鲁书社 2007 年版。

[美]得克·博迪:《北京日记——革命的一年》,洪菁耘、陆天华译,东方出版中心 2001 年版。

六、资料汇编、文史资料及其他

《奔赴塞外》编委会编著:《奔赴塞外》,北京人民出版社 2008 年版。

《军管会第一次例会纪要》(1949 年 3 月 1 日),《北京档案史料》1994 年第 2 期。

《四野南下工作团团史文献资料选编》第 1 辑,1991 年 10 月。

《四野南下工作团团史文献资料选编》第 2 辑,1992 年 5 月。

北京大学、清华大学、南开大学、云南师范大学编：《国立西南联合大学史料》，云南教育出版社 1998 年版。

北京市档案馆、中共北京市委党史研究室编：《北京市重要文献选编（1948.12—1949）》，中国档案出版社 2001 年版。

北京市档案馆编：《北平解放》（上），中国档案出版社 2009 年版。

北京市档案馆编：《解放战争时期北平学生运动》，光明日报出版社 1991 年版。

北京市档案局（馆）编：《解放战争时期北平学生运动图集》，北京出版社、北京美术摄影出版社 2008 年版。

陈大白主编：《北京高等教育文献资料选编：1949—1976 年》，首都师范大学出版社 2002 年版。

冯至：《冯至诗集》，新星出版社 2018 年版。

共青团中央青运史工作指导委员会、中国青少年研究中心、中央档案馆利用部编：《中国青年运动历史资料》第 16 集，中国青年出版社 2002 年版。

共青团中央青运史工作指导委员会、中国青少年研究中心、中央档案馆利用部编：《中国青年运动历史资料》第 17 集，中国青年出版社 2002 年版。

共青团中央青运史工作指导委员会、中国青少年研究中心、中央档案馆利用部编：《中国青年运动历史资料》第 18 集，中国青年出版社 2002 年版。

韩信夫等编：《中华民国大事记》第 5 册，中国文史出版社 1997 年版。

李庆聪、吴晞编：《北京大学孑民图书室记实》，北京大学出版社 1992 年版。

南方局党史资料征集小组编：《南方局党史资料·群众工作》，重庆出版社 1990 年版。

钱钟书：《围城 人·兽·鬼》，生活·读书·新知三联书店 2009 年版。

秦孝仪编：《总统蒋公大事长编初稿》卷 5（上），国民党中央委员会 1978 年版。

全国政协文史资料委员会编：《文史资料存稿选编·第 14 辑》（特工组

织）下册，中国文史出版社 2002 年版。

四野南下工作团团史编辑委员会编印：《南下工作团团史》，1995 年。

团中央青运史研究室、中央档案馆编：《中共中央青年运动文件选编》，中国青年出版社 1988 年版。

王效挺、黄文一主编：《战斗的足迹：北大地下党有关史料选编》，北京大学出版社 2001 年版。

王效挺、黄文一主编：《战斗在北大的共产党人：1920.10—1949.2 北大地下党概况》（增订本），北京大学出版社 2003 年版。

王学珍、郭建荣主编：《北京大学史料》第三卷，北京大学出版社 2000 年版。

王学珍、郭建荣主编：《北京大学史料》第四卷，北京大学出版社 2000 年版。

王学珍、王效挺、黄文一、郭建荣主编：《北京大学纪事：1898—1997》，北京大学出版社 2008 年版。

王学珍主编：《北京大学志》（全 4 卷），北京大学出版社 2021 年版。

西南联大党史编写组：《中共西南联大地下组织和群众革命活动简史》，云南人民出版社 1994 年版。

云南省历史研究所编印：《云南现代史研究资料》（第 11 辑），1982 年版。

张大中、安捷主编：《没有硝烟的战场：中国共产党领导的北平地下抗日斗争纪实》，京华出版社 1997 年版。

张莉莉选编：《关于北京大学“孑民图书室”的有关档案史料（续）》，《北京档案》1987 年第 5 期。

张莉莉选编：《关于北京大学“孑民图书室”的有关档案史料》，《北京档案》1987 年第 4 期。

张友仁编：《周炳琳研究文集》，浙江人民出版社 2011 年版。

中共北京市委党史研究室编：《北京革命史回忆录》第 4 辑，北京出版社 1992 年版。

中共北京市委党史研究室编：《反饥饿反内战运动资料汇编》，北京大学出版社 1992 年版。

中共北京市委党史研究室编：《解放战争时期第二条战线：学生运动卷》

（上册），中共党史出版社 1997 年版。

中共北京市委党史研究室编：《中共中央华北局城工部》，中共党史出版社 1995 年版。

中共江苏省委党史工作委员会等编：《中共中央南京局》，中共党史出版社 1990 年版。

中共南京市委党史办公室编：《解放战争时期第二条战线：学生运动卷》（中册），中共党史出版社 1997 年版。

中共上海市委党史资料征集委员会编：《解放战争时期的中共中央上海局》，学林出版社 1989 年版。

中共唐山市委党史研究室编印：《唐山革命史资料汇编》第 11 辑，1996 年。

中共云南省委党史资料征集委员会、中共云南师范大学委员会编：《一二一运动》，中共党史资料出版社 1988 年版。

中共浙江省委党史研究室、中共杭州市委党史研究室编：《解放战争时期第二条战线：学生运动卷》（下册），中共党史出版社 1997 年版。

中国第二历史档案馆编：《中华民国史档案资料汇编》第五辑第二编政治（五），江苏古籍出版社 1998 年版。

中国人民政治协商会议北京市委员会文史资料委员会编：《文史资料选编》（第 10 辑），北京出版社 1981 年版。

中国人民政治协商会议北京市委员会文史资料研究委员会编：《文史资料选编》（第 20 辑），北京出版社 1984 年版。

中央档案馆编：《中共中央文件选集》第 17 册，中共中央党校出版社 1992 年版。

七、研究论著

北京大学历史学系《北京大学学生运动史》编写组：《北京大学学生运动史（1919—1949）》，北京出版社 1979 年版。

陈颖：《中国共产党的政策变迁与学生运动研究（1921—1949）》，硕士学位论文，中国政法大学，2010 年。

邓野：《联合政府与一党训政：1944—1946 年间国共政争》，社会科学文献出版社 2011 年版。

贺江枫：《“五·二〇”学潮与蒋介石的因应决策》，《江海学刊》2017 年第 6 期。

贺江枫：《从学潮走向政潮：1948 年北平“七五”惨案研究》，《南京大学学报》（哲学·人文科学·社会科学）2012 年第 1 期。

胡绳主编，中共中央党史研究室著：《中国共产党的七十年》，中共党史出版社 1991 年版。

黄坚立：《难展的双翼：中国国民党面对学生运动的困境与决策（1927—1949 年）》，商务印书馆 2010 年版。

金冲及：《第二条战线：论解放战争时期的学生运动》，生活·读书·新知三联书店 2016 年版。

廖风德：《学潮与战后中国政治：1945—1949》，东大图书股份有限公司 1994 年版。

刘一皋：《历史纪念中的包容与紧张：1948 年之平津五四纪念》，《社会科学辑刊》2020 年第 3 期。

罗荣渠：《现代化新论——世界与中国的现代化进程》（增订本），商务印书馆 2004 年版。

吕芳上：《从学生运动到运动学生：民国八年至十八年》，台北：“中央研究院”近代史研究所 1994 年版。

倪蛟：《抗战时期国立中央大学的学生生活》，南京大学出版社 2017 年版。

沙健孙：《论全国解放战争时期的学生运动》，《近代史研究》1987 年第 3 期。

施惠群：《中国学生运动史：1945—1949》，上海人民出版社 1992 年版。

汪朝光：《中国抗日战争史》第 3 卷，社会科学文献出版社 2019 年版。

王春林：《国共内战中的国民政府、地方当局与流亡学生：以 1948 年北平七五事件为中心》，《南京大学学报》（哲学·人文科学·社会科学）2012 年第 1 期。

王奇生：《战时大学校园中的国民党：以西南联大为中心》，《历史研究》2006 年第 4 期。

王晴佳：《学潮与教授：抗战前后政治与学术互动的一个考察》，《历史研究》2005 年第 4 期。

王振乾、丘琴、姜克夫编：《东北大学史稿》，东北师范大学出版社 1988 年版。

闻黎明：《西南联大与现代中国：1937—1946》（全 2 册），社会科学文献出版社 2022 年版。

严海建：《1946—1948 年北平学潮：国民政府中央与地方处置的歧义》，《民国档案》2008 年第 1 期。

杨奎松：《国民党人在处置昆明学潮问题上的分歧》，《近代史研究》2004 年第 5 期。

杨天石：《“飞机抢运洋狗事件”与打倒孔祥熙运动——一份不实报道引起的学潮》，《江淮文史》2012 年第 2 期。

叶文心：《民国时期大学校园文化（1919—1937）》，冯夏根等译，中国人民大学出版社 2012 年版。

易社强：《战争与革命中的西南联大》，饶佳荣译，九州出版社 2012 年版。

左双文：《1946 年沈崇事件：南京政府的对策》，《近代史研究》2005 年第 1 期。

［德］卡尔·曼海姆：《文化社会学论集》，艾彦、郑也夫、冯克利译，辽宁教育出版社 2003 年版。

［德］马克斯·韦伯：《经济与社会》第 2 卷，阎克文译，上海人民出版社 2010 年版。

［德］马克斯·韦伯：《学术与政治》，冯克利译，商务印书馆 2018 年版。

［法］P·布尔迪厄：《国家精英——名牌大学与群体精神》，杨亚平译，商务印书馆 2018 年版。

［法］皮埃尔·布尔迪厄：《区分：判断力的社会批判》，刘晖译，商务印书馆 2015 年版。

［美］爱德华·希尔斯：《论传统》，傅铿、吕乐译，上海人民出版社 2014 年版。

［美］萨义德：《知识分子论》，单德兴译，生活·读书·新知三联书店

2016 年版。

［美］周策纵：《五四运动史》，陈永明等译，世界图书出版公司 2014 年版。

后 记

这本书是在我的博士学位论文基础上修改而成。写作博士论文的过程于我而言是一段特别的人生体验。那时我是一个狂热的影迷（现在也是），受电影叙事方式的影响，我希望像戈达尔在60年代拍摄的一系列“反电影的电影”那样，在遵守基本的论文写作规范的基础上，探索新的论文写作形式——“不论文的论文”。体现在博士论文中，就是重叙事而非论述，且叙事方式受电影“蒙太奇”影响而不完全依照线性时序，时有闪回。回过头来看，或许该如一位学界前辈所说的那样，写“有腔有调有规范”的论文。于是，在修改书稿时，我又回归时序，砍掉许多枝蔓，全书篇幅大减，逻辑脉络更加清晰。但博士学位论文侧重叙事的特点则得到保留，毕竟是一个人生阶段的探索，也是生活的一部分痕迹。

在本书出版之际，我想对求学期间的两位老师——我的博士导师王元周教授和硕士导师臧运祜教授致以诚挚的感谢。在王老师的悉心指导下，我在博士阶段开始“思考问题”，思想疆界得到极大开拓。王老师对我的启发，并不止于指导论文，也包括日常生活中的交谈，使我意识到研究与生活密不可分，对历史事件和人物的评述要体照“人之常情”，将研究对象置于其所处的情境中来分析。感谢我的硕士导师臧运祜教授，自2011年我考入北京大学历史学系攻读硕士研究生起，臧老师一直关心着我的学习和发展，给予我很多教益和帮助。记得2014年春季在臧老师指导下撰写《中国抗日战争史》第7卷的部分书稿，迷惘了几年尚未掌握研究门径的我，突然间似“开窍”一般，找到了做研究的感觉。

感谢我的工作单位当代中国研究所为本书提供出版资助，感谢当代中国出版社编辑老师为本书出版付出的辛勤劳动，更要感谢所里的领导和同事们对我的包容和支持。我深信，一个好的科研工作环境是科研人员成长的重要前提！

刘 洁

2024 年 4 月于颐和园东